洪成文 主编

大学筹资理论与实践丛书

责任与使命

大学捐赠基金投资风险管理研究

张辉 著

人民东方出版传媒
People's Oriental Publishing & Media
東方出版社
The Oriental Press

图书在版编目（CIP）数据

责任与使命：大学捐赠基金投资风险管理研究 / 张辉 著. — 北京：东方出版社，2022.4
ISBN 978-7-5207-2705-1

Ⅰ.①责… Ⅱ.①张… Ⅲ.①高等学校—赞助—基金管理—风险管理—研究—中国 Ⅳ.① G647.5

中国版本图书馆 CIP 数据核字（2022）第 041505 号

责任与使命：大学捐赠基金投资风险管理研究
（ZEREN YU SHIMING: DAXUE JUANZENG JIJIN TOUZI FENGXIAN GUANLI YANJIU）

作　　者：张　辉
策　　划：戴燕白
责任编辑：杨　磊
出　　版：东方出版社
发　　行：人民东方出版传媒有限公司
地　　址：北京市西城区北三环中路 6 号
邮　　编：100120
印　　刷：北京文昌阁彩色印刷有限责任公司
版　　次：2022 年 4 月第 1 版
印　　次：2022 年 4 月第 1 次印刷
开　　本：787 毫米 ×1092 毫米　1/16
印　　张：19
字　　数：248 千字
书　　号：ISBN 978-7-5207-2705-1
定　　价：88.00 元
发行电话：（010）85924663　85924644　85924641

目 录

CONTENTS

绪论

2015 年 10 月，国务院提出“推进世界一流大学和一流学科建设”的通知，强调健全成本分担机制，积极吸引社会捐赠。“双一流”的实现，经费问题是必不可少的因素，大学捐赠基金是社会成本分担的重要突破口。我国大学基金会兴起于 20 世纪 90 年代，2004 年《基金会管理条例》颁布实施后，经历了爆发式的增长，由 2000 年的 12 家迅速增长到 2015 年的 400 余家，基金会净资产总量突破 250 亿元。在大学基金会快速发展的同时，问题也凸显而出。大学基金会的两大收入来源为筹资收入和投资收益，而我国大学基金会的投资管理能力十分不足。“风险”与“责任”成了阻碍投资的两大关键词。大学基金会乃公益基金，一旦发生损失，不仅打击捐赠者的信心，甚至会影响大学基金的公信度，威胁整个行业的发展；但是，亦不能因噎废食，不投资管理的最大风险便是面临通胀贬值的风险。我国大学捐赠基金的投资收益率每提升一个百分点，便可为高等教育事业带来 2.5 亿元的收入。

一、“双一流”建设，大学捐赠基金是社会成本分担的重要突破口

2004 年国务院颁布《基金会管理条例》之后，我国大学基金会经历了爆发性增长，全国大学纷纷建立教育基金会。截至 2019 年，我国大学的基金总量达到 491 亿元，全国普通高等院校，接近 19% 的学校建立了大学基金会，985 院校中除了国防科技大学外，其他高校全部建立了大学基金会。以此趋

势发展，未来 10—20 年，全国的普通高校将基本完成大学基金会的建立过程。随着我国经济发展和社会财富数量的增加，大学基金是实现追赶世界一流大学的最佳发力点。

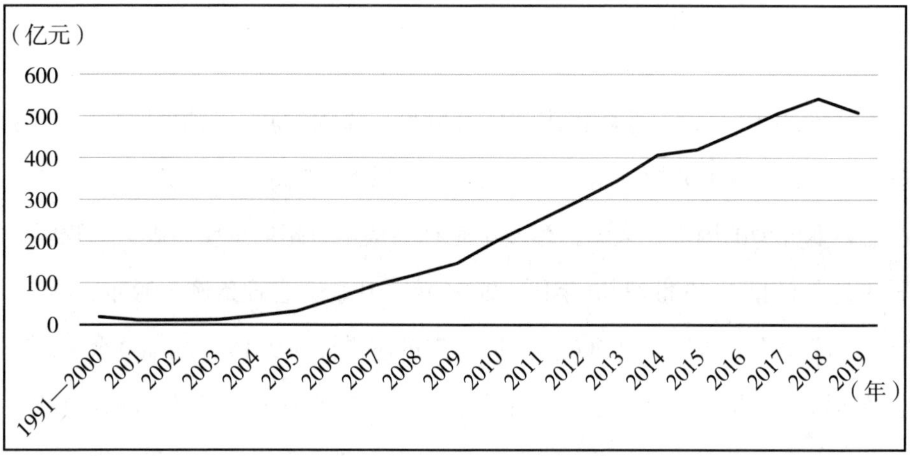

图 1　我国大学成立基金会的发展趋势

二、收入失衡，大学捐赠基金保值增值面临压力

2010 年，中国农业银行作为全球发行规模最大的 IPO 上市，清华大学教育基金会成为其重要的战略投资者，出资近 5 亿元人民币，持股 1.87 亿股。我国大学教育基金会以高调的机构投资者身份，进入了公众的视野。

大学捐赠基金的收入来源包括两部分：一部分是筹资所得，一部分是基金管理运作的投资收益，两者共同推动大学捐赠基金的发展。

美国大学捐赠基金处于世界的领先地位，NACUBO 调查显示，2020 财年美国 705 所大学捐赠基金总市值达到 6377 亿美元，大学基金都积极开展投资运作，2020 年平均投资收益率为 1.8%。美国大学捐赠基金的特征是筹资与投资齐头并进，近十年的数据显示，大学捐赠基金对非营利性私立大学收入的贡献平均为 27%，其中投资收益所占比重为 15% 左右。

表 1 美国非营利性私立大学各种收入在总收入中的比例(单位:%)

年份	Total	学生学费	联邦政府拨款	州政府拨款	捐赠收入	投资收益	教育活动	附属企业	医院	其他
2009—2010	100.00	33.43	13.58	1.30	10.68	16.85	2.86	8.35	9.81	3.14
2010—2011	100.00	29.00	11.74	1.05	10.67	25.86	2.40	7.14	8.46	3.67
2011—2012	100.00	38.93	14.92	1.21	13.36	2.80	3.14	9.58	11.53	4.52
2012—2013	100.00	32.45	11.74	0.96	11.05	19.07	2.74	7.90	9.41	4.68
2013—2014	100.00	29.58	10.33	0.86	11.29	24.98	2.75	7.17	9.03	4.01
2014—2015	100.00	35.02	12.07	1.05	13.44	10.62	3.34	8.43	11.92	4.11
2015—2016	100.00	39.49	12.86	1.18	15.68	-1.50	3.86	9.64	13.20	5.58
2016—2017	100.00	30.49	10.41	0.87	11.90	20.13	3.10	7.42	11.02	4.67
2017—2018	100.00	30.55	10.64	0.88	12.34	18.30	3.21	7.38	11.86	4.85
2018—2019	100.00	32.39	11.42	0.98	13.85	11.55	3.48	7.60	13.43	5.29

资料来源：美国教育统计中心 .https://nces.ed.gov/programs/digest/d20/tables/dt20_333.40.asp，2021-11-13。

而目前我国大学捐赠基金主要依赖于筹资捐赠，对于投资运作重视不足。调查显示，2019 年我国开展投资的大学基金会共有 152 所，占全部大学基金会的 30%；投资金额分布从几十万元到数十亿元不等，取得投资收益的大学共有 101 所，另外 50 所年报显示投资收益为 0，1 所收益为负，平均收益率为 4.88%。另有 300 余家基金会尚未开展投资，在通货膨胀和管理成本的压力下，保值增值的目标面临较大挑战。

表 2 2019 年我国不同规模大学的投资收益情况

规模	数量	平均收益率
5 亿元以上	16	3.88%
1 亿—5 亿元	37	5.31%

续表

规模	数量	平均收益率
5000 万—1 亿元	25	2.87%
1000 万—5000 万元	47	7.29%
200 万—1000 万元	27	2.55%
合计	152	4.88%

数据来源：根据基金会中心网数据整理所得。

三、投资困境，大学捐赠基金风险管理迫在眉睫

1. 我国大学捐赠基金投资管理存在误区

《基金会管理条例》（2004，简称《条例》）第二十八条规定“基金会应当按照合法、安全、有效的原则实现基金的保值、增值”。第四十三条规定“基金会理事会违反本条例和章程规定决策不当，致使基金会遭受财产损失的，参与决策的理事应当承担相应的赔偿责任”。

《条例》鼓励基金会开展投资运作，取消了之前《基金会管理办法》（1988）对于投资的一些限制。同时将投资权下放到理事会，由理事会决策并承担责任。一方面，条例颁布实施十余年的时间内，大多数大学捐赠基金不敢轻易投资，由于把基金会的损失和理事的责任联系在一起，很多基金会为了控制风险干脆不做投资。

在访谈中，“风险”与“责任”成为大学基金投资管理的关键词。调查发现，2019 年净资产低于原始基金的大学有 26 所，占比 5.18%，原因在于，学校新增捐赠收入低于公益支出，捐赠基金几乎没有投资收益，基金会对资产管理严重不善，使得资产不增反减。

另一方面，还有少数基金会投资范围过广，投资于高风险领域；或者投资过于集中，违背了投资组合分散风险的基本原理；缺乏专业的投资知识与管理人才，置身于风险之中而不知。

如广州市教育基金会由于决策不当，遭遇了 1998 年亚洲金融危机的市场风险，2001 年年底 1.5 亿元运营资金难以收回，占基金会总资产的 72.5%，导致正常教育支出难以兑现，带来了无法弥补的损失。再如南京师范大学 2020 年投资收益 14455753.42 元，全部来源于江苏国信信托投资理财，投资过于集中化，未进行多元化组合投资，投资收益直接与个股表现相关，面临较大的投资风险。

2. 风险管理研究迫在眉睫

我国大学捐赠基金的投资管理存在着两大误区：第一，追求“零”风险。认为不投资就不会有风险，殊不知面临物价上涨和通货膨胀的压力，不投资所带来的最大风险就是基金贬值，甚至有专家指出，大学基金投资运作不仅是基金会的权利更应是义务，不作为也会给基金带来损失，影响基金代际公平的长远目标。

第二，盲目投资。《基金会管理条例》没有对投资行为做出具体的限制，出发点是由理事会决策，鼓励基金会谨慎投资，控制风险。结果部分基金会放开了手脚，不经过集体决策或科学论证，盲目投资或跟风投资，给基金会财产带来诸多隐形风险。基金会的资金乃公益捐赠所得，一旦亏损将难以弥补，而且会打击捐赠人的信心，给公益事业带来无法挽回的声誉损失。

目前，我国部分大学基金会虽然尝试投资运作，但是投资制度不完善，投资管理水平较低等问题十分突出，缺乏风险控制理论和实践知识，资金的保值增值面临较大的压力和挑战。从现有政策和理论来看，大学捐赠基金投资管理的政策指引不明朗，保值增值缺乏可操作性，而且有针对性的理论研究数量有限，专门关于大学基金投资风险的系统化研究更是缺乏。风险与收益相伴而生，投资风险虽然不可绝对避免，但可以通过稳健的投资政策、合理的资产配置和严谨的管理制度予以控制。

综上所述，大学捐赠基金投资运作既是大学基金会的责任，也是大学筹资与发展的使命。大学基金投资的首要原则即风险性原则。投资风险虽然不可绝对避免，但可以通过稳健的投资政策、合理的资产配置和严谨的管理制度予以控制。本书以大学捐赠基金投资风险管理为主题，将金融风险管理理论引入大学基金的投资运作，通过对大学捐赠基金投资管理过程中风险的识别、评估与控制，以期实现收益与风险的平衡。

第一章　大学捐赠基金的发展路径与投资管理

研究大学捐赠基金的投资风险，首先要了解大学捐赠基金的发展情况与投资现状，进而分析大学捐赠基金在不同阶段所面临的投资风险的特征。大学捐赠基金与社保基金、企业年金的投资具有一定的相似性，都有明确的特定的支出需求，既有保值增值的压力，又将风险管理置于核心地位。本章首先通过对全国410所大学基金会的调查，对我国大学捐赠基金的发展路径进行了梳理，然后与处于世界领先地位的美国大学捐赠基金发展情况进行了比较，并进一步分析了我国大学捐赠基金的投资运作及风险管理的基本情况。之后，对于大学捐赠基金与大学的排名关系进行了实证分析，表明大学捐赠基金对于大学发展有着积极的促进作用，作为研究的起点，进一步强化本书的意义所在。

第一节　我国大学捐赠基金的发展历程

数据说明：本书的数据主要来源于基金会中心网和各大学基金会官方网站以及各大学公布的年报，研究样本为在基金会中心网登记并进行信息披露的512所大学。数据的收集时间为2021年11月，限于数据报告的时滞性，其中各大学净资产、捐赠收入、投资收益等数据来自大学的2019年或2020年年度报告。

我国的大学基金会起步于20世纪90年代，经过20多年的发展，到2019年，我国普通高等院校中有512所大学建立并登记了教育基金会，占全部普通高等院校的比例为19%；其中985大学39所，有38所大学建立了教育基金会，占比97.44%。意味着我国已有接近一半的大学建立并登记了教育基金会，大学对于捐赠基金的认识有了很大提高，尤其是重点大学，较为充分地认识到捐赠基金对于大学发展的重要意义。

我国最早的大学基金会为浙江树人大学暨王宽诚教育基金会，成立于1992年；随后，清华大学、北京大学、浙江大学等教育基金会分别于1994和1995年成立。之后，在相当长的一段时间我国大学基金会发展缓慢，2000年以前建立大学基金会的共有11所。直到2005年以后，我国大学基金会掀起一波新的高潮，2006年至今成立并登记的大学基金会有375所，占大学基金会总量的90%。

回溯历史因素，1988年，《基金会管理办法》出台，使得基金会发展纳入法制化轨道，对于基金会发展起到了积极的作用。该法规确立了归口管理部门申报、中国人民银行审批、民政部门登记的管理体制，实际上把基金会视为非银行金融机构或准金融机构。随着公益慈善事业的发展，办法很简略，诸多问题没有规范已不能适应基金会发展的要求。因为早期大学基金会成立受教育部、中国人民银行、民政部的三重审核和监管，国家相关部门对于大学基金会态度并不明朗，所以在很长一段时间民政部对于大学基金会的建立处于冻结状态。1999年，由于金融监管体制改革，基金会的管理登记统一归口民政部，中国人民银行不再参与对基金会的管理。

2004年，国务院颁布《基金会管理条例》，明确了对大学基金会政策的支持，政策内容也更为规范，这对于促进大学基金会健康发展起到了重要作用。自2005年以后，各大学纷纷成立基金会，大学基金会在我国得到快速发展。

大学捐赠基金对于大学发展有着极其重要的意义，可以为大学的教学、科研、基础设施以及社会活动提供重要的经费支持，并且有助于保持大学的独立性，增强大学发展的代际公平。

表 3　我国成立较早的大学基金会(2000 年之前)

基金名称	所属大学	性质	所在地	成立时间(年)	原始基金(万元)	2019 年净资产(万元)
浙江树人大学暨王宽诚教育基金会	浙江树人大学	非公募	浙江	1992	210	2582
福建集美大学教育发展基金会	福建集美大学	非公募	福建	1993	400	20081
北京财贸学院校友促进教育基金会	北京财贸学院	非公募	北京	1993	200	589
清华大学教育基金会	清华大学	非公募	北京	1994	2000	932987
浙江大学竺可桢教育基金会	浙江大学	非公募	浙江	1994	5000	317839
北京工业大学教育基金会	北京工业大学	非公募	北京	1994	200	2350
北京大学教育基金会	北京大学	非公募	北京	1995	2000	645555
武汉大学教育发展基金会	武汉大学	非公募	湖北	1995	1000	50218
天津大学北洋教育发展基金会	天津大学	非公募	天津	1995	200	40955
广东省柯麟医学教育基金会	中山大学	非公募	广东	1995	990	1646
中国科学技术大学教育基金会	中国科学技术大学	公募	安徽	1996	580	70832
吉林大学教育基金会	吉林大学	非公募	吉林	1997	400	50082

附注：浙江大学竺可桢教育基金会已更名为浙江大学教育基金会，新注册时间为 2004 年，笔者按最初创立时间进行了整理。资料来源于各大学基金会官方网站。

第二节　我国大学捐赠基金的发展特征

一、大学基金会起步较晚

从我国大学基金会的建立时间来看，2000 年以前建立的共有 12 所院校，2001—2005 年建立的有 19 所院校，2006—2010 年建立的共有 127 所院校，2011—2015 年建立的有 208 所院校，2016—2019 年建立的有 146 所院校。数据表明，2000 年以前成立的大学基金会只占目前基金会总量的 2.34%，90% 以上的大学基金会建立于 2005 年以后，60% 以上的大学基金会建立于 2010 年之后。

我国大学基金会起步于 20 世纪 90 年代，在相当长的一段时间内发展缓慢。经过 10 年的沉寂，到 2005 年经历了爆发性增长，全国大学纷纷建立教育基金会；到 2010 年达到一个高峰，之后保持平稳增长；至今，全国普通本科院校，接近一半的院校建立了大学基金会，985 院校中除了国防科技大学外，其他所有高校都建立了大学基金会。按照此趋势发展，未来 10—20 年，全国的普通高校将基本完成大学基金会的建立过程；甚至高职高专类院校也会仿照美国社区学院，成立学校捐赠基金。

二、原始资产较低

《基金会管理条例》第二章第八条规定，全国性公募基金会的原始基金不低于 800 万元人民币，地方性公募基金会的原始基金不低于 400 万元人民币，非公募基金会的原始基金不低于 200 万元人民币；原始基金必须为到账货币资金。

我国在基金会中心网登记的512所大学基金会中，仅有五所为公募基金，其余全部为非公募基金。在原始基金数据可查得的506所大学基金会中，有422所大学的原始基金在200万—500万元；有47所在500万—1000万元；有30所在1000万—5000万元；5000万元及以上的有7所。可见，我国大学的原始基金80%以上集中于200万—500万元，限于我国对于大学捐赠基金认知处于初级阶段，大学在筹款方面仍面临着较大的困难，大部分大学的初始基金也只是刚刚达到民政部对于非公募基金的基本要求。

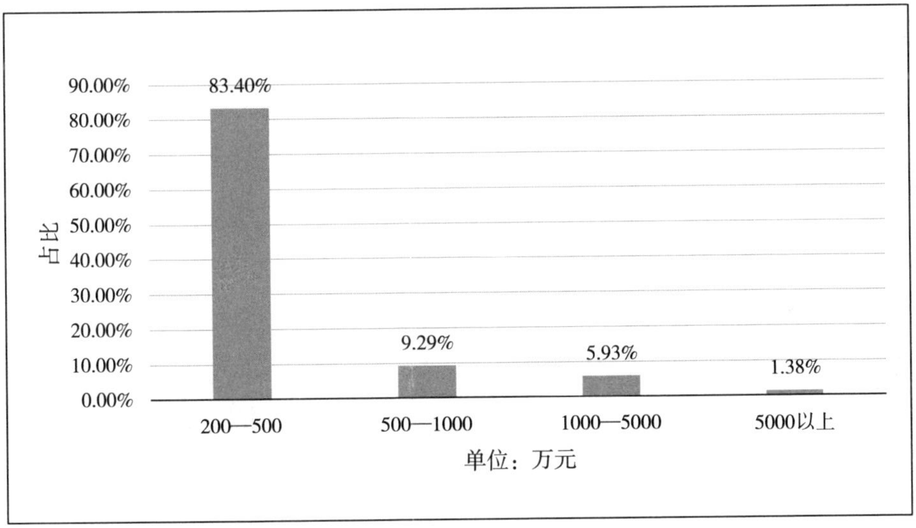

图2 我国大学基金会原始基金分布图

三、净资产总量分布不均

根据各大学基金会公布的2019年年报，在净资产可查得数据的502所大学中，净资产在10亿元以上的有6所大学基金会，分别是清华大学、北京大学、浙江大学、上海交通大学、北京师范大学、南京大学；净资产在1亿—10亿元之间的有65所大学。净资产分布范围最多的为200万—500万元，占28.09%；其次是1000万—5000万元，占比27.69%。净资产在200万元以下的有16所，已低于民政部规定的原始基金200万元的最低要求。经分析发现，净资产低于原始基金的大学有26所，占比5.18%，原因在于，学校新增捐赠收入低于基金的支出，捐赠基金几乎没有投资收益，大学对资产管理不利，使得资产不增反减，没有发挥大学基金应有的效益。

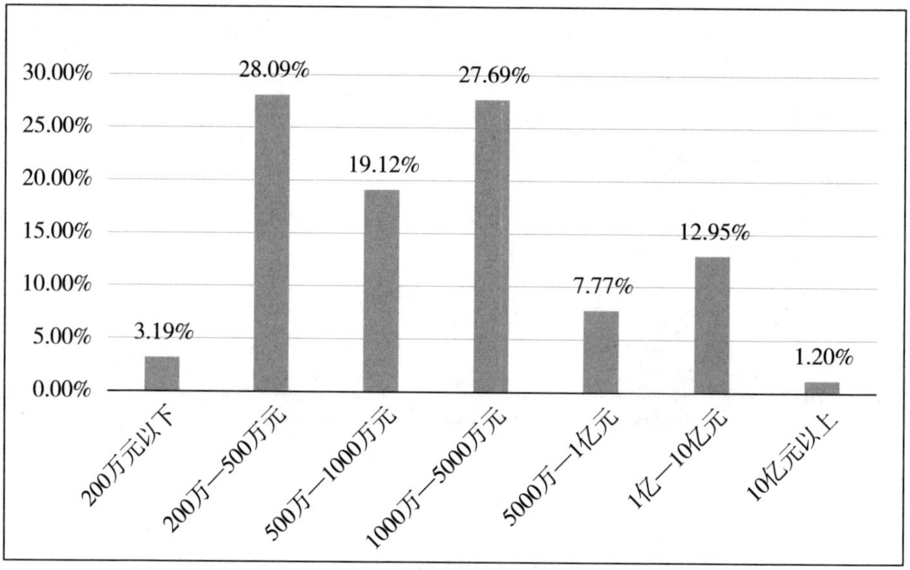

图3　2019年各大学净资产分布表

截至2019年，我国大学捐赠基金净资产总计491亿元。51%的高校净资产在1000万元以下，基金规模在10亿元以上的仅有6所。

四、区域发展差异加大

按全国区域发展来看，2019 年我国大学基金净资产总量排名前五的省市分别为北京、上海、浙江、江苏和广东，这几个省市拥有的大学数量较多，同时经济发展水平较高，GDP 总量排名也名列前茅。[①] 捐赠收入排名靠前的大学基本位于东部地区，西部地区捐赠收入普遍偏后；这与区域经济水平、教育水平和文化氛围有着密切关系。研究发现所在区域的经济水平是影响大学捐赠基金发展的重要因素，区域经济越发达的地区，大学捐赠规模越大。

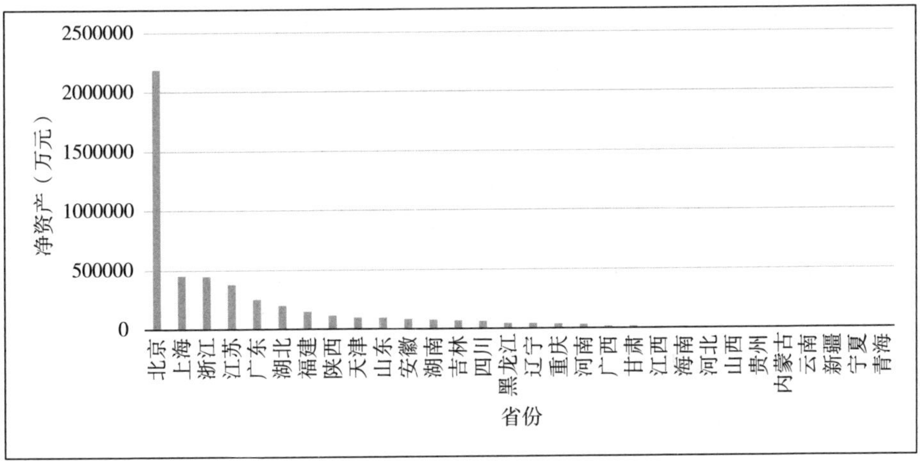

图 4　各省大学净资产总量分布

五、信息披露制度不健全

《基金会管理条例》（2004）第三十六条提出，基金会、境外基金会代表

① 此表里不含西藏、香港、澳门及台湾，共 30 个省级行政区。

机构应当于每年 3 月 31 日前向登记管理机关报送上一年度工作报告，接受年度检查。年度工作报告应当包括：财务会计报告、注册会计师审计报告，开展募捐、接受捐赠、提供资助等活动的情况以及人员和机构的变动情况等。根据基金会信息披露情况，由基金会中心网与清华大学廉政与治理研究中心开发推出的综合指标——中基透明指数（FTI），是以指标、权重、信息披露渠道、完整度等参数，用排行榜单形式呈现的基金会透明标准评价系统，有基本信息、财务信息、项目信息、捐赠及内部建设四项主要内容，共设计 41 个指标，满分 100 分。

中基透明指数分数将由四个参数决定，包括披露指标 Ti、权重指标 Wi、披露渠道指标 Si 以及披露完整度指标 Ci。

基金会的透明度分数 FTIn 的计算公式如下：

FTIn=Σ（Ti × Wi × Si × Ci）

其中：

· n：基金会序号，如 1，2，3……

· i：指标序号，值介于 1 至 41；

· Ti：第 i 个三级指标是否披露，值为 0 或 1；

· Wi：第 i 个三级指标的权重，值范围为 1 至 6；

· Si：第 i 个指标的信息来源，来源官网时 Si 值为 1.2，来源其他渠道时 Si 值为 0.8；

· Ci：第 i 个指标信息披露完整度，值介于 0 到 1 之间，完整度越高值越接近 1（该参数仅应用于主要项目信息分数的计算）。

目前，我国大学基金会的信息公开程度较低，按照中基透明指数，一半以上的大学基金会的分数没有达到及格标准。可查的公开信息的大学共有 299 所，FTI 指数在 60 分以上的占比 43.81%，一半以上的分数为不合格，成绩较为优良的占比只有 11%。可见我国大学基金会的信息公开程度较低，信息披露程序不完善，不利于社会的监督，难以取得公众的信任。

表 4　我国大学基金会的信息公开情况

透明度	院校数量	百分比
80—100	33	11.04%
60—80	98	32.78%
60 以下	168	56.19%
合计	299	100.00%
平均分	56.71	

六、985 高校捐赠基金发展能力突出

基金会中心网数据显示，代表我国一流大学的 985 高校基金会净资产规模不断扩大，已从 2009 年的 24 亿元快速增长到 2019 年的 338 亿元，吸金能力抢眼。985 高校基金会共 38 家，仅占全国普通高校基金会 512 家的 7.4%；而 2019 年 985 高校基金会的捐赠收入 67 亿元却占全部高校基金会捐赠收入 113 亿元的近六成。特别值得一提的是，在这 67 亿元里，仅清华大学教育基金会和北京大学教育基金会两家基金会的捐赠收入占到全部 985 高校基金会捐赠收入的 40%。

1. 大学基金会数量

2019 年我国普通高等院校中有 512 所大学建立并登记了教育基金会，占全部高等院校的比例为 19%；其中 985 大学 39 所，除国防科技大学外，有 38 所大学建立了教育基金会，占比 97.44%。由图 5 可以发现，大学层次越高，成立基金会的比例也越高。

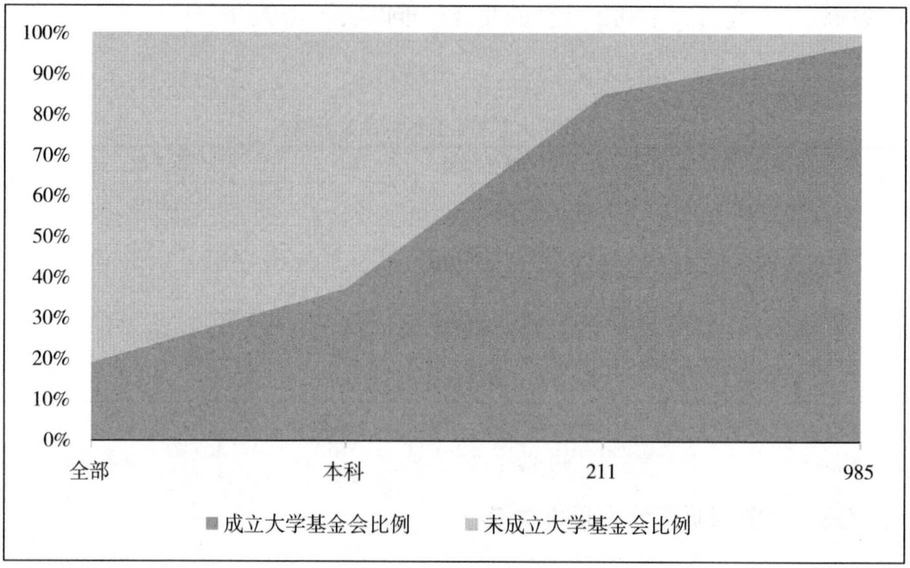

图 5　2019 年不同类别高校中成立大学基金会的情况

2. 大学基金会捐赠收入与净资产

近几年我国大学的捐赠收入不断提高，985 高校的发展尤其迅猛。2019 年我国大学捐赠收入共计 112.59 亿元，其中 985 高校所获捐赠 67 亿元，占比 59.5%。

从净资产来看，2019 年我国大学捐赠基金净资产总计 491 亿元，其中 985 高校净资产总量 340 亿元，占全部高校的 69.25%，清华、北大两所高校占 985 高校的 46%。

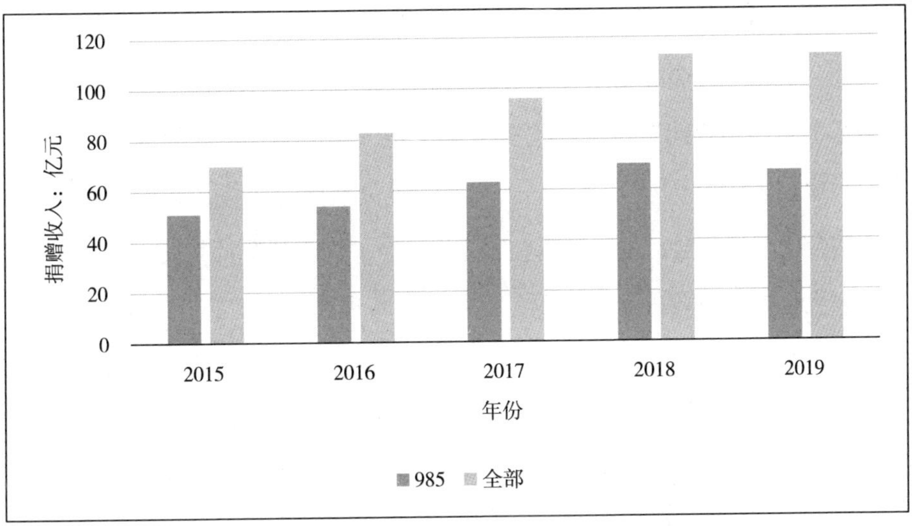

图 6　2015—2019 年我国 985 高校捐赠收入占比情况

第三节　美国大学捐赠基金的发展特征

一、美国大学捐赠基金的发展历程

捐赠基金这一概念最早出现在 15 世纪的英国，但是大学捐赠基金得到长足发展是在美国。1641 年，马萨诸塞地区的三位牧师前往英格兰为当时的哈佛学院劝募捐款，被认为是美国历史上最早的一笔高等教育募款。19 世纪末 20 世纪初，现代意义上的高等教育捐赠制度逐渐确立。美国大学捐赠基金，在 20 世纪得到快速发展。在美国战争与社会危机的影响下，美国政府采取的政策变革，使美国大学政府拨款占财政收入的比例一度下降，使得美国高等教育将筹款运动推向新的高潮，大学捐赠基金的发展进入一个新的阶段。

总体来说，美国大学捐赠基金发展历史较长，就学校个体而言，情况虽有所不同，但是均经历了一个从初期到成熟的发展过程。1890 年，最早的大学基金会耶鲁基金会建立，至今已有 120 多年的历史；1960—1970 年，美国大学基金会得到快速发展，大约 70% 的美国大学设立了自己的基金会，开始出现大规模的筹款运动。至今，美国的大学包括社区学院，基本都成立了自己的基金会或校友会，进行募捐和筹款活动①；捐赠基金及其投资收益已经成为美国大学一项重要的经费来源，也是大学实现代际公平的有效途径。

捐赠基金投资管理运作经历三个重要的历史时期：一是 20 世纪 50 年代之前的探索阶段，主要特征是学校尚不具备成熟的基金运作经验，尚未形成投资制度与投资体系；二是 20 世纪 50 年代至 80 年代的专业化阶段，在这一阶段，一方面投资理论出现重大突破，以马科维茨的投资理论为代表，另一方面是很多大学在这一时期设立了专门的投资管理公司来运作基金；三是 20 世纪 80 年代之后的成熟阶段，这一时期，捐赠基金的规模也呈现迅速增长的趋势，基金管理人员专业化发展，大学基金投资理念得以更新，投资管理制度不断健全，大学基金的投资收益可观，成为大学经费的一项主要来源。

可以说，美国大学的捐赠收入及其投资收益对大学的发展发挥着举足轻重的作用。美国的非营利性私立大学，捐赠基金及其投资收益平均占大学总收入的 27% 以上，部分大学捐赠基金占学校经费比例甚至近半。比如耶鲁大学，过去 20 年捐赠基金年化收益率高达 13.1%，耶鲁大学基金对学校运作经费的贡献率高达 40%。即使在美国公立大学，捐赠基金也占学校经费来源的 10% 左右。

---

① 戴志敏，石毅铭等:《大学教育基金会管理研究》，浙江大学出版社，2010年，第38页。

表 5　美国非营利性私立大学各种收入在总收入中的比例（单位：%）

年份	Total	学生学费	联邦政府拨款	州政府拨款	捐赠收入	投资收益	教育活动	附属企业	医院	其他
1999—2000	100.00	24.58	10.11	1.41	13.67	31.31	2.38	6.90	5.98	3.68
2000—2001	100.00	38.11	16.28	2.05	19.30	–4.38	4.22	10.64	8.67	5.11
2001—2002	100.00	39.72	17.54	2.13	18.25	–7.76	3.82	11.05	9.58	5.68
2002—2003	100.00	34.09	15.73	1.88	13.61	8.84	2.89	9.31	8.46	5.19
2003—2004	100.00	28.69	13.66	1.45	11.81	23.02	2.45	7.69	7.19	4.05
2004—2005	100.00	29.54	14.06	1.40	11.94	21.71	2.57	7.72	7.40	3.66
2005—2006	100.00	28.98	12.89	1.36	12.01	23.33	2.43	7.60	7.55	3.85
2006—2007	100.00	26.03	11.07	1.19	11.07	30.65	2.25	6.74	6.93	4.06
2007—2008	100.00	36.44	14.51	1.71	15.07	4.50	3.48	9.29	9.55	5.46
2008—2009	100.00	77.75	30.45	3.46	25.59	–92.96	6.93	19.66	21.42	7.71
2009—2010	100.00	33.43	13.58	1.30	10.68	16.85	2.86	8.35	9.81	3.14
2010—2011	100.00	29.00	11.74	1.05	10.67	25.86	2.40	7.14	8.46	3.67
2011—2012	100.00	38.93	14.92	1.21	13.36	2.80	3.14	9.58	11.53	4.52
2012—2013	100.00	32.45	11.74	0.96	11.05	19.07	2.74	7.90	9.41	4.68
2013—2014	100.00	29.58	10.33	0.86	11.29	24.98	2.75	7.17	9.03	4.01
2014—2015	100.00	35.02	12.07	1.05	13.44	10.62	3.34	8.43	11.92	4.11
2015—2016	100.00	39.49	12.86	1.18	15.68	–1.50	3.86	9.64	13.20	5.58
2016—2017	100.00	30.49	10.41	0.87	11.90	20.13	3.10	7.42	11.02	4.67
2017—2018	100.00	30.55	10.64	0.88	12.34	18.30	3.21	7.38	11.86	4.85
2018—2019	100.00	32.39	11.42	0.98	13.85	11.55	3.48	7.60	13.43	5.29

资料来源：美国教育统计中心 . https://nces.ed.gov/programs/digest/d20/tables/dt20_333.40.asp，1999—2000 年至 2018—2019 年。

二、美国大学捐赠基金“富可敌国”

美国大学与学院财务官协会（National Association of College and University Business Officers，以下简称 NACUBO）官方公布的数据显示，2020 年美国注册的大学捐赠基金共 705 家，市场价值达 6377 亿美元，平均 9.05 亿美元。其中，10 亿美元以上的有 111 家。1 亿—2.5 亿美元的有 171 家，占比 24.2%，分布数量最大。

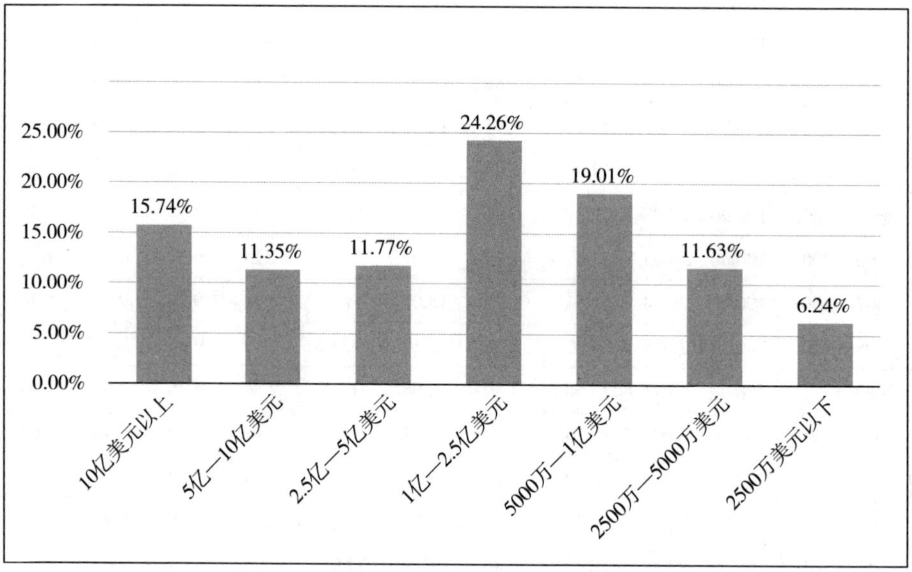

图 8　美国大学捐赠基金分布情况

表 6　2019—2020 年中美市场价值 / 净资产排名前十的大学基金对比

排名	大学名称	所在地	捐赠基金市场价值（千美元）	大学基金会名称	所在地	净资产（万元）
1	哈佛大学	MA	40575027	清华大学教育基金会	北京	1576547
2	得克萨斯大学（系统）	TX	31958313	北京大学教育基金会	北京	701132
3	耶鲁大学	CT	31201700	浙江大学教育基金会	浙江	403017
4	斯坦福大学	CA	28948000	上海交通大学教育发展基金会	上海	163813
5	普林斯顿大学	NJ	26558643	北京师范大学教育发展基金会	北京	171078
6	麻省理工学院	MA	18495905	南京大学教育基金会	江苏	134278

续表

排名	大学名称	所在地	捐赠基金市场价值(千美元)	大学基金会名称	所在地	净资产(万元)
7	宾夕法尼亚大学	PA	14877363	复旦大学教育基金会	上海	100306
8	得克萨斯农机大学(系统和相关基金会)	TX	13594482	中国科学院大学基金会	北京	89467
9	密歇根大学	MI	12476874	厦门大学教育基金会	福建	89042
10	加州大学(系统)	CA	12141762	中国人民大学教育基金会	北京	83483

资料来源：美国数据来自 NACUBO 公布的 2020 财年年报，中国数据来自基金会中心网公布的各大学数据。美国为 2019—2020 财年的数据，即 2019 年 6 月—2020 年 6 月，中国为 2020 年年报数据。厦门大学为 2019 年数据。

在排名前十的大学中，美国大学基金的市场价值远远领先于中国大学，对应排名的美国大学的市场价值为中国大学的 50—100 倍，甚至更多，这些大学基金对学校收入的贡献平均在 30% 左右，而我国即使捐赠基金规模最大的清华大学和北京大学，捐赠收入也十分有限。

表 7　2013—2014 年中美大学基金市场价值对比表

	捐赠基金市场价值(万元)	平均市场价值(万元)
中国	4913005.71	9786.86
美国	407342405.08	577790.65
价值之比(美国 / 中国)	83 : 1	59 : 1

整体来看，美国大学捐赠基金的总体市场价值（不含未公布捐赠收入的大学）达到 40734 亿元（6377 亿美元），而我国为 491 亿元，两者价值之比为 83 倍；从每所大学的平均市场价值来看，美国为中国的 59 倍。

根据世界银行公布的 2020 年世界 GDP 排名信息，美国 GDP 总量 209366 亿美元，排名第一；沙特阿拉伯 GDP 总量 7001 亿美元，位于第 20 名；波兰

GDP 总量 5942 亿美元，位于第 21 名。可见美国大学捐赠基金总量应位于世界排名第 21 的波兰之前，可谓“富可敌国”。

三、积极投资运作，投资回报率高

捐赠基金的效用是通过捐赠基金的规模来实现的，而规模的扩大离不开良好的投资业绩。投资收益率是衡量投资业绩的重要指标，美国大学 2020 年平均投资收益率为 1.8%，近 10 年的平均投资收益率达到 7.5%。由于受到经济形势变化的影响，大学基金的投资收益具有明显的波动性。2008—2009 年美国金融风暴期间，大学捐赠基金平均损失近 20%，这既反映了基金投资的高风险性的特点，也反映了大学捐赠基金管理与国际经济形势的密切联系。

大学捐赠基金的投资收益与其规模之间具有密切联系，捐赠基金规模不同的院校在投资收益率上存在差异，从中可以看出，捐赠基金的规模与回报率呈现出一定的正相关，即捐赠基金规模越大，投资收益率越高，例如规模 10 亿美元以上捐赠基金的投资收益率高于其他院校。数据显示，美国的大学捐赠基金无论规模大小，也无论公立还是私立大学，都在积极开展投资运作，取得了优异的投资回报。

表 8　美国大学捐赠收入投资收益的平均回报率（截至 2020 年 6 月 30 日）

捐赠基金规模（美元）	1 年收益率	3 年收益率	5 年收益率	10 年收益率
	%	%	%	%
	N=705	N=652	N=710	N=545
10 亿以上	2.5	5.9	5.7	7.9
5 亿—10 亿	1.5	5.1	5.1	7.4
2.5 亿—5 亿	1.3	5.2	5.0	7.6
1 亿—2.5 亿	1.6	5.0	5.0	7.5
5000 万—1 亿	1.8	4.7	4.7	7.0

续表

捐赠基金规模(美元)	1 年收益率	3 年收益率	5 年收益率	10 年收益率
2500 万—5000 万	1.9	5.1	5.1	7.5
2500 万以下	2.5	5.4	5.3	7.5
公立大学	1.5	5.1	5.1	7.3
私立大学	2.0	5.2	5.1	7.6
平均	1.8	5.2	5.1	7.5

资料来源：根据 NACUBO 年报数据整理，美国大学与学院财务官协会 NACUBO .https://www.nacubo.org/Research/2021/Historic-Endowment-Study-Data。

第四节　我国大学捐赠基金投资管理——基于全国大学基金会的调查

我国大学基金投资仍处于探索阶段。目前投资的金额有多大，投资的效益如何，投资风险是否得到有效控制，都是基金投资所需要关注的问题。为了进一步了解我国大学捐赠基金的投资运作情况，通过基金会中心网（CFC）以及各大学基金会年报、章程等，对 2014 年注册登记的 408 家大学基金会进行了详细的数据调查。研究发现我国大学基金投资收益水平整体低下，风险管理尚处于探索阶段。

一、投资收益十分有限

美国大学捐赠基金通过多元资产配置，积极投资运作，稳健的风险管理等方式，取得了丰厚的投资收益。而我国大学捐赠基金在投资方面则采取了谨慎甚至偏保守的投资理念，大部分大学基金尚未开展投资运作，已开展的也主要将投资种类集中在低风险的银行理财产品，投资收益十分有限。

目前我国开展投资的大学基金会共有 152 所，投资金额分布从儿十万元到数十亿元不等，如清华 87.20 亿元，北大 61.47 亿元；取得投资收益的大学共有 101 所，投资收益率从 0.01% 到 103.75% 分布不均；另外 50 所年报显示投资收益为 0，1 所投资收益为负。

整体来看，152 家开展投资的大学基金会占可查得大学基金会总量的 30.28%，另有 300 余所基金会尚未开展任何投资；取得投资收益的大学中，69% 的收益率在 5% 以下，15% 的收益率在 5%—8%，17% 的收益率在 8% 以上。其中具有代表性的清华大学投资收益率 6.41%，北京大学 6.29%，保持较为稳定的水平。

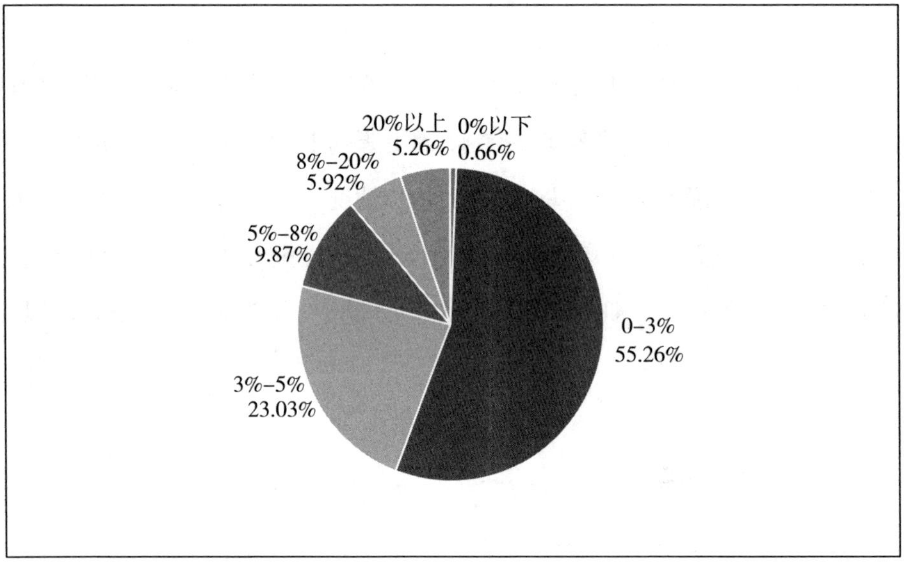

图 9　2019 年我国大学基金会投资收益情况

按净资产规模比较，2019 年进行投资的大学基金会共 152 家，平均收益率 4.88%。其中表现最佳的为 1000 万—5000 万元的基金会，平均收益率为 7.29%；其次为 1 亿—5 亿元，平均收益率为 5.31%；基金规模在 5 亿元以上的基金会位居第三，平均收益率为 3.88%；200 万—1000 万元的基金会表现最差，平均收益率 2.55%。

表 9　2019 年不同规模大学的投资收益情况

规模	数量	平均收益率
5 亿元以上	16	3.88%
1 亿 -5 亿元	37	5.31%
5000 万—1 亿元	25	2.87%
1000 万—5000 万元	47	7.29%
200 万—1000 万元	27	2.55%
合计	152	4.88%

与捐赠基金类似的社保基金，目前社保基金托管公司理财有两个重要指标：一是委托资产的年收益率不低于通货膨胀率加 3 个百分点；二是委托资产的年收益率要超过同期银行一年期的存款利率 20% 以上。大学基金和社保基金有着同样的保值增值的压力。参照此指标，2019 年全年 CPI 指数为 2.9%，一年期存款利率为 1.75%，大学基金平均投资收益率至少应达到 5.0%。可见我国大学捐赠基金没有达到基本的保值功能，更谈不上增值。

二、资产利用明显不足

资产回报情况取决于两方面，一方面是投资收益情况，另一方面是资产利用情况，即开展投资的数量与净资产比例。衡量资产回报的指标为资产回报率：

净资产回报率 = 投资收益 / 净资产 = 投资收益率 × 投资比例

投资收益率 = 投资收益 / 投资金额

投资比例方面，对不同规模的大学基金会投资情况分类，有效样本数量为 502，所有大学的投资比例平均为 30.28%；如果按照全部高校的投资金额与资产加权平均，投资比例合计为61.30%，但实际上，规模较大的基金的积极投资运作拉大了整体投资比例。其中，5亿元以上的17所基金投资比例最高，达到81.76%；其次为1亿—5亿元的基金会54所，投资比例平均为30.46%；3000万—1亿元的基金会78所，平均投资比例30.80%；1000万—3000万元的基金会100所，平均投资比例12.87%；数量最多的200万—1000万元的基金会253所，平均投资比例只有8.38%。可见，我国绝大部分中小基金会的投资比例不足30%，投资行为消极，绝大部分资产趴在银行账户上，使得大学基金持有现金的比例很高，这种看起来流动性很强的组合，实际上带来了另一方面的风险，即资产贬值的风险，这也是流动性风险另一种极端的体现。

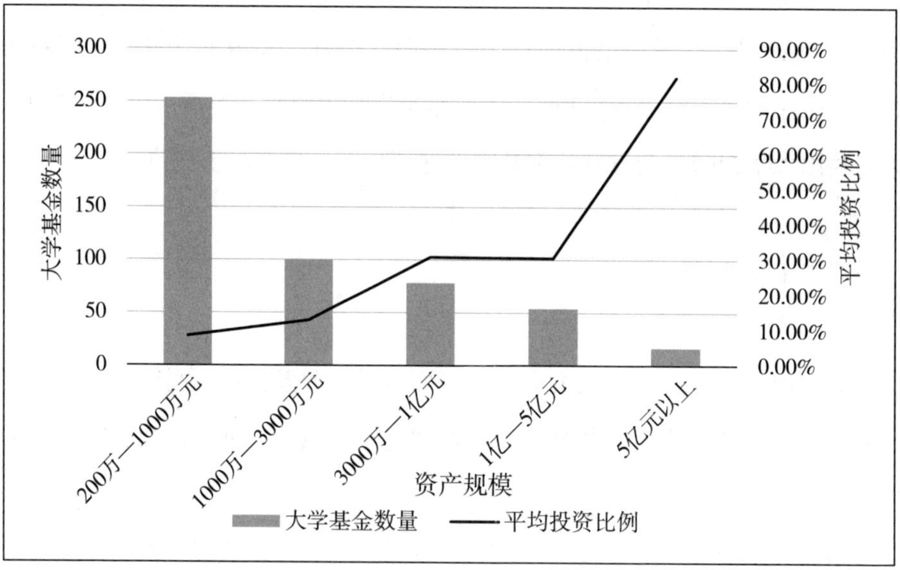

注：由于短期投资中，少数大学基金会短期资金重复利用，一年内投资比例大于100%的情况，会导致投资比例偏高；而有些大学基金会年报中信息填写不完整，可能存在投资而未披露的情况，会导致测算的整体投资比例偏低。这两种误差整体在可控的范围内。

图10 2019年我国不同规模大学基金会投资运作情况比较

502所大学2019年共取得投资收益16亿元，参与投资金额301亿元，全部净资产491亿元。2019年获得投资收益的大学共有101家，平均收益率为7.34%，一年期存款利率1.75%，投资效果表现尚可；但是如果将全部基金会的保值增值情况综合分析，除了152所大学开展投资，还有300余所大学基金会尚未开展，总体净资产回报率为3.5%，2019年CPI增长率2.9%，GDP增长率6%；可见总体资产利用效果不佳，难以达到保值增值的基本要求。

表10　2019年大学基金投资收益/资产回报情况

	金额：万元		收益率/回报率
所有投资收益	157397	取得收益的算术平均收益率	7.34%
所有投资金额	3011542	取得收益的净资产回报率	3.86%
有收益的基金会净资产	4072921	全部净资产回报率	3.20%
全部净资产	4913005	CPI增长率	2.9%

整体来看，在开展投资的152所大学中，用来投资的资金占净资产的比例为73.94%；而全部502所大学基金会的进行投资的资金比例仅为61.30%，也就是意味着全国大学基金会近40%的资产趴在银行账户上，对资产的管理缺乏积极性和主动性。如果资产能够合理管理大学基金的投资与支出安排，做好流动性风险管理，通过提高投资比例和投资收益率，整体的资产利用效果将会有显著提升。

三、风险管理处于探索阶段

我国大学捐赠基金缺乏明确的风险管理制度。各大学根据资产规模和投资风格，在风险管理方面缺乏系统化指导。关于投资风险的管理，大部分院校没有风险防范的具体措施，开展投资运作的学校只有少数制定了风险管理相关的方法，基本属于定性描述为主，缺乏定量分析的方法。

梳理我国大学捐赠基金相关的章程和内部资料，涉及风险管理相关的内容主要有以下特征。

1. 笼统提及投资风险的概念。比如山东大学教育基金会资金运作管理规定：资金运作必须充分考虑政策风险、管理风险、信用风险、流动性风险等因素，尽力规避风险，降低损失。

2. 限制高风险投资品种。比如中国人民大学基金会主要采取稳妥的方式以实现资金的保值增值，主要投资形式是银行存款。此种投资方式虽然风险较低，但是投资收益也十分有限，扣除通货膨胀因素，难以实现保值增值。因此，学校也提出尝试多种渠道投资成为基金会未来财务管理的重要工作。

3. 建立重大投资活动理事会表决制度。各大学对基金会重大投资活动界定不一，有的以投资范围界定，如人民大学基金会对理财类投资、证券类投资的投资程序做出不同规定；有的以投资比例界定，如南开大学认为单笔投资超过基金余额 5% 的投资活动；大多数基金会以投资金额界定，金额范围也具有较大差异，如清华大学界定为超过 500 万元人民币以上的各项投资行为，北京理工大学界定为 1000 万元以上，山东大学、中央财经大学、天津大学等基金会界定为 100 万元，而浙江大学界定为 50 万元。

4. 实施投资组合降低投资风险。山东大学选择多家金融机构共同承担资金运作任务，分散信用风险；选择不同品种进行组合投资，分散投资于各类基金、理财产品、信托产品等，严格控制高风险投资比例，降低资金运作的风险。广东省教育基金会提出投资类型：购买债券，股票；通过金融机构组织信托存款、委托放款以及定期储蓄；以有偿使用形式支持广州市属学校中符合国家产业政策，且经济效益好的校办企业、生产实习厂（场）作发展生产的周转金。

5. 成立投资工作小组，聘请专业投资人员。浙江大学教育基金会：为了规范资金运作，基金会成立了投资理财工作小组，聘请了投资专员、投资顾问、风控顾问，加强了投资团队的力量。北京大学基金会调整了投资委员会，新的委员会由 9 名委员组成，三分之二是来自校外的资本运作专家，大大提高了队伍的专业化水平，有利于探索更为有效的投资策略和决策机制。北京理工大学基金会在筹资与资本运作部成立资金运作小组，在资本市场上进行资金运作，确保资金增值。

6. 严格投资审批程序。山东大学资金运作的每笔对外投资或中止投资均要严格按照秘书长会议批准的实施方案和秘书长、分管财务的副秘书长共同签发的指令进行操作。北京理工大学由资金运作小组提出资金运作年度计划，经基金会理事会讨论通过，根据投资风险的大小，实行授权运作。对于除银行存款、银行理财产品外的其他存在风险的资金运作必须严格按审批程序进行，每次投资和运作均应有理事长（或授权副理事长）批准的文件，金额在人民币 1000 万元以上的重大投资应有理事会集体批准文件。

广东省教育基金会 20 万元以内（含 20 万元）由本委员会主任或授权基金会秘书长批准；20 万—50 万元以内由本委员会正、副主任研究同意批准；50 万—100 万元以内经本委员会审议通过，同时报基金会常务理事、市教委主任审批；超过 100 万元的项目，由本委员会审议通过，报基金会法人代表（市主管领导）批准。

7. 设定投资止损及补偿机制。山东大学教育基金会为控制投资风险，根据风险承受能力设定止损点。损失接近止损点时，由资金运作组报告秘书长会议商定调整对策，决定是否终止该项投资。北京理工大学要求资金运作的增值部分应计提各项准备金。

8. 加强资金运作监控。山东大学教育基金会要求基金会的资金运作应处于实时监控状态，并接受有关方面的监控检查。

与在投资界运作成熟的美国大学捐赠基金相比，我国大学捐赠基金投资运作尚处于起步阶段，投资理念比较保守，风险管理也在摸索发展。随着近几年我国大学捐赠基金会投资意识的提高，参与投资的基金会数量增加，投资的资产量也有了很大提升，选择的投资种类也日益丰富，我国大学捐赠基金的投资运作将成为大学基金发展的重要推动力量。

大学捐赠基金如何开展投资运作与风险管理，基金管理和发展与大学可持续发展之间具有什么样的关系，正是本书的起点。张辉（2015）通过对中美大学捐赠基金排名前100名的学校进行统计分析，表明大学综合实力排名与大学基金总量排名之间存在显著正相关关系，大学捐赠基金发展与大学发展有着共同促进的作用。①

综上所述，我国大学基金起步相对较晚，发展历史短；原始资金规模小，净资产总量偏低，对大学发展的贡献有限；近10年来快速发展的同时，大学捐赠基金的校域和省域差距逐渐拉大，985高校捐赠基金的发展能力尤其突出。我国大学基金的管理制度和信息公开程度尚不完善，大学捐赠基金资产利用率低，投资收益十分有限，风险管理也在不断的探索之中。整体来看，大学捐赠基金的投资运作与风险管理能力仍有较大的发展空间。

目前我国捐赠收入占大学总收入的比重在2%以内，②而美国非营利性私立大学捐赠基金及投资收益占大学收入比重平均为30%，公立大学也保持在10%左右。参照美国公立大学，未来我国捐赠基金在大学收入中的比重应达到5%—10%的水平，以此发展趋势，未来10年我国大学基金规模总量将超过1000亿元，大学捐赠基金有望成为继财政性经费、学费之后大学的第三大经费来源。

---

① 张辉:《中美捐赠基金管理与大学发展关系实证研究》,《中国高教研究》2015年第3期，第62—66页。

② 《中国教育统计年鉴》，2015年。

第二章 大学捐赠基金的投资工具与风险类型

美国著名文化人类学家鲁思·本尼迪克特（Ruth Benedict）说过："最孤立的细小行为，彼此之间也有某些系统性的联系。系统一定程度的和谐一致是必不可少的，否则整个体系就将瓦解。经济行为、家庭活动、宗教仪式以及政治目标就像齿轮一样相互啮合在一起。"①大学基金会也是由许多细小行为构成的系统，研究大学基金会的投资运作，首先要明确大学基金会的投资目标与投资原则，确定大学基金可选择的投资工具，进而对大学基金会投资所面临的风险类型进行归纳和总结。

第一节 投资目标

朝着一定目标走去是志，一鼓作气中途绝不停止是气，两者合起来就是志气。一切事业的成败都取决于此。

——卡内基

大学捐赠基金的投资目标是开展投资活动的基础。大学捐赠基金与一般基金的最大化投资收益目标不同，大学捐赠基金的投资目标具有多元化的特

① ［美］鲁思·本尼迪克特：《菊与刀》，何晴译，商务印书馆，1991年，第8—9页。

征。由于各大学的基金宗旨与支出策略各不相同，对基金回报率的要求也存在差异。制定适合自身的投资政策与支出政策，并使之相互匹配，是大学捐赠基金永续发展的重要使命。

有研究显示，国外大学基金会使用频率最高的三个投资目标分别是：

——在可接受的风险范围内最大化长期总回报；

——在长期保本的前提下获取合理可预测的收入；

——在最小化风险的情况下，维持并增强资金的真实价值。①

在设定投资目标的过程中，投资收益是一项重要指标。业绩基准是判断投资是否有效的标准，持续且稳定的业绩基准对于大学捐赠基金十分重要。在大学基金的投资目标中，风险与收益相伴相生，部分大学基金将风险控制放在了首要位置。

捐赠基金投资有两大主要目标：第一，保持资产的购买力；第二，为教育机构的日常运营预算提供大量的资金来源。这两个目标看起来是相互冲突的，但是，如果受托人能够通过制定合理的投资和支出政策成功解决两者之间的冲突，那么教育机构就能够持续从捐赠基金中获得资金支持教学研究项目。如果能够同时实现资产保值和提供稳定的预算支持这两个目标，受托人就可以实现捐赠基金积累的宗旨：保持大学独立性、增强大学运营的稳定性以及创造优越教学环境。②

---

① 王翔、杨飔：《大学的发动机：欧美大学基金会如何运作》，《新财富》，2014年4月22日。

② ［美］大卫·史文森：《机构投资与基金管理的创新》，张磊等译，中国人民大学出版社，2010年，第14—17页。

一、国外大学基金会的投资目标

第一类是倾向于目标性质的描述。以欧洲的投资机构为代表，投资风格谨慎，投资目标以定性为主，美国部分大学基金也以收益和风险的综合权衡来描述投资目标。

英国惠康基金会（ Wellcome Trust ）的 2015 年投资目标描述如下：我们的整体投资目标是实现长期 4.5% 的真实回报率，这是为了提供实际增加的年度开支，同时保留基金的资本基础，以平衡当前和未来的受益者的需求。我们使用这种绝对回报策略，因为它将权衡资产配置与资金需求，同时提供了一个判断个人投资的竞争框架。①

英国牛津大学的投资目标是“在分散投资的基础上，运用我们的竞争优势，为大学提供资金并为后代保留资金的购买力”。②

美国密歇根大学财务部（ Business and Finance office ）下属的投资办公室（ Investment Office ）提出为密歇根大学提供有效的财富服务：（ 1 ）风险调整后的投资回报最大化；（ 2 ）风险调整后的资本成本最小化；（ 3 ）按照既定方针管理基金；（ 4 ）提供现金管理监督。③

美国 MIT 投资管理公司（ MIT Investment Management Company ）：我们的使命是为麻省理工学院提供卓越的长期投资回报。我们培养杰出人才和持久的合作伙伴关系来维持麻省理工的追求，实现世界水平的教育、尖端研究和突破性的创新。④

---

① Annual Report and Financial Statements 2015. http://www.wellcome.ac.uk/stellent/groups/corporatesite/@msh_publishing_group/documents/web_document/wtp060064.pdf.2016-01-01.

② Shanta Acharya and Elroy Dimson:*Endowment Asset Management:Investment Strategies in Oxford and Cambridge*. Oxford:Oxford University Press，2007: 73.

③ 密歇根大学财务部投资办公室，http ://finance.msu.edu/.2015-10-01。

④ MIT 投资管理公司，http ://www.mitimco.org/2015-10-01。

这类投资目标作为大学基金会投资的宏观指引，强调长期的投资回报，并且考虑扣除通货膨胀等因素的真实回报，以及风险调整后的收益，而非最大化短期的投资回报。基金会非常关注投资的流动性、风险以及基金会实现代际公平的使命。近几年，这些投资机构的投资目标描述中也出现量化的趋势，例如 2015 年惠康基金会在投资目标中指出了投资收益率的标准，长期来看，年度收益率达到 4.5% 的具体目标[①]。

第二类倾向于目标量化的要求。确定具体的投资收益指标，或者提供精确的投资收益与风险的度量模型，这类以大学捐赠基金发展历史长久、投资运作较为成熟的美国大学为代表。

哈佛大学投资管理公司（简称 HMC）的投资目标阐述如下：管理哈佛大学的捐赠基金和相关的金融资产，HMC 的唯一的任务是创造长期投资回报来支持大学的教育和研究的目标。HMC 开创并继续实现一个独特的捐赠基金管理方法。 在我们的投资“混合模型”中，我们通过内部投资专业人士，以及通过与第三方的基金经理合作来管理资金。 这种方法提升了 HMC 的市场视角的深度和广度。[②]

2015 年，HMC 新任 CEO 布莱斯（Stephen Blyth）上任，与管理团队提出未来几年具体的投资目标：（1）经过高等教育价格指数衡量的通胀率（HEPI）调整后，HMC 将实现 5% 以上的真实回报率。（2）HMC 将实现超越适当的市场和行业基准的 1% 或更多的总的表现。（3）HMC 实现在同类前十名最大

① Wellcome Trust Annual Report and Financial Statements 2015.http://www.wellcome.ac.uk/stellent/groups/corporatesite/@msh_publishing_group/documents/web_document/wtx063982.pdf, 2015 -10-01.

② 哈佛大学投资管理公司，http://hmc.harvard.edu/about-hmc/index.html.2015年10月1日。

的捐赠基金中[①]，投资业绩达到前四分之一的排名。

耶鲁基金会的投资目标则更具体，“我们主要基于均值方差模型并运用统计技术来测试我们所持有的资产在未来可能发生的变化，然后据此调整资产配置”。耶鲁的投资组合是采用学术理论和市场判断相结合确定投资结构。理论框架建立在均值—方差分析法，由诺贝尔奖获得者托宾（James Tobin）和马科维茨（Harry Markowitz）开发的一种方法，对耶鲁的考尔斯基金投资组合管理工具做出了重要贡献。使用统计技术结合投资资产的预期收益、方差和协方差，采用均值方差分析法估计各种资产配置方案的预期风险和收益率分布，并测试输入假设发生变化时结果的敏感性。[②]

康奈尔大学投资办公室的投资目标：在合理的风险范围内最大化投资收益率。具体目标是扣除支出外，实现经通货膨胀调整后，5% 的真实回报率（五年移动平均）。捐赠基金投资的收益为康奈尔大学提供持续的财务支持，实现大学发展的代际公平。[③]

华盛顿大学圣路易斯分校投资公司：使命是为华盛顿大学的教育和研究提供永久支持。大学捐赠基金的有效管理对大学财务稳定至关重要。通过平衡投资和支出政策，华盛顿大学投资管理公司（WUIMC）有助于确保大学实现代际公平。[④] 在此政策下，实现经指数调整后最大化的投资收益，大学回报率应在 8%—9%，但是年度之间可以有所差异。

---

① 2014年6月30日，其他十个最大的捐赠基金：得克萨斯大学，耶鲁大学，斯坦福大学，普林斯顿大学，麻省理工学院，得克萨斯农机大学，西北大学，密歇根大学，宾夕法尼亚大学和哥伦比亚大学。

② 耶鲁大学投资办公室，http://investments.yale.edu/.2015 年 10 月 1 日。

③ 康奈尔大学，http://www.investmentoffice.cornell.edu/about/default.asp.2015 年 10 月 1 日。

④ 华盛顿大学圣路易斯分校投资公司，http://wuimc.wustl.edu/Pages/InvestmentObjectives.aspx.2015 年 10 月 1 日。

二、我国大学基金会的投资目标

相比而言，我国大学基金会官方网站和章程中一般只公布基金会的总体目标，较少单独提及投资目标。笔者对我国410所大学基金会的宗旨进行了梳理，发现有以下主要特征：(1)强调法律和道德，比如“遵守法律政策，遵守社会道德”；(2)筹资方面注重加强大学与国内外各界的联系以及合作，有助于募集资金；(3)部分高校提及支出政策，主要集中于资助奖励学生奖助学金和教师的教学科研工作；(4)促进学校发展是我国大学基金会的核心目标，多数大学在此方面会提出比较具体的要求，比如北京大学是促进北大的教学、科学研究和高新技术开发事业的发展；有的大学将范围界定为整体大学教育事业，如复旦大学是推动本市高等教育事业发展；有的大学将基金会的目标定义为更为广泛的社会公益，如清华大学为社会公益事业服务。

表11　我国大学基金会的目标/宗旨

序号	大学基金会	目标/宗旨
1	清华大学教育基金会	为推动我国教育事业的发展，提高教育质量和学术水平，争取国内外团体和个人的支持和捐助。本基金会遵守宪法、法律、法规和国家政策，遵守社会道德风尚，为社会公益事业服务。
2	北京大学教育基金会	遵守中华人民共和国宪法、法律、法规和国家政策，遵守社会道德规范，致力于加强北京大学与国内外各界的联系和合作，促进北京大学教学、科学研究和高新技术开发事业的发展。
3	浙江大学教育基金会	汇八方涓流、襄教育伟业，全面支持和推动浙江大学的建设和发展。
4	南京大学教育发展基金会	遵守中华人民共和国宪法、法律、法规、规章和国家政策，遵守社会道德风尚，致力于加强南京大学与国内外各界的联系和合作，募集办学资金，奖励、资助南大师生，推动南京大学教育事业的发展。
5	上海交通大学教育发展基金会	为推动上海交通大学教育事业的发展，多渠道筹集办学资金，争取国内外的企业、社会团体、个人的支持和捐助，提高教育质量和学术水平。
6	北京航空航天大学教育基金会	北航教育基金会秉承适应国家教育事业发展与改革的需要，接受和管理社会各界的捐赠，促进北京航空航天大学(北航)的建设和发展的宗旨，秉行“规范、创新、安全、高效、公开、透明”的办会方针，助力北航建成空天信融合特色的世界一流大学。

续表

序号	大学基金会	目标 / 宗旨
7	中国人民大学教育基金会	筹集、接受、管理捐赠资金，促进学校教育、科研事业发展。
8	东南大学教育基金会	遵守中华人民共和国宪法、法律、法规、规章和国家政策，遵守社会道德风尚，致力于加强东南大学与国内外各界的联系和合作，筹措资金，推动东南大学教育事业的发展。
9	北京师范大学教育基金会	通过奖励、资助，提高教育科研水平，推动教育事业发展。
10	复旦大学教育发展基金会	遵守宪法、法律、法规和国家政策，遵守社会道德风尚，汇八方涓流，襄教育事业，支持和推动本市高等教育的长远建设和发展。

资料来源：各大学基金会官方网站。

三、投资收益与风险的平衡

通过以上分析可以看出，在大学基金会的投资目标上，（1）我国和英国侧重于定性方面的描述，美国则偏向于定量分析，如哈佛大学、耶鲁大学都详细描述了具体的量化研究方法；（2）美国大学基金将当前支出与长期回报相结合，投资中既强调长期投资回报，又突出为大学发展提供支持的要求，如麻省理工学院的使命就是为学校发展提供卓越的长期回报；（3）我国大学基金则强调第二类目标即为机构提供资金支持促进发展，注重政策法规和道德规范，鲜有提及投资方面保值增值的具体规划；（4）国外大学基金在投资目标中强调风险调整后的回报，在投资风险与收益中寻找平衡点，而我国大学基金缺乏风险管理的具体措施。

首先，捐赠基金投资的长期目标是保持捐赠资产在代际稳定的购买力。成功的捐赠基金有能力持续向教育机构提供一定水平的财力支持，使其成为名副其实的永久性资产。要实现捐赠基金资产的长期保值，就需要追求较高的收益率，而这必然伴随着相应的基本面风险和市场波动风险。

其次，捐赠基金的中期目标是为教育机构的日常经营提供稳定的流动资金。这是由教育机构预算周期较短的特点决定的。由于教育机构不能轻易缩减教学研究项目，需要依赖捐赠基金相对稳定的支出来维持日常运作。捐赠基金要提供稳定的资金支出来满足教育机构日常运作的需要，就必须降低基金组合的波动性，而这意味着在降低风险的同时也降低了预期收益水平。

权衡资产的保值增值和资产分配的流动性这两个目标之间的矛盾，需要大学根据两个目标之间轻重的权衡，制定合适的支出政策。合理的支出政策能够减少支出稳定性目标和保持资产购买力目标之间的冲突，使捐赠基金有更大的可能在满足当前之需的同时又能保证未来之用。大学捐赠基金投资的最终目标是在可承受的风险范围内，实现投资收益的最大化，达成收益与风险间的平衡。

第二节　投资原则

一、风险性原则

大学捐赠基金的来源决定了大学捐赠基金投资的首要原则是安全性。大学基金是校友及热爱教育人士或企业捐赠所得，属于社会公益事业，捐赠者希望所捐资金用于所需之处；如果投资造成损失将会打击捐赠者的捐赠热情。同时，大学捐赠基金肩负着学校财政支出和代际公平发展的重任，应以安全返还投资资金为保证，避免由于投资损失导致的风险，危及高等教育事业发展所需资金的供应。

我国《基金会管理条例》第二十八条规定，“基金会应当按照合法、安全、有效的原则实现基金的保值、增值”。合法和安全问题是我国基金会管理的重中之重。

哈佛管理公司（HMC）也提出，风险管理是成功的投资组合管理的重要组成部分。HMC将风险管理纳入投资策略的组合来保护哈佛大学的资产。管理团队和董事会投入大量的人员、时间和精力，管理投资组合内在风险的复杂性。HMC不断审查和修改用来衡量和控制投资组合中风险的分析功能，在不稳定的环境中风险管理的持续改进甚为关键。哈佛大学已经为一个长期的捐赠基金投资组合，建立了一套适当的风险指引，在投资组合中通过适当的灵活性，保持一个审慎的风险参数。

二、流动性原则

大学基金在进行投资规划时，需以支出规划为前提，合理安排投资的额度与时间，保证投资的流动性。首先，大学捐赠基金的目的是为学校发展而服务，包括学生培养、师资建设、校园建设以及社会公益等多方面的支出。大学捐赠包括限定性捐赠和非限定性捐赠，可供投资的部分是非限定性捐赠和限定性捐赠中暂不使用的部分。大学捐赠基金投资规划的首要任务是确定支出计划，明确流动性需求，避免投资的长期性和不确定性带来损失。[①] 其次，大学捐赠基金投资注重长期回报，进行长期投资时，保持适度的流动性，可以保证大学捐赠基金资产的优化组合，即在市场波动时可以做出灵活调整，规避风险以实现收益最大化。

例如，2020年复旦大学净资产10.03亿元，捐赠收入2.75亿元，捐赠支出2.35亿元，支出比率为净资产的23.43%。主要的支出方向为校园建设、学科建设、学生培养和社会公益。大学在做投资规划时，应根据支出时间和预算，合理安排可用于投资的额度，在保持支出流动性的前提下，最大化可

---

① 张磊、王宏欣：《美国投资机构设置与耶鲁大学投资战略》，《中国经营报》，2002年5月16日。

投资的收益。

表 12　2020 年上海复旦大学捐赠基金支出分配结构表

类别	金额(元)	支出比例
院系发展	15419081.38	6.55%
学生培养	37685981.52	16.00%
社会公益	37031481.90	15.73%
师资建设	22354600.00	9.49%
校园建设	65644667.74	27.88%
其他	2521349.00	1.07%
发展基金	1416723.89	0.60%
学科建设	53419781.96	22.68%
合计	235493667.40	100%

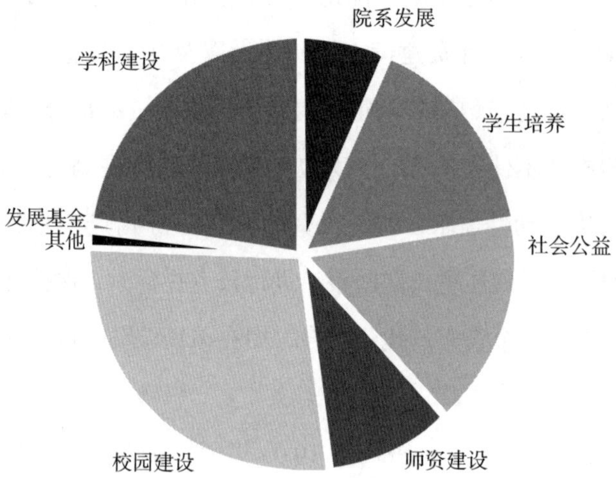

图 11　2020 年上海复旦大学捐赠基金支出分配结构

资料来源：复旦教育基金会年报 2020。

三、盈利性原则

任何基金投资都以盈利为目标，基金盈利与否对投资计划本身非常重要。首先，大学捐赠基金要保持代际传递，必须实现保值。传统观念认为捐赠基金为了安全不需要投资，或者只能投资于所谓安全的、收益率低的理财产品，表面上看起来风险低，实际上，在通货膨胀的压力下，承担了贬值甚至亏本的风险。在此意义上，保值增值不仅仅是基金会的权力，也是基金会的责任。其次，大学捐赠基金需要实现增值，扩大基金收入和来源，分担大学经费成本，提高捐赠基金对大学的贡献。成功的基金投资，应该谋求适合自身规模和风格，科学合理的投资组合，以获得最大的投资收益。

然而在具体投资活动中，盈利性原则常与安全性原则相冲突，这就要求投资管理人在投资决策时权衡收益与风险的关系，合理利用风险控制技术，在收益与风险之间达成平衡。

美国大学捐赠基金及其投资收益在大学财政中的地位非常重要，在耶鲁大学的收入来源中，捐赠基金所占的比重一度达到 45.9%[①]，而耶鲁大学并非一个偶然的个案。在美国非营利性私立大学中，捐赠基金及其投资收益一般维持在学校收入的 1/3（2008—2009 年遭遇经济危机的特殊年份有所例外）；较高的时候达到 40% 以上。可以说，美国大学的捐赠收入及其投资收益对大学的发展发挥着举足轻重的作用。单独投资收益一项通常占学校总收入的比重亦可达到 20% 以上，如 2007 年非营利性私立大学的投资收益平均占大学经费来源的 30.65%，2013 年为 19.07%。[②] 充足的经费促进了大学的教学、科研水平的提高；保持了大学财政的独立性，有利于建立现代大学制度；同时

① Yale Endowment 2009. http://www.yale.edu/investments/，2015 年 7 月 10 日。

② 美国教育统计中心，http://nces.ed.gov/programs/digest/d09/tables/dt09_355.asp，2015 年 7 月 10 日。

也为学校发展的代际公平提供了有力的保障。

四、社会性原则

大学教育基金会资金的投资必须考虑社会效益；由于捐赠基金的公益性，在投资项目的选择上，应该遵循有利于经济发展和社会进步的方向来选择。

1. 社会责任投资（SRI）

随着大学捐赠基金投资管理的发展，社会责任投资（Socially Responsible Investment）成为不可回避的话题。社会责任投资通常包括对投资的领域、行业以及企业的限制性规定，制定社会责任的投资标准和投资决策属于大学的内部管理事务。不同规模与不同治理要求的大学在社会责任标准方面会有所差异，通常规模越大、治理要求越高的大学基金对社会责任投资项目的限制也越严格。各个大学都要求捐赠基金不得投资包括武器、烟草、酒精、商业赌博等在内的项目生产以及违反有关法律规定的活动，应当遵守环保、和平、人权等基本的社会价值。

在发展道德性投资和承担法人社会责任等方面，大学基金扮演了关键的角色。20 世纪 70 年代，哈佛、斯坦福和耶鲁等规模最大的捐赠基金率先创建了多元成分的委员会，讨论有关投资的社会责任议题，积极处理社会责任投资以指导管理层的行为。例如大学师生在涉及南非种族隔离、烟草制造商和苏丹达尔富尔地区种族灭绝的撤资活动中，发挥了极其重要的作用。1994 年，美国劳工部发出关于投资受托人责任的公告，意在阐明投资管理者的社会责任，大学捐赠基金作为重要的机构投资者，理应参与到社会责任投资的活动之中。从长远来看，一个公益组织真正意义上的成功并非获得最高的利润，只有承担社会责任才能持续发展，才更有可能获得成功。

2. 环境、社会和治理（ESG）

2012 年，美国投资责任研究中心发布一项报告，提出了大学捐赠基金的环境、社会和治理投资标准（ESG）等概念，并尝试整合相关机构有关社会责任投资与环境、社会和治理投资的调查数据和政策标准。这些机构包括如共同基金（Commonfund）、美国财务官协会（NACUBO）、可持续捐赠基金研究院（SEI）、高等教育发展促进协会（AASHE）及持续追踪评价和排名系统等。机构社会责任投资项目的类别分为烟草、地缘政治、酒精、流产、赌博、色情、军备 / 武器、克隆、生育控制、不当劳动行为、环境保护、其他、法人治理标准、动物福利、法人慈善、社区再投资法案。[①]哈佛管理公司（HMC）指出，作为一个长期投资者，HMC 关注环境、社会和治理（ESG）因素，这些可能会影响未来的投资表现，与 HMC 的使命——为哈佛大学提供强劲的长期投资业绩一起，将环境、社会和治理标准共同纳入投资分析和决策过程。[②]

近些年，美国 NACUBO 咨询委员会商议，修改了对于 SRI 一系列问题，更直接地关注 ESG 投资标准和实践，对于教育机构开展投资十分重要。

2020 年，根据 NACUBO 的调查，捐赠基金通常尚未将负责任的投资标准以有意义的方式纳入资产类别的投资组合构建。2020 年的受访者中负责任的投资 19% 投资于美国股票，15.7% 投资于全球股票。越来越多的证据表明，负责任的投资方法确实可以提供具有竞争力的回报，以及捐赠基金更多紧密配合投资和使命的机会，这使得捐赠基金会越来越多地考虑这种策略。

---

① NACUBO–Commonfund Study of Endowments（NCSE），Environmental，Social and Governance Investing by College and University Endowments in the United States：Social Responsibility，Sustainability，nd Stakeholder Relations，by IRRC Institute，http://www.irrcinstitute.org/pdf/FINAL_IRRCi_ESG_Endowments_Study_July_2012.pdf.

② Investing for Long Term http://hmc.harvard.edu/about–hmc/index.html.2015–07–01.

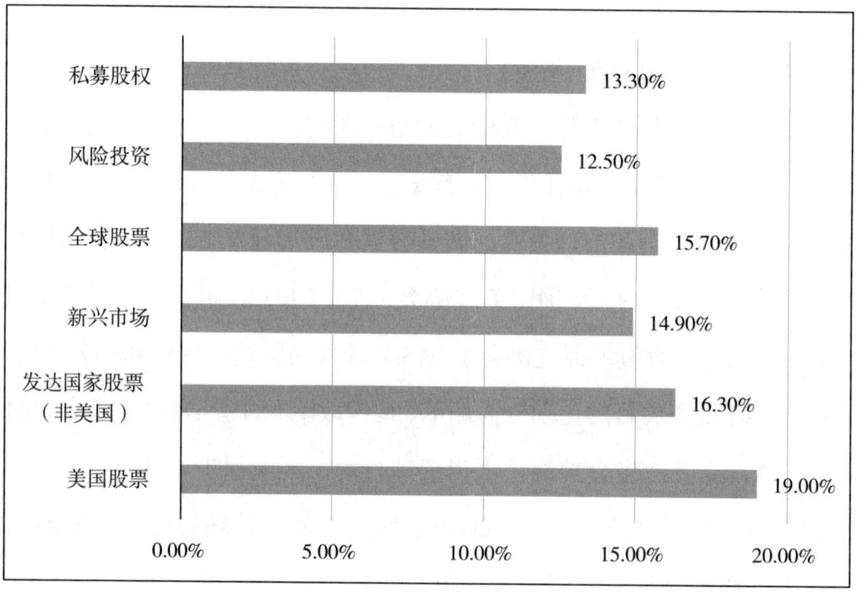

资料来源：根据 NCSE 年度报告整理 .Nacubo–Commonfund Study of Endowments, 2020.

图 12　2020 财年按资产类别分列地将负责任投资纳入投资组合建设的捐赠基金百分比

五、代际公平原则

代际公平（Intergeneration Equity）理论产生于 20 世纪 80 年代，由美国国际法学家爱蒂丝·B. 魏伊丝最早提出，理论的初衷是“对人类所面临的全球性环境危机提供一个合理可行的措施”。[①] 理论的核心在于保持当代人（present generation）与后代人（future generation）之间的公平问题。哈佛大学教授约翰·罗尔斯（John Rawls）认为，代际公平就是“每一代都从前面的世

① ［美］爱蒂丝·布朗·魏伊丝：《公平地对待未来人类：国际法、共同遗产与世代间公平》，汪劲、于方、王鑫海译，法律出版社，2000 年 5 月。

代获得好处，而又为后面的世代尽其公平的一份职责”。[1]

耶鲁大学经济学家詹姆斯·托宾（James Tobin）认为代际公平是大学捐赠基金管理的基本原则，捐赠基金受托人的使命是实现“代际平等”，要力求每一代人都能得到同等的支持，避免当前过度支出，实现捐赠基金的保值增值。[2]

大学捐赠基金的中期目标是满足大学日常的运营支出，满足当代学者的需求；长期目标是实现基金的保值增值，满足未来学者的需要。一方面，基金投资可以选择高收益项目，有利于保持基金的购买力；但同时高收益也面临高风险，捐赠基金规模的波动会导致大学教学与科研活动的持续性受到影响。另一方面，基金投资也可以选择流动性强风险较低的投资项目，可以为学校日常运营保持稳定的经费；但同时低风险对应低收益，不利于实现基金的保值增值。大学捐赠基金投资策略与支出策略的依据就是在这两个目标之间达成平衡，过分依赖任何一种投资策略都难以实现真正意义上的代际公平。

我国大学捐赠基金在投资中过于保守，2/3 以上的基金会没有开展投资运作，基金会的资产放在银行账户，只能得到活期存款的利率。表面上看，资产流动性很强，可以根据需要满足大学的运营支出；但是以不投资的方式规避的投资风险，面临通货膨胀的压力，大学捐赠基金难以达到“保值增值”的基本要求，无法让后一代人享有真正的“代际公平”。所以，力求代际公平的实现已经成为大学基金投资的核心价值观。

---

① ［美］约翰·罗尔斯:《正义论》，何怀宏、何包钢、廖申白译，中国社会科学出版社，2009 年，第 227 页。

② ［美国］詹姆斯·托宾:《什么是永久性捐赠收入》,《美国经济评论》1974年第2期，第 427 页。

第三节 主要的投资工具

大卫·F. 史文森（David F.Swensen）将大学基金投资的资产类别划分为两大类：传统资产类别和另类资产类别。传统资产类别包括：美国长期国债，美国国内股票，国外发达市场股票以及新兴市场股票。而另类资产类别包括：绝对收益，实物资产，私人股权。美国大学与学院财务官协会（NACUBO）将大学捐赠基金的资产配置划分为五种主要类别：国内股市、固定收益、国际股市、另类资产（私人股权、对冲基金、风险投资、房地产、能源和自然资源、大宗商品和期货管理和不良债权）、短期证券或现金等。我国的金融市场环境相比于发达国家并不成熟，规模结构发展不均衡，层次结构较为单调，行为结构配合性低。大学捐赠基金可选择的投资工具也存在一定差异，根据我国金融市场的特征，可将投资工具划分为以下几个类别。

一、传统投资工具

1. 银行存款

银行存款是我国大学捐赠基金较为传统的投资工具，也是大多数大学可选择的保守投资渠道。从安全性和流动性来看，银行存款流动性高，可以取得稳定的利息收益，且基本不会有风险。但是如果从收益角度衡量，银行存款不应该成为大学捐赠基金投资的主要方式。考虑通货膨胀因素，2020 年的通货膨胀率为 2.5%，2021 年一年期存款利率为 1.75%，与当年银行存款基准利率相差无几，银行存款有时甚至跟不上物价的上涨水平，从而出现大学捐赠基金贬值的现象，保值增值压力很大。

表 13　中国银行最新存款利率表

项目	年利率（%）	项目	年利率（%）
一、城乡居民及单位存款		2. 零存整取、整存零取、存本取息	
（一）活期存款	0.30	一年	1.35
（二）定期存款		三年	1.55
1. 整存整取		五年	1.55
三个月	1.35	3. 定活两便	按一年以内定期整存整取同档次利率打 6 折
六个月	1.55	二、协定存款	1.00
一年	1.75	三、通知存款	
二年	2.25	一天	0.55
三年	2.75	七天	1.10
五年	2.75		

数据来源：中国银行，2021-11-14。

传统的银行存款虽然安全，但是利率极低，一些大学基金会开始尝试购买银行短期理财产品的形式。银行理财产品通常由商业银行发行，利用募集的资金购买一些固定收益产品，例如同业存款、中低评级的信用债、债券逆向回购、定向票据资产管理计划、信托受益权等。这种投资方式一般为一年以内的短期投资，风险性低，投资收益率比银行存款高。因此，受到大学基金的青睐。

近 10 年，江南大学合理安排资金计划，试水资金运作。2010 年江南大学教育发展基金会开始尝试通过资本运作实现保值增值，并于当年投入 300 万元进行短期投资。2020 年基金会短期投资额为 2.05 亿，投资收益达 312 万元，投资收益率 1.52%。

表 14　2020 年江南大学投资收益

序号	产生投资收益的来源	上年发生额（元）	本年发生额（元）
1	银行理财	3271271.24	3118886.41

资料来源：江南大学教育基金会审计报告 2020。

2. 债券

债券是一种有价证券，是社会各类经济主体为筹措资金而向债券投资者出具的并且承诺按一定利率定期支付利息和到期偿还本金的债权债务凭证。按照发行主体不同包括国债、金融债、公司债和国际债券。

国债的流通性强，收益稳定。利率通常高于同期银行存款利率，低于一般债券。国债以国家信用作担保，几乎不存在信用风险，安全性高。国债具有以下特点：（1）自愿性。虽然国债由中央政府发行，但是投资者购买行为完全是出于自愿。（2）安全性。由于国债是政府发行的，以国家完全的征税能力做保证，因此信用地位最高，风险也最小。（3）流动性。由于国债的信用地位，对投资者吸引力很强，其市场流动性要高于其他同样期限的金融市场债券。（4）免税待遇。大多数国家规定，购买国债的投资者可以享受优惠的税收待遇，甚至免税。[①] 购买国债，不但可以增加捐赠基金的收益，而且还可以帮助国家筹集建设资金，这具有一定的经济和社会功能导向。

金融债是银行及非银行金融机构依照法定程序发行并约定在一定期限内还本付息的有价证券，可分为由各大银行总行发行的全国性的金融债券与地方金融机构发行的地方性金融债券两种。

公司债是公司依照法定程序发行的、约定在一定期限内还本付息的有价证券。相比于国债具有较高的违约风险，因而收益率高于国债，但一般低于股票，也是捐赠基金的重要投资工具，在基金投资组合中，实力雄厚的大公

① 吴晓求：《证券投资学》，中国人民大学出版社，2003 年，第 32 页。

司发行的公司债以及大型金融机构发行的金融债券，通常占有重要地位。目前我国公司债市场正处于快速发展初期，证监会原主席郭树清曾表示：提高公司类债券融资在直接融资中的比重，研究探索和试点推出高收益企业债、市政债、机构债等债券新品种。① 公司债券和金融债的风险性介于国债和股票之间，收益率因此高于国债而低于股票。按发行公司的资信不同、经营状况不同，公司债券具有不同的风险等级，在选择时应注意控制投资风险。

国际债券是由外国政府、外国法人或国际组织机构发行的债券，包括外国债券和欧洲债券两种形式。国际债券相比于国内债券，具有以下特点：（1）资金来源广泛。（2）期限长，数额大。（3）资金的安全性较高。通常在国际市场筹资，可得到一个主权国家以普通责任能力或付款承诺的保证，安全性较高，有利于吸收中长期资金。

首先，整体来看，债券的优势体现为固定利率作为收益，具有较高的安全性；但是在通货膨胀时期，就会面临债券贬值的风险。其次，债券市场也面临着流动性风险，对于短期内准备赎回的投资者，目前交易所有些债券成交非常不活跃，可能会出现无法以合理价格出售债券的风险。

3. 股票

股票是一种有价证券，它是股份有限公司签发的证明投资者股东身份和权益，并据以取得股息和红利的凭证。股票具有收益性、风险性、流动性、稳定性、股份的伸缩性、价格的波动性以及经营决策者的参与性七个特点。就大学捐赠基金的投资而言，主要关注股票投资的前三个特性。股票高收益、高风险的特性，为捐赠基金提高投资收益、实现保值增值提供了重要途径。股票具有较高的流动性，在资本市场具有容易变现的特性。投资于股票的收

① 侯捷宁、朱宝琛、郭树清：《显著提高公司债融资比重》，《证券日报》，2012年1月10日。

益来自两方面：股利收入和资本利得。股票投资中，可以基于企业的价值分析，通过长期持有获得企业成长的长期回报；也可以基于短期的价格波动，择时操作而获利。

股票可以分为国内股票、国外发达市场股票和新兴市场股票。目前，我国的资本市场和投资者尚不成熟，相关的制度、机制和法律法规仍有不完善之处，大学捐赠基金应在有效防范风险的前提下，有计划、分步骤地进入资本市场。国外发达市场股票有两个基本特征：一是不同市场的经济引擎不同，从而造成投资收益的差别。二是投资者投资其他国家市场会受到外汇波动的影响，也就是意味着投资收益增加了一项变量。与之相比，新兴市场投资风险较高，预期收益也高。新兴市场是指经济发展处于中等阶段的国家，既非发达市场，亦非欠发达市场。在新兴市场中，投资者面临巨大的基本面风险。宏观层面，投资者要考察整体经济发展阶段以及证券市场基础设施的成熟度；微观层面上，投资者要研究初创企业的管理层素质以及利润导向。① 曾多年担任国际金融公司（IFC）官员的安东尼·范·阿格塔米尔支持投资者把新兴市场作为一种核心资产类别，但是由于新兴市场的监管环境相对不成熟，投资机构在选择时需要格外谨慎。

股票相对于长期投资者而言更为安全，杰瑞米·席格尔（Jeremy Siegel，1994）表达了这样的观点：股票的平均收益率在长期中将超过债券，这已为大众接受。但鲜有人知的是，就长期而言，股票的风险低于债券（bond），甚至低于国库券（bill）。随着投资期视角的延伸，股票收益率的波动区间比固定收益资产收缩得更快；因此股票在 20 年以上的投资期视角上从没有给

① ［美］大卫·史文森：《机构投资与基金管理的创新》，张磊等译，中国人民大学出版社，2010 年，第 166—168 页。

过投资者负的持有期实际收益。[1]尽管表面上来看持有股票比持有债券风险更大，但实情却恰恰相反：最安全的长期投资显然是股票，而非债券。

2015 年我国股市暴跌，2018 年我国股市再次暴跌，上证综指从 1 月份最高的 3578 到 10 月份最低的 2449，振幅逾千点，全年跌幅高达 24.59%，被腰斩个股高达 507 只，跌幅超过 30% 的高达 2091 只，下跌中位数为 35.16%，让刚刚步入资本市场的大学捐赠基金望而却步，在市场波动中如何坚守投资原则，并在适当的时候做出资产再平衡调整显得至关重要，对于捐赠基金来说，应该坚持长期投资的导向，注重企业的价值成长。

4. 证券投资基金

证券投资基金是一种利益共享、风险共担的集合证券方式。即通过公开发售基金份额来筹措资金，由基金管理人管理和运用资金，基金托管人托管资金，以资产组合方式进行证券投资，以资产的保值增值为根本目的，实现基金份额持有人的利益。基金投资者按比例分享收益与分担风险。[2]视各国情况不同，证券投资基金的投资对象可以是资本市场上市股票和债券、货币市场上的短期票据和银行同业拆借，也可以是金融期货、黄金、期权交易、不动产等，有时还包括虽未上市但具有发展潜力的公司债券和股票。[3]

证券投资基金的集合投资、分散风险和专业理财特点，可以在很大程度上规避非系统风险的同时，取得较好的收益。与股票投资相比，证券投资基金的收益和风险都比较适中，因此更加适合大学捐赠基金投资。

---

① Jeremy J. Siegel:*The Definitive Guide to Financial Market Returns and Long-Term Investment Strategies*. McGraw–Hill.2002，p.318.

② 吴晓求：《证券投资学》，中国人民大学出版社，2003 年，第 32 页。

③ 中国证券业协会：《证券市场基础知识》，中国金融出版社，2013 年，第 117 页。

二、新兴投资工具

随着社会发展和技术进步，金融工具和手段也不断得到创新，许多新的投资工具也出现在我们的视野当中。

1. 金融衍生工具

金融衍生产品是一种金融合约，它的价值由一种或多种基础资产或指数来决定。根据衍生工具的产品形态，可以分为远期、期货、期权和掉期四大类，也包括以上产品的混合金融工具。金融衍生品的共同特征是保证金交易，具有杠杆效应。投资者只需要支付一定比例的保证金就可以进行全额交易，无须实际上的本金转移，合约的结算通常采用现金差价的结算方式，只有在到期日以实物交割方式履约的合约才需要买方交足货款。因此，金融衍生品的保证金比例越低，相应的杠杆效应越大，由此所带来的风险也就越高。

金融衍生工具具有六项基本功能：(1）转移风险，衍生工具的一个基本经济功能就是转移价格风险，是通过套期保值来实现的，这也是其生命力所在。(2）形成权威价格，现货市场的价格真实度较低，期货市场的建立和完善，通过期货交易所公开自由地表达意愿，可形成一种比较优良的价格形成机制。(3）调控价格水平，期货交易价格能准确反映市场价格水平，对未来市场供求变动具有警示作用。(4）提高资产管理质量，衍生工具的出现，为投资者提供了更多的选择机会和选择对象，进行资产组合。(5）提高资信度，在衍生工具市场，通过复合资信（synthetic creditworthiness）机制，可以提高小公司的信誉等级。(6）可使收入存量和流量发生转换。

通过衍生金融工具的运用，可以实现捐赠基金的套期保期，增强它的风险管理能力。由于衍生金融的复杂性和高风险特征，捐赠基金的投资应建立在衍生金融工具市场的发展完善及捐赠基金自身成熟管理的基础上，并严格限制捐赠基金进行投机性交易。美国大学捐赠基金在对冲产品交易中配置了大量资产，并且取得较为丰厚的长期回报。

2. 实物资产

实物资产投资是指通过投资工具获得与通胀密切相关的实物资产的所有权。包括大学捐赠基金在内的许多投资者都希望所持投资品种能够抵御通胀，从而抵消通胀敏感的债务增加的风险。捐赠基金可以投资的实物，包括房地产、基础设施、自然资源等。实物投资具有投资期长、流动性差、抵御通胀的特点，可以提供有吸引力的长期预期回报。

实物资产中的房地产投资是其主要方向，投资标的也是多种多样：办公地产、公寓楼群、工业库房、零售地产等。房地产投资的收入来源包括房屋增值收入和租金收入两部分。由于土地的不可再生性，房地产价格总体上呈上升趋势。作为实物资产，具有一定的抗通胀功能，它的坏债风险、利率风险和市场风险相对来说比较小。但另一方面，房地产具有专用性，需要专业的管理成本；同时作为不动产的流动性低，因此，其管理风险与流动风险较高。从投资回报与风险比的角度来看，房地产投资介于债券和股票之间，租金收入与债券投资类似，而剩余价值与股票投资类似，投资收益也介于债券和股票之间。根据美国统计机构伊博森的计算，过去 80 年股票年均回报率为 10.4%，债券为5.4%，介于两者间的房地产年均回报率大约为7.9%。2014 年，美国大学基金在房地产的配置比例平均为 6%，规模在 2500 万美元以下的小规模捐赠基金配置比例为 1%。[①] 可见，如果捐赠基金本身的规模过小，或者房地产的供求关系不稳定，便不适宜将过多的资产比例投资于房地产。

实物资产还可投资于道路、桥梁、港口、机场、电站等基础设施建设。

---

① NACUBO 年度报告，2014.http://www.nacubo.org/。

基础设施项目投资所需资金数额大，建设周期和还款周期长，少则数十年，多则上百年之久，但收益率稳定。投资于基础设施既符合社会经济效益的原则，也可以获得长期稳定回报。为了保证实业投资较高的收益率，对投资项目的评估和投资决策的制定十分重要，应选择支持国家经济政策与产业政策，同时具有广阔的发展前景，市场平台稳定且经济效益良好的项目，既可以提高捐赠基金的投资收益，也有利于促进经济增长。投资于基础设施，通常要求投资机构具有较大的资金规模，投资项目作为其多元化投资组合的一项资产配置。[①] 因此，只有当捐赠基金的规模达到一定程度，才有可能选择基础设施的投资。

在美国，实物资产投资还包括通胀保值债券、森林、石油和天然气等，目前我国大学捐赠基金鲜有涉及。

3. 私募股权（PE）

私募股权投资包括杠杆收购与风险投资。是一种投资于非上市股权，或者上市公司非公开交易股权的投资方式。[②] 投资于私募股权，项目选择得当可以产生较高的投资收益从而提高组合的整体回报率。但是，私募股权投资意味着更高的风险，包括比其他投资工具更高的财务杠杆以及公司经营的极大不确定性。

“耶鲁模式”十分重视私募股权投资。美国大学基金会投资私募股权的比例大概在 5% ~ 30%，2020 年美国大学捐赠基金在私募股权上的配置比例平均为13.52%[③]。以耶鲁大学基金为例，近几年私募股权配置比例保持在30%以上，是耶鲁基金配置比例最高的资产类别，通过选择一流的投资管理团

① 李慧：《我国企业年金基金投资风险管理研究》，西南财经大学，2007 年。
② 杨静：《我国社保基金的投资风险管理研究》，山西财经大学，2013 年。
③ NACUBO 年度报告，2020.http://www.nacubo.org/。

队，采取增值策略，耶鲁大学私募股权投资在过去20年里年均回报率高达36.1%。耶鲁的例子证明，成功的私募股权投资可以为组合带来高回报。经过风险水平调整后的回报也证明私募股权投资可以成为捐赠基金的很好的选择。①

耶鲁大学基金曾随着互联网的热潮，对谷歌、雅虎、网景、戴尔、亚马逊、思科等一系列高科技公司进行风险投资，并在公司上市后获利退出。尤其是2000年获利丰厚，耶鲁以40万美元投资Cerent（网络设备公司），之后收入高达1.3亿美元。2000年耶鲁大学基金会的投资收益近30亿美元，主要来源于风险投资收益，基金会资产规模迅速壮大，由70亿美元发展至100亿美元。

我国大学基金在私募股权上的投资尚未兴起，只有清华大学等少数大学基金有所涉猎。如依托中山大学成立的中大创投以耶鲁大学基金作为标杆，探索大学基金发展新模式，用市场化的手段管理投资、风险控制以及项目的退出等，并设计激励机制，专注于私募股权投资。公益基金比较有代表性的为南都公益基金会，金融危机之前，南都主要在股票市场短期运作，2008年亏损之后，为了分散投资风险，2010年南都基金开始信托理财，选择西安信托，连续两年的回报率为10%左右。2011年以后，选择了长期投资中的私募基金——红杉资本，分四年共计投入1亿元，每次投入25%，即2500万，回报率大概是50%左右。私募投资周期比较长，投资期间不分红。

与大学基金类似的全国社保基金，已经将私募股权作为其多元化投资的一个方向，所投资的PE基金主要集中在能源、IT、医疗、教育、金融、消费品等领域。截至2012年底，全国社会保险基金已投资12家股权投资基金管理机构管理的16支PE基金，其中所投资每个PE基金的规模从1亿欧元到100亿美元（人民币8亿元到620亿元），投资共200亿人民币。

---

① [美]大卫·史文森:《机构投资与基金管理的创新》，张磊等译，中国人民大学出版社，2010年，第224页。

4. 较为安全的创新型投资工具

目前在我国金融市场上可供选择的投资工具有限，对于大学捐赠基金等公益基金在选择投资产品时不但受市场成熟度的限制，还受到法律政策以及大学体制的限制。我国大学捐赠基金最主要的理财方式是银行存款和银行短期理财，较少在资本市场以及货币市场中运作。随着新的理财产品不断推出，我国大学基金可以选择的新型理财产品包括公募基金、打新股基金、余额宝、阳光私募基金等形式，这些产品投资收益率高于银行存款且较为安全，可以在多元化投资组合中配置适当的比例。

表 15　收益高于银行定期存款且风险较小的理财产品

产品类别	公募基金分级产品 A 份额	保本基金（含打新股基金）	信托公司、公募基金子公司、阳光私募基金等结构化理财产品中的优先级份额	余额宝为代表的各类"宝"理财产品	货币基金	阳光私募对冲基金
预期收益	一年期银行存款利率 + 3%	4.25% — 15%	5% — 7%	4% — 6%	2.7% 左右	4% — 15%
风险特征	风险非常小	保本	保收益	保本	小	收益中等风险可控
投资途径	申购或二级市场购买	申购或二级市场购买	申购	互联网，移动支付端，银行	申购或二级市场购买	申购
流动性	好	好	有一定的封闭期	流动性有一定限制	好	有一定封闭期

资料来源：鹿长余，戴小平 . 我国大学教育基金会投资现状、问题及对策［J］. 上海金融学院学报，2014,（4）.

第四节　投资风险的类型

结合我国资本市场与货币市场的实际情况，以及基金投资的经济环境，根据目前我国大学捐赠基金的特点和投资范围，遵循国际资产管理行业风险的分类，本书将我国捐赠基金投资中可能出现的风险因素划分为：合规风险、市场风险、操作风险、流动性风险和信用风险。对风险进行识别和分类管理，完善风险控制的范围，有利于将捐赠基金投资的各个环节和相关业务风险进行深入分析，实现对捐赠基金投资风险的全面管理。

一、合规风险

合规风险（Compliance Risks），根据新巴塞尔协议的规定，“合规风险”指的是银行因未能遵循法律法规、监管要求、规则、自律性组织制定的有关准则，以及适用于银行自身业务活动的行为准则，而可能遭受法律制裁或监管处罚、重大财务损失或声誉损失的风险。[①] 从内涵上看，合规风险既包括违反外部管理要求——国家法律法规、行业组织准则规定，如不符合会计准则、金融机构结算管理条例、外汇管理条例规范等；也包括内部管理要求，例如管理规章制度、管理政策、流程、指示等。投资机构由于自身原因主导性地违反法律法规和监管规则等而遭受的经济或声誉的损失。这种风险性质更严重、造成的损失也更大。

合规风险主要判别在于大学捐赠基金在管理过程中是否“守法”，是捐赠基金面临的重要风险。投资管理人进行大学捐赠基金投资管理过程中，可能违反相关法律法规和管理条例以及基金投资管理合同的规定和要求，造成捐赠基金投资活动的重大损失。例如，资产配置违背既定的投资基准或投资策略、重大投资活动未按照章程程序进行决策以及不合法的关联交易等。合规风险管理的重点工作就在于通过监督大学捐赠基金按照相关法律法规、基

---

① Basel Ⅲ：A global regulatory framework for more resilient banks and banking system.2010.12.

金会章程以及基金投资管理合同开展投资运作，确保大学捐赠基金的投资活动合法合规，减少不必要的损失。

二、市场风险

市场风险是大学捐赠基金业务面临的主要风险，是指由于金融市场价格和利率的变化导致投资者收益变化的风险。在交易活动中，风险由敞口头寸（没有进行套期保值）和用来对冲市场头寸的不完全匹配而产生。市场风险包括因股市价格、利率、汇率、商品价格等的变动而导致价值未预料到的潜在损失的风险。①

市场的剧烈波动会给捐赠基金投资带来巨大风险。2008—2009 年的全球金融风暴，美国大学平均损失近 20%。一些规模较大的捐赠基金，由于另类资产配置比例较高，损失更为惨重。哈佛大学捐赠基金损失 27.3%；耶鲁大学捐赠基金损失高达 30%。一些地方院校也是深陷泥潭，波士顿学院的捐赠基金损失 17.8%；波士顿大学损失 22.1%；威尔斯理学院损失 21.4%。② 其他国家的大学也难逃此劫，澳大利亚墨尔本大学在顶峰时期，其捐赠基金曾达到 10 亿美元，2008 年时，墨尔本大学曾围绕着大学基金如何投资和管理进行了一场没有硝烟的战斗，当时虽然损失惨重，但是还剩下一半基金，可投资者们缺乏足够风险意识，结果学校 150 年来所积累的大学基金在这场金融风暴的荡涤中损失惨重，学校不得不解雇 220 名教师和员工，这是遭受经

① ［法］米歇尔·科罗赫、［以］丹·加莱、［美］罗伯特·马克：《风险管理精要》，路蒙佳译，中国财政经济出版社，2010 年。

② Harvard endowment leads others down. http://www.boston.com/business/markets/articles/2010/01/28/harvard_endowment_leads_others_down/，2010-10-04.

济危机后墨尔本大学不得不采取的最困难的决定[①]。

2008年金融危机时，我国大学基金较少进入资本市场和货币市场，较早开展投资运作的清华大学与北京大学收益率跟随市场下行，北京大学短期投资为主，波动较为明显，收益率由2007年的27.28%下降为2008年的3.35%，金融风暴对我国捐赠基金的影响还体现在利率的降低和捐赠收入的减少。近几年，随着越来越多的大学开展资本运作，市场风险将成为捐赠基金风险管理的重中之重。如果利率、汇率、股票价格等市场价格水平发生不利变动，将导致大学基金资产发生损失。在目前国内市场缺乏衍生产品的情况下，市场风险主要通过合理的资产配置和有效的再平衡等策略加以控制，以研判宏观经济趋势、政策导向和市场走向为重点，测量不同市场的风险水平以及各资产类别的相对风险水平，加强可能导致风险溢价水平和投资组合调整变化的评估，进而确定合适的资产配置比例。

三、操作风险

操作风险是指不完善的系统、管理失误、错误控制，欺诈和员工失误所导致的潜在损失。在投资管理过程中，可能由于内部控制失效、系统故障、人员操作失误、不利的外部事件等导致管理的大学捐赠基金资产损失，从而面临操作风险。

操作风险包括欺诈，例如，当交易员或者其他雇员故意扭曲和虚假描述交易可能产生的风险。技术风险，主要是计算机系统的风险，也属于操作风险。人为因素风险是操作风险的一种特殊形式。它是指可能由于员工操作失误造成的损失，比如错按了电脑按钮，无意弄坏了文件，或者输入了错误的

① Lavatus Prodeo，Robert Merkel.Melbourne University's endowment woes. http://larvatusprodeo.net/2009/07/29/melbourne-university's-endowment-woes/.

模型参数值等。

捐赠基金操作风险管理的主要内容就在于通过独立的组织架构、独立的投资决策、公平的投资交易和严格的信息披露制度，来保证基金业务运作的独立性，并采取完善业务操作流程、强化内部稽核、建立应急预案计划等措施，降低操作风险发生的概率，减轻风险事件发生后的损失。

四、流动性风险

流动性风险分为融资（资金）流动性风险和资产（市场）流动性风险，这两个组成部分有着紧密的联系。首先，融资流动性风险是指一个机构筹集现金偿还债务的能力以满足交易对手对于现金、保证金、抵押的要求，并且满足资金赎回的要求。融资流动性风险可以通过持有现金及现金等价物、设置信用额度和监控融资能力来管理。其次，资产流动性风险，通常称作“流动性风险”，是指因为市场上暂时没有交易需求，某个机构不能按照市场价格实现交易而面临的风险。如果交易必须马上进行，就有可能导致资产的重大损失。该风险一般很难去限定。资产的流动性风险，会降低机构管理和规避风险的能力以及通过出售资产来短期融资的能力。[①]

资产流动性风险与大学捐赠基金的资产配置密切相关。在美国，以耶鲁大学倡导的“另类资产”为主导的资产配置模式，将一半以上的资产配置到流动性较差的私募股权、对冲基金和房地产等另类资产。2008 年金融危机爆发时，由于市场流动性减弱，另类资产难以在短时间内变现，给大学基金带来了巨额亏损，哈佛、耶鲁等超级大学捐赠基金损失近 30%。

资金流动性风险通常是由资金的收支时间点或数量与基金的可变现资产

---

① ［法］米歇尔·科罗赫，［以］丹·加莱，［美］罗伯特·马克：《风险管理精要》，路蒙佳译，中国财政经济出版社，2010 年，第 38 页。

量不匹配所带来的风险，为了弥补现金缺口，大学基金急于抛售持有资产，通过低价变现使得投资收益受损。通常由于大学基金的支出政策不稳定，收入与支出预算不匹配，或者根本没有支出规划，在很大程度上限制了其流动变现能力。

《基金会管理条例》第二十九条规定，公募基金会每年公益事业支出，不得低于上一年总收入的 70%；非公募基金会每年公益事业支出，不得低于上一年基金余额的 8%。大学捐赠基金业务流动性风险管理的主要内容就是充分利用资金投资的基础上，结合法律法规，以及自身建设发展的支出规划，做好支出预算，并制定与之匹配的投资政策。

五、信用风险

信用风险指的是交易对手信用质量发生变化，从而影响证券或投资组合的价值。违约是信用风险的一个极端例子，即交易对手不愿或没有能力履行合约义务。同时，机构还面临着交易对手被信用评价机构降级而带来的风险。只有当头寸是一项资产，该头寸的重置价值为正值时，才有信用风险。此时，如果交易对手违约，公司就会损失头寸的所有市值，或者更为常见的，损失不能回收的部分（可以回收的价值称为回收价值，或者用百分数表示为回收率；其预期值称为违约损失）。

大学捐赠基金在投资过程中，如果交易对手不能或不愿履行合约，包括债券发行人违约、交易对手违约和分销机构违约等情形，则可能导致所管理的基金资产发生损失，从而面临信用风险。信用风险管理的主要内容在于及时监控交易对手或交易品种信用评级，通过定量分析，采取设置信用风险限额、限制信用风险敞口等手段来对信用风险予以消除、降低或缓释。良好的社会信用环境能为捐赠基金投资提供信用保障，进而减少信用风险。

国外的机构投资者非常注重信用风险的度量。我国资本市场面临的信用环境风险主要包括政府失信风险、上市公司失信风险和中介机构失信风险等。由于我国的债券市场采取非常严格的准入制度，财政部、国家政策性银行等作为最主要的债券发行人，拥有国家信用的主体，信用风险微乎其微；在可能存在信用风险企业债券市场，对于市场发行额度采取严格控制措施，同时要求发债企业必须具有 AAA 以上资质，并且多数由银行提供不可撤销担保，因此信用风险较低。在目前阶段，信用风险并非大学捐赠基金面临的主要风险。

总的来看，大学捐赠基金投资属于金融活动，它具有一般金融行为共同的风险，也具有其自身的特殊性。我国的金融市场和金融监管体系处于发展阶段，大学捐赠基金投资管理的过程也相对复杂，从投资方案制定、投资项目选择、委托金融机构、投资决策通过，再到具体投资活动实施，都将风险控制置于重要地位。大学捐赠基金是公益基金，捐赠收入有学校发展的明确指向，使用是否得当会影响今后的捐赠来源，这些性质决定了其低风险的偏好。目前我国大学捐赠基金投资过程中面临的主要风险为：市场风险、操作风险（合规风险）和流动性风险，接下来将分别对以上风险进行详细的分析，介绍每种风险的基本特征、评估方式，以及如何管理与控制风险，实现收益与风险的平衡，有效提高大学捐赠基金的投资效益，更好地促进我国高等教育事业的发展。

第三章 大学捐赠基金的市场风险

有人问农夫是否种了麦子。

农夫：没，我担心天不下雨。

那人又问：那你种了棉花吗?

农夫：没，我担心虫子吃了棉花。

那人又问：那你种了什么?

农夫：什么也没种，我要确保安全。

——佚名

基金会开展投资运作，面临的最大困扰便是投资风险。罗伯特·伍德·约翰逊基金会（RWJF）的沃伦·伍德（Warren Wood）犀利地指出："风险资本家从其失败中吸取教训，科学家也总是从其失败中总结经验，社会有时也从其失败中学习。为什么基金会就不能呢?"

投资的终极目标是获取收益，而收益与风险像一对孪生兄妹，形影不离，相辅相成。投资风险中，市场风险首当其冲。管理市场风险，首先要了解其产生的来源，识别不同类型不同阶段的风险，所谓知己知彼，百战不殆；其次分析市场风险评估的标准，通过量化的模型与严谨的判断，对其发生的概率和危害程度进行评估和测量；最后通过完善的市场风险控制体系，以及现代投资理论的指导，针对不同特征的风险采取相应的处理方法。

第一节　市场风险的识别

大学捐赠基金投资面临的市场风险通常包括：利率风险、汇率风险、权益价格风险、商品价格风险和通货膨胀风险等。目前我国金融市场处于发展阶段，法律法规和管理机制不健全，大学捐赠基金在资本市场与货币市场运作中，应提高风险管理的意识，降低市场风险的冲击所带来的损失。

一、市场风险概述

市场风险是大学捐赠基金投资面临的主要风险，是指由于金融市场价格、利率和汇率的变化导致投资者收益变化的风险。在交易活动中，风险由敞口头寸（没有进行套期保值）和用来对冲市场头寸的不完全匹配而产生。市场风险包括权益风险、利率风险、汇率风险以及商品价格风险，其价格变动而导致价值未预料到的潜在损失的风险。

1. 利率风险

利率风险是整个金融市场中的重要风险。最简单的利率风险指的是当市场利率上升时，固定收益证券的价值将会下降的风险。但是，在利率敏感型的复杂资产组合中，大量风险可能来自资产的不同到期日、名义价值、工具重置日和现金流这种资产因素（“多头”）和那些负债类因素（“空头”）。[①]利率是资金的机会成本，汇率、股票和商品的价格皆离不开利率，我国处于经济转型期，利率市场化程度有待提高。目前我国以存贷利率为标志的利率市场化进程正在推进，但是基准利率市场化尚未开始，影响利率的市场因素

① ［法］米歇尔·科罗赫、［以］丹·加莱、［美］罗伯特·马克：《风险管理精要》，路蒙佳译，中国财政经济出版社，2010 年，第 23—24 页。

复杂多变，市场依然缺乏有效的收益率曲线，利率风险将是我国金融投资面临的最主要的市场风险。利率风险包括：重新定价风险、收益率曲线风险、基准风险和期权性风险。

2. 汇率风险

汇率风险是由特定货币敞口或者特定货币资产的不完全对冲而引发，由于汇率的不利变动进而导致投资业务发生损失的风险。这些外汇资产可能不是由于交易某一货币头寸的目的产生，而是在企业经营活动中产生。汇率变动具有不确定性，汇率的波动会降低境外项目的投资收益，导致企业在国际竞争中处于不利地位，因此可能会带来巨大的损失进而抑制投资。由于汇率风险的主要成因是汇率变动的不完全相关性及国际利率的波动性，认识到汇率是市场风险的显著因素非常重要，但是评估外汇交易还需要了解国内外利率以及现汇汇率的变动情况。[①]

汇率受各国外汇管制及财政、货币等因素影响。汇率风险一般与下列活动有关：一是外汇交易活动；二是海外投资活动。投资于海外市场的大学捐赠基金，如清华大学理事会讨论自主开展海外投资业务，需要考虑汇率的波动，在承担资本市场固有风险的同时，也要承担货币汇率波动所带来的损失风险。

3. 权益价格风险

权益价格风险与股票的价格有关，是指由于基金持有的股票价格发生不利变动而带来损失的风险。权益的一般市场风险指的是某种金融工具或资产组合的价值相对于主要股票市场指数变化的敏感性。权益的特殊风险（或者

---

① ［美］弗雷德里克·S.米什金：《货币金融学（原书第9版）》，郑艳文、荆国勇译，中国人民大学出版社，2011年，第81页。

称为非系统性风险）是指由于企业自身的特征，如行业、管理质量以及产品生产过程中的故障等，导致的股价波动。根据资产组合理论，一般市场风险不能通过组合的多样化来消除，而特殊风险是可以的。

4. 商品价格风险

商品价格风险是指大学基金所持有的各类商品的价格发生不利变动而给基金投资带来损失的风险。影响商品价格的因素包括：交易深度的波动（即市场流动性），商品存储的难易和成本，商品价格通常会比其他金融证券具有更大的波动性和不连续性。商品包括可以在二级市场上交易的某些实物产品，如农产品、矿产品（包括石油）和贵金属等。

5. 通货膨胀风险

通货膨胀风险又称购买力风险，主要由于大学捐赠基金的积累与投资都具有长期性，在其运作过程中由于发生非预期的通货膨胀时，捐赠基金投资的实际收益低于名义收益的风险；或者是指由于价格总水平的持续上涨，而使货币的实际购买力下降，从而造成大学所持有的有价证券的实际价值贬值等情况。通货膨胀使捐赠基金的名义价值与实际价值产生背离。一般情况下，美国大学捐赠基金每年使用约 5% 来支付学校的各种经费，我国基金会管理条例规定非公募基金每年的支出不低于 8%，而我国 2005—2014 年的 10 年平均通货膨胀率为 2.87%，也就意味着捐赠基金必须达到 10.87% 的投资收益才能保证本金不流失，投资收益率超过 10.87% 的部分才能实现捐赠基金的增值的目标。

从铿锵的历史中，寻找经典；

从凝血的经典中，检索未来的通途。

——埃里克·班克斯

2008年全球金融风暴，始于美国的次贷危机，给全球金融市场带来了巨大冲击，捐赠基金也未能幸免。以采取积极投资策略的美国大学捐赠基金为首，2009年业绩普遍下滑，平均亏损18.7%。倡导另类资产投资模式的哈佛大学、耶鲁大学等一流大学基金首当其冲，亏损近30%。金融危机给大学日常运营带来了严重影响，各大学及其捐赠基金纷纷采取措施应对困境，许多院校不得不通过赎回投资、压缩预算、暂缓学校建设、停止招聘、裁员以及提高学费等方式帮助大学渡过难关。

表16 2007—2020年美国大学捐赠基金投资收益率的平均值与中位数

年份	2020	2019	2018	2017	2016	2015	2014	2013	2012	2011	2010	2009	2008	2007
均值	1.8	5.3	8.2	12.2	−1.9	2.4	15.5	11.7	−0.3	19.2	11.9	−18.7	1.7	21.5
中位数	1.8	5.1	8.0	12.5	−2.1	2.2	15.8	11.7	−0.5	19.8	12.1	−19.1	−3.3	17.5

资料来源：根据NACUBO年报数据整理，http://www.nacubo.org/.2011–2020。

在金融危机的影响下，中国的经济也受到了严重的冲击，A股平均亏损70%。中国的许多基金会，投资收益下滑，公益资产大幅缩水。以南都公益基金会为例，金融危机之前，主要在股票市场短期运作，2007年收益1600万元。2008年股市大跌，亏损高达5000余万元。2008年年底，为了保证基金会正常运营，南都集团补充捐资6000余万元。较早开展投资运作的清华和北大教育基金会也出现了收益的下滑，北京大学以短期投资为主，波动较为明显，收益率由2007年的27.28%下降为2008年的3.35%，金融风暴对我国捐赠基金的影响还体现在利率的降低和捐赠收入的减少等方面。

二、投资环境分析

金融市场投资主要包括股票市场、债券市场、基金市场、外汇市场、黄金市场、金融衍生工具市场等。前面对大学捐赠基金的投资工具进行了详细分析，本节对我国大学捐赠基金投资的宏观市场环境进行研究，深入了解我国金融市场的特征，提升大学捐赠基金投资抵御市场风险的能力。

（一）股票市场

1. 股票是成熟资本市场长期投资的优选

股票作为一种股权投资工具，具有较高的收益率，因而具有较高的风险。但是股票的风险和收益与持有期有着密切联系，期限越长，股票的投资风险相对越低，收益也越稳定。首先，从风险来看，股票短期的投资风险要大于固定收益产品；当持有期增加到 15—20 年，股票的投资风险会低于债券的风险，当持有期增加到 30 年以上，股票风险的标准差只有债券风险标准差的 2/3。其次，从收益来看，以拥有 200 多年历史的美国股票为例，其平均年度收益率为 7%，更为重要的是，实际收益率在不同的发展阶段表现非常稳定，1802—1870 年平均收益率为 7%；1871—1925 年平均收益率为 6.6%；1926—1997 年平均收益率为 7.2%。因此长期来看，在大学捐赠基金、社保基金等适合做长线投资的领域，股票其实是安全有效的长期投资工具。

股票在捐赠基金中投资的比重与资本市场的成熟程度有关。科学的投资组合可以降低风险，为了保证捐赠基金的投资收益率，股票在发达国家的捐赠基金中占有重要地位。在美国，股票在大学捐赠基金的比重平均保持在

30% 以上，2014 年为 36%[①]；而我国，只有少数大学在资产配置中持有股票，且多为短期投资，实际收益和美国大学基金相比也相去甚远。Davis（2002）的研究也表明，实行谨慎性投资模式的国家的养老基金投资回报率高，主要原因是它在投资组合中含有较大份额的股票。

2. 我国股市发展的风险特征

我国股票市场起步较晚，至今只有 30 多年的历史，但发展十分迅速。1990 年我国股票市场刚刚起步时，上市公司不过十几家，股票市值仅占 GDP 的 0.5%。2014 年 A 股市值年度报告显示，中国资本市场 2592 家上市公司总市值达到 37.11 万亿元，占当年 GDP 的 60% 左右。创新 A 股最高纪录，超越 2007 年大牛市的 32.26 万亿元，二度进入“30 时代”[②]。

自 1990 年上交所成立，股市便在波动中发展，经历大起大落。比如 2007 年达到历史最高点 6124 点，之后大幅下挫至 1684 点，下降幅度达到 70% 以上。经过 8 年调整，2015 年达到历史第二高点 5023 点，之后又大幅下跌。整个股市波动幅度较大的震荡，伴随着较高的系统性风险。虽然我国股票市场规模已居亚洲前列，由于历史较短，发展不成熟，存在着许多亟待解决的问题。

第一，我国股市系统性风险较高，发育不成熟。我国股票市场系统性风险占总风险的比例很高，达到 50% 以上，而在西方的成熟证券市场，系统风险在总风险的比例较低，一般为 30% 左右[③]。系统风险属于不可分散风险，较高的系统风险会导致通过投资组合来分散风险的空间减小，加大股市投资的

---

① 数据来源：NCSE 年度报告，Nacubo-Commonfund Study of Endowments, 2014。

② 中国上市公司市值管理研究中心：《2014 年 A 股市值年度报告》，中国人民大学出版社，2015 年。

③ 于桂琴：《我国证券市场系统风险成因分析》，《特区经济》，2001 年 10 月。

总风险。在《中共中央关于制定国民经济和社会发展第十三个五年规划的建议》中，习近平表示，必须通过改革保障金融安全，有效防范系统性风险，坚守住不发生系统性风险的底线。

我国证券市场的系统性风险与股市较高的换手率密切相关。根据瑞士信贷（Credit Suisse）对全球股市换手率（turnover ratio）的统计，中国位居首位，换手率接近200%，超过美国等发达国家。①对于中国股市极高的活跃度，瑞信分析师指出："中国和土耳其属于相对特殊的现象，换手率过高的主要原因是散户参与度较高，以及国内高净值个人之中有很强的股市文化。"过高的换手率也意味着股票市场具有较强的投机氛围。大学捐赠基金作为长期价值投资者，必须从战略角度考虑投资，只有不断健全中国股票市场体系，降低系统性风险，我国大学捐赠基金投资股市才能得到保障。②

第二，存在一定的政策风险。我国政府是证券市场制度的设计者，也是市场中参与方的管理者，政府在证券市场中发挥着较大的行政力量。我国上市公司的主体为国企，每当股票市场有较大的波动，政府就要择机进行救市，形成了独特的"政策市"行情。理论上，在金融活动中，政府的影响力越大，积累的潜在风险越大，最终付出的代价也越大，因此，弱化政府作用是未来我国证券市场发展的必然趋势。但在短期来看，证券市场还存在相关法律法规缺失、不健全等问题，这些都是我国股票市场特有的系统性风险。

第三，股权分置改革有待推进。股权分置是我国的股票市场特有的划分方式，按照能否在交易市场流通，分为流通股和非流通股，社会公众股属于流通股，而国家股和法人股属于非流通股。这导致股票持有者权利、义务方面的不对等，面临的收益和风险也存在差异。资本市场的重要特征是同股同

---

① "换手率"是指某一时期内成交股份的总价值除以该时期内的平均市值。

② 余佳子:《全国社会保障基金股票投资风险管理与绩效测度研究》，东北财经大学，2012年。

权，由于股权分置造成股价难以反映企业真实价值，无法发挥股票市场的资源配置功能。我国证券市场上市公司中，大多数是由国有企业经过股份制改造后上市，内部治理机制落后，股权结构不合理，公司整体效益较低。上市公司质量不佳，导致多数投资者投资行为偏向短期化，市场的投机氛围较浓。股权分置已经成为制约我国股票市场发展的一大障碍。

第四，证券经营机构规模小，业务范围狭窄，且业务活动不规范。整体来看，与西方现代投资银行相比，我国目前的证券经营机构存在很大差距。首先，我国证券公司规模小，实力弱，缺乏稳定有效的融资渠道，难以形成规模经营效益。其次，我国证券公司经营的业务种类狭窄，缺乏创新能力。目前我国证券公司业务主要集中在一级市场的上市推荐、承销和二级市场上的经纪、自营等业务，较少涉足项目融资、资产管理、企业并购、公司理财以及海外证券市场业务。最后，证券机构存在管理不规范等违规行为，主要由于市场监管力度不足，以及内部治理结构的不完善。

第五，机构投资者力量单薄，市场活动的投机性强。与国外股市以机构投资者为主体相反，我国股市的交易主体主要是散户，绝大多数股民购买股票以短期持有为主，很少有人购买股票是为了充当股东参与分红，不注重企业价值，缺乏长期投资的价值理念。多数缺乏必要的信息和对经济前景的预测能力，还有投机行为的兴风作浪，导致股价严重脱离公司的业绩，造成我国的股票市场表现出高股价、高市盈率、高换手率的特征，使股票市场的健康稳定发展受到严重影响。

3. 大学捐赠基金在 A 股初露头角

A 股市场属于新兴市场，其强劲的市场前景以及监管者的积极管理促使境外大学基金会以机构投资者身份登陆 A 股。在中国证监会公布的 QFII 名单上，已有七所美国大学基金会上榜，包括耶鲁、斯坦福、哥伦比亚、哈佛、普林斯顿、得克萨斯大学和杜克大学。美国大学捐赠基金倾向于长期持股，个股选择各有千秋。耶鲁大学在A股的投资低调专注，青睐二线蓝筹股，投资收益不菲，表现颇为抢眼。哥伦比亚大学则偏爱中小盘股，包括中小板和创业板个股。

国内的清华大学、北京大学、南京大学等一流大学的教育基金会也在A股市场频频露脸。如清华基金会斥资近5亿元成为中国农业银行IPO的第21位战略投资者；北大基金会曾重仓配置北大医药，成为持股5%以上的大股东；南京大学基金会曾受让200万股通鼎光电，待其上市后，收益率超过2倍。尽管像中国这样的新型市场股市伴随较大的波动，但是大学捐赠基金秉持长期投资的理念以及基于企业价值的投资，长期来看，市场的波动性并不影响企业的成长。

（二）债券市场

我国债券市场的历史最早可追溯到1950年，发展已近30年。自1981年恢复发行国债以来，债券市场得到了恢复和发展，构筑了包括银行间债券市场、沪深两个交易所市场和柜台市场在内的债券市场体系。2002年，我国债券市场体系基本确立，债券市场规模有效增大，品种不断丰富。截至2020年7月，我国债券余额已超108万亿元，成为仅次于美国的第二大债券国家。

债券市场在我国的发展仍然面临着一些障碍，以及特有的风险特征。

1. 市场人为分割降低了投资效率

首先，市场分割后，三个市场的参与主体不同。交易所债券市场的成员以非银行金融机构为主，包括持有证券账户的企业和个人。债券的柜台市场的成员主要为个人投资者。银行间债券市场的成员以银行类的金融机构为主，包括部分证券公司、保险公司和基金公司，2002 年以后非金融机构投资者可以进入银行间债券市场，而银行仍不能进入交易所市场交易。

其次，三个市场发行和交易的债券品种不同，大多数债券品种在三个市场之间不能自由流通，发行市场上以银行间债券为主力，占据 60% 市场份额；在流通市场上，交易所比其他市场更为活跃。

最后，三个市场在交易方式、债券托管方式、结算和资金清算制度上也不同。由于缺乏统一的债券托管、清算体系，投资者在各个市场上不能进行跨市场交易。由此导致债券市场流动性差，资金配置效率低，交易所市场存在炒作和投机的可能性。

2. 债券品种数量少，期限结构不合理

以国债为例，国债按照期限分为短期、中期和长期，变现能力依次减弱。短期国债信誉度高、流动性强，受到机构投资者的青睐。而我国国债构成中，短期国债比例只有 1.2%，大部分为中长期国债，缺乏均衡合理的分布，不利于大学基金投资的选择。

3. 企业债券发展迅猛，已初具市场规模

完整的债券市场应当是国债和企业债券市场的共同发展，近年来我国企业债券发展迅猛，已初具市场规模。2014 年我国企业债仅发行 6952 亿元，然而截至 2021 年 6 月，我国企业债占 GDP 的比重为 159%，占全球的 31%，远高于美国的 85%。

企业债的期限一般为 3—5 年，票面利率为固定利率，到期一次还本付息。企业债券（公司债券）投资收益率较高，良好的企业债券是大学捐赠基金合适的投资类型。目前，我国的企业的信用评级制度还不完善，企业债券市场尚不规范，大学基金在选择企业债券时，由于品种很少，难以构成有效的投资组合。[①]

企业债中有一种可转换债券，它是指在债券中嵌入股票看涨期权的金融衍生资产，国内外越来越多的上市企业发行可转换债。由于投资者在企业债券期满后有权根据一定比例转换为企业股票，因而具有潜在的上涨空间，这种产品适合大学基金投资追求安全性与收益性的要求。大学捐赠基金在选择债券投资时，可以信用评级作为投资依据，选择实力雄厚、信誉卓越的大公司发行的债券，也要深入分析公司的基本面情况，评估投资价值进行投资决策。

4. 债券市场面临的风险

债券市场的主要风险为信用风险，是指发行债券的借款人不能按时支付债券利息或偿还本金，而给投资者带来损失的风险。我国债券市场由于严格的准入制度，整体安全性较高。2014 年的“11 超日债”事件成为我国债券首例违约事件，随着经济环境的变化，债券市场可能会面临一定的信用风险，但是优胜劣汰效应也能够推动市场发展良性循环。

另外，债券市场也会面临流动性风险与价格波动风险。流动性风险是指如果在持有期间要卖出债券，可能出现在短期内无法以合理价格出售的风险。价格波动风险也是指在持有期间出售债券，由于供求等因素影响，债券价格会实时波动的风险。如果准备持有到期，以上两种风险便不必考虑，整体来看，债券是一种风险较低的投资工具。

① 万解秋、贝政新、黄晓：《社会保障基金投资运营研究》，中国金融出版社，2003年，第 78 页。

（三）基金市场

我国的基金市场起步于 1998 年，近几年，我国基金产品创新力度很大，基金市场发展非常迅速。目前，我国不同基金的市场表现参差不齐，从整体情况来看，开放式基金收益好于封闭式基金，货币型基金收益好于其他类型的基金。这与各基金管理公司投资管理水平不同，以及我国股票市场长期低迷有很大关系。

证券投资基金通过将众多投资者的资金进行汇集，由专家来管理和运作，开展组合投资，具有收益稳定的特征，受到投资者的青睐。基金按照投资产品的比例不同可分为股票基金、货币基金、债券基金和混合基金。在全球基金资产总额中，股票基金占据着最大的比重，2019 年，股票基金占据全球开放式基金总资产的 45%，债券基金占据市场总额的 21%，货币基金和混合基金分别占 13% 与 12%。

对于资产安全性要求较高的大学捐赠基金，货币市场基金是一个良好的投资渠道。货币市场基金是指投资于货币市场上短期货币工具的一种基金，包括国库券、商业票据、银行定期存单、政府短期债券、企业债券等短期有价证券。投资周期在一年以内，平均为 120 天。货币市场基金具有以下特点：（1）风险性低。投资对象具有期限短、风险小等特征，收益相对稳定，可被视为现金等价物。（2）流动性高。货币市场基金为开放式基金，交易方便，可随时赎回。（3）收益稳定。货币基金的前两个特性决定其收益率水平不会很高，但高于银行存款利率，一般与国债水平相当，收益比较稳定。（4）投资成本低。货币市场基金交易一般都免收手续费，包括认购、申购费、赎回都无费用，其管理费用也较低，传统基金年管理费率为资产净值的 1%—

2.5%，而货币市场基金的一般为 0.25%—1%。[①]

通过以上分析，证券投资基金通过专业理财的方式，与其他投资工具相比具有收益比较稳定、风险相对较低等优点，比较适合大学基金进行投资，我国的基金市场也在不断完善发展，未来可以成为大学基金较为稳妥的投资选择。

（四）金融衍生品市场

金融衍生工具是金融市场经济发展的高级形式，是在传统的金融产品的基础上派生出来的具有新的价值的金融工具，如期货、期权、互换和远期协议合同等。金融衍生品市场为传统金融工具的持有者提供了一种对冲风险的有效平台，降低了由于股指、利率、汇率的不利变化而带来的损失，是投资者进行价格发现和套期保值的有效场所。

金融衍生工具具有杠杆性特征，交易一般只需要支付少量保证金或权利金就可以进行全额交易，具有以小博大的功效。在投资收益可能被杠杆放大的同时，投资风险也随之被放大。基础交易工具微小的价格波动，会导致金融衍生工具的巨大波动，价格具有极大的不确定性。金融衍生品的以上特征决定了其具有高投机性和高风险性特征。

金融衍生工具管理风险的方法并不改变原有基础业务的风险暴露特征，而是在表外建立一个与原有业务刚好相反的风险暴露趋势头寸，对表外业务和表内业务进行完美中和。[②] 金融衍生工具虽然是为了规避投资风险和强化风险管理而设计并发展的，但是由于发展时间较短和工具自身具有某些特性，

① 来源于中国基金网：www.cnfund.cn. 2015 年 10 月 1 日。

② ［美］莱伯维茨、［美］波瓦、［美］哈蒙德：《追求长期回报：捐赠基金资产配置及投资模式》，北京大学出版社，2012 年，第 128 页。

导致金融衍生工具的大量运用对社会金融经济发展存在潜在的负面影响，又成为新的巨大风险源的可能性。金融衍生产品交易不当所带来的巨大风险，有的甚至是灾难性的，国外的风险事件有巴林银行事件、宝洁事件、LTCM事件和信孚银行事件等；国内的有国储铜事件和中航油事件等。

目前我国的金融衍生品市场处于起步阶段，发展时间短，金融衍生品市场发展只有五年；产品品种少，市场上只有五种产品，其中股指期货三种，国债期货两种；由于市场分割，国债期货发挥的作用比较小。相比欧美发达国家，甚至新兴市场国家，我国的金融衍生品发展还远远不足，拥有巨大的发展空间[①]。李克强总理在2015年政府工作报告当中首次提出了发展金融衍生品市场，围绕服务实体经济推进金融改革。[②]

（五）大学捐赠基金投资受到金融市场发展不成熟的限制

1. 大学捐赠基金可选择的投资工具少，无法进行有效的投资组合。目前我国大学基金以银行存款作为主要投资对象，存款利率低，且容易受通货膨胀影响，使得大学基金难以保值。2004 年《基金会管理条例》颁布之后，我国大学捐赠基金的限制减少，但由于我国股票市场、债券市场的不成熟，很多大学基金仍然不敢跨越雷池。现代投资理论表明，要实现资产的保值增值，并有效地控制风险，大学捐赠基金就必须实行投资多元化策略，美国大学基金投资的成功经验值得我们借鉴。

2. 我国金融市场上缺乏对冲系统性风险的工具，导致大学捐赠基金投资

---

① 张慎峰:《中国金融衍生产品市场创新前途无限》，清华五道口全球金融论坛，中国经济网（北京），2015 年 5 月 24 日 . http://news.163.com/15/0524/16/AQD4RTHK000146BE.html。

② 国务院总理李克强,《政府工作报告》，2015年3月5日，第十二届全国人民代表大会第三次会议。

无法有效分散风险。目前我国金融衍生品十分有限，发展尚不成熟，市场风险水平较高。大学捐赠基金投资收益还处于较低水平，不仅仅是由于大学自身的保守策略，更无奈于我国金融市场的风险状况。

3. 从法律方面来说，目前我国还没有建立专门的法律法规对大学捐赠基金投资进行约束和规范，这是我国大学捐赠基金投资管理方面的一大缺陷。大学捐赠基金由于具有特殊性，其投资行为应该有一套健全的投资运作机构和投资法规、法律作为基础。2004 年颁布实施的《基金会管理条例》对大学捐赠基金提出大学基金应当保值增值，但是对于投资的资产比例、投资工具的类型、投资期限、投资风险管理没有明确的规定。由于缺乏全面和科学的投资法律法规的约束，大学捐赠基金投资产生了两种极端，一种是望而却步，一种是盲目投资。

第二节　市场风险的测量与评估

一、灵敏度分析

灵敏度（Sentivity）是运筹学的一种研究方法，分析一个系统（或模型）的状态对系统的参数变化或相关条件变化的敏感程度。优化的方法通常是利用灵敏度来分析原始数据的准确性以及变化中最优解的稳定程度。通过灵敏度分析可以发现对系统（或模型）有着重要影响的参数。

在风险测量中，灵敏度分析是用一项资产收益的方差与某一市场随机变量的方差之比来表示，该市场随机变量是引起资产收益变化的原因，通常称作市场因子（如利率、汇率、证券价格指数和商品价格等）。灵敏度计算公式如下：

（1）两方差变化的绝对值之比，表示市场因子变化一个单位时资产收益变化的单位数：

$$S = \Delta V / \Delta x \tag{3-1}$$

（2）两方差变化的相对值之比，表示市场因子变化一个百分点时资产收益变化的百分比：

$$S = (\Delta V/V) / (\Delta x/x) \tag{3-2}$$

其中：S—灵敏度

V—资产收益

x—影响收益变化的市场随机变量

灵敏度描述了某一资产的市场风险，灵敏度越高，表明受市场因子变化的影响越大，面临的风险也就越大。如果该资产的收益同时受到几个市场因子的影响，那么需要分别计算资产组合的价值对这些市场变量的灵敏度，但注意不能直接相加而夸大风险。由于灵敏度方法的计算简单明了，容易理解，在风险管理领域应用广泛。

二、波动性分析

20 世纪 50 年代，马柯维茨提出了现代资产组合管理理论，主要为最优风险资产组合的均值—方差模型。方差或标准差法也称作波动性分析法。该模型运用概率论原理，对资产组合的均值和方差分布进行假定：资产的收益服从于某种概率分布，那么，该资产的期望收益等于不同情况下预期收益率的加权平均值，即资产收益的数学期望；该资产的风险，用资产组合的方差或标准差来表示，即资产收益率的实际值与其均值的偏离程度的加权平均值。方差或标准差反映了一种资产或资产组合收益的波动情况，方差或标准差越大，该资产的风险程度越高；方差或标准差越小，该资产的风险程度则越低。

1. 单个证券投资风险的度量

表 17　投资组合预期收益率状况的估计

收益率(r)	r_1	r_2	r_i…	r_n
概率(p)	p_1	p_2	p_i…	p_n

r_i——不同情况的预期收益率；

p_i——不同情况发生的概率。

那么期望收益率 $E(r)$：

$$E(r)=r_1p_1+r_2p_2+\dots r_np_n \tag{3-3}$$

$$\sigma^2(r)=[r_1-E(r)]^2\times p_1+[r_2-E(r)]^2\times p_2+\dots+[r_n-E(r)]^2\times p_n \tag{3-4}$$

2. 资产组合的风险度量

资产组合的期望收益率 $E(r)$：

$$E(r)=w_1E(r_1)+w_2E(r_2)+\dots+w_nE(r_n) \tag{3-5}$$

w_i—每种资产的权重，其中 $w_1+w_2+\dots+w_n=1$

$E(r_i)$——每种资产的期望收益率

资产组合的方差：

$$\sigma^2=\sum_{i=1}^{m}\sum_{j=1}^{m}w_iw_j\mathrm{cov}(r_i,r_j) \tag{3-6}$$

其中，$\mathrm{cov}(r_i,r_j)$ 为资产 i 和资产 j 的协方差：

$$\mathrm{cov}(r_i,r_j)=E\{[r_i-E(r_i)][r_j-E(r_j)]\}$$

$$=\sum_{k=1}^{n}[r_{ik}-E(r_i)][r_{jk}-E(r_j)] \tag{3-7}$$

当 r_i, r_j 为连续性随机变量时：

$$\mathrm{cov}(r_i,r_j)=\int_{-\infty}^{+\infty}\int_{-\infty}^{+\infty}[r_i-\mathrm{E}(r_i)][r_j-\mathrm{E}(r_j)]\mathrm{f}(r_i,r_j)\,dr_idr_j \tag{3-8}$$

利用协方差与标准差、相关系数的关系，可以得到：

$$\sigma^2=\sum_{i=1}^{m}\sum_{j=1}^{m}W_iW_j\rho_i\sigma_i\sigma_j=\sum_{i=1}^{m}W_i^2\sigma_i^2+\sum_{i=1}^{m}\sum_{j=1,i\neq j}^{m}W_iW_j\rho_{ij}\sigma_i\sigma_j \quad (3\text{–}9)$$

其中 ρ_{ij} 表示资产 i 和 j 收益率的相关系数，$\rho_{ij}>0$，说明两种资产正相关；$\rho_{ij}<0$，说明两种资产负相关。由公式不难看出，资产的相关性越高，风险值就越大；选择不相关或负相关的资产进行组合可降低风险。在实际经济环境中，由于各种资产对一些宏观经济信息都会做出不同程度的反应，因此，绝对不相关或负相关的资产很难找到，只能尽可能选择相关系数偏低的资产进行组合。[①]

波动性分析对于投资组合和风险管理具有重要意义，但是也存在一定的局限性：首先，均值—方差模型的前提假设非常严格，有些假定在客观条件下难以验证和运用，这一理论在现实的风险管理中受到质疑。其次，波动性分析只能用于度量市场风险，而对于信用风险等无法测量，应用范围受限。最后，当投资组合的资产数量过多时，计算工作量很大，美国普林斯顿大学的 William Baomol（1966）认为其在实际应用中很难完全被投资者采用。

三、β 系数法

20 世纪 60 年代，以 Sharp（1964），Lintner（1965）和 Mossin（1966）为代表的经济学家们开始从实证角度探索证券投资的现实，即马科维茨（Markowitz）的资产组合理论的简化问题，这些研究直接导致了资本资产定价模型（CAPM）的诞生。

资本资产定价认为一项资产的预期收益与预期风险之间的理论关系用一个简单的线性关系表达出来，认为一个资产的预期收益率与衡量该资产风险的尺度 β 值之间存在正相关关系。根据 CAPM 模型，以 r_i 表示某资产 i 的收

① 吴晓求：《证券投资学》，中国人民大学出版社，2003 年，第 89 页。

益率，r_M 表示整个市场资产组合的收益率（市场指数的收益率），其回归方程为：

$$r_i = \alpha_i + \beta_i r_M + \varepsilon_i \tag{3-10}$$

其中 $E(\varepsilon_i)=0$, $\mathrm{cov}(r_M, \varepsilon_j)=0$

证券市场系统风险度量值可由以下公式给出：

$$\beta_i = \frac{\mathrm{cov}(r_i, r_M)}{\sigma_M^2} \tag{3-11}$$

β 系数法主要用来反映在市场中证券组合的系统风险与市场总体风险的关系。β 系数的大小反映了证券或证券组合的风险，当 $|\beta_i|>0$ 时，表明该资产组合的风险与市场风险方向相同，该资产的价格与市场价格指数同向变化；当 $|\beta_i|<0$ 时，表明该资产组合的风险与市场风险方向相反，该资产的价格与市场价格指数反向变化。当 $|\beta_i|<1$ 时，表明资产组合的收益率变化幅度小于市场价格指数的变化程度，属于稳健型的资产组合；当 $|\beta_i|=1$ 时，表明资产组合的收益率变动幅度与市场价格指数完全一致；当 $|\beta_i|>1$ 时，资产组合的收益率变动幅度要大于市场价格指数的变动，属于激进型的投资组合。

CAPM 理论比较直观反映了由理性投资者构成的资本市场中预期收益与风险的内在逻辑关系，β 系数法在市场风险、利率风险、汇率风险和信用风险管理领域应用广泛。但是由于缺乏一致的有效性，检验结果受到质疑：一是资本市场是非常复杂的，传统 CAPM 很多假设在现实中被搅乱；二是受到实证检验所用的统计技术的限制。市场组合中除了金融资产，还包括非金融资产，由于很难搜集到衡量所有资产的数据，通常人们使用某一市场指数来作为市场组合的替代品，使得 CAPM 的检验大打折扣。

四、风险价值 *VaR* 法

1.*VaR* 法简介

VaR 法（Value at Risk），即风险价值或在险价值，表示在未来某个时期内，给定的置信水平（confidence level，通常取 95% 或 99%）下，一项资产组合由于市场波动所可能出现的最大价值损失。JP.Moregan 认为，可以将 *VaR* 看作是在既定头寸冲抵或重估前可能发生的市场价值的最大损失的估计值；Philippe Jorino 则把 *VaR* 定义为：一个持有期内资产的预期价值与给定置信区间的最低价值之差。[①]1995 年，巴塞尔委员会在其发布的文件中建议金融机构可以应用内部模型计算 *VaR*，并将 10 个交易日、95% 置信水平下的 *VaR* 值与相应因子的乘积作为其资本充足水平。

随着风险管理的发展，*VaR* 控制模型已被国内外众多机构广泛采用，大型金融机构的会计报表已将资产的 *VaR* 值作为风险管理的内容定期公布，许多大型非金融投资机构也将 *VaR* 作为风险控制方法。*VaR* 成为国际金融测量市场风险的主流方法。

2. 计算方法

在风险测度中，*VaR* 有两个重要的参数：资产组合的持有期及置信水平。首先不同的置信区间，反映了不同金融机构的风险偏好，通常置信水平设置在 95%—99%，例如巴塞尔委员会为 99%，摩根大通为 95%，花旗银行为 95.4%；大通曼哈顿为 97.5%。其次是持有期的长短，可以根据资产特点进行选择，流动性很强的交易头寸往往以日为期计算；巴塞尔委员会要求以两

---

① Jorion:Philippe.*Value at Risk*.2nd.McGraw Hill .2000, p.18.

周即 10 个营业日为持有期进行计算，采取了比较保守和稳健的姿态。对于投资周期较长的资产，如捐赠基金、养老金、保险资产等，可以以月为期。①

任何 *VaR* 只有在给定这两个参数的情况下才有意义。举例来看，一项资产组合在时间为一个交易日，置信水平为 95% 的情况下，*VaR* 值为 100 万元。也就是说，在一般市场条件下，该资产组合在一个交易日的时间距内损失不超过 100 万元的概率为 95%；即表明该资产损失超过 100 万元的概率仅为 5%。

上述过程可以表示为：

$$P(\Delta w>VaR)=1-\alpha \qquad (3\text{–}12)$$

P——表示损失发生的概率；

Δw——表示资产组合在持有期 t 内的损失；

α——表示置信水平；

VaR——表示置信水平 α 下的风险价值。

在给定的时间区间内，若已知随机变量的概率分布函数，可以求出 *VaR* 的表达式。设资产组合的初始投资额为 W，R 为持有期末的期望收益率，μ 和 σ 分别为 R 的数学期望和标准差，在给定的置信水平 $1-\alpha$ 下，期末资产组合的最低值为 $W^*=W(1+R^*)$，其中 R^* 为相应的最低收益率（一般为负值），则：

$$VaR=E(W)-W^*=-W(R^*-\mu) \qquad (3\text{–}13)$$

若以 $f(W)$ 表示投资组合的概率分布密度函数。由 *VaR* 的定义，

$$\alpha=\int_{W^*}^{+\infty}f(w)\,\mathrm{d}W \qquad (3\text{–}14)$$

该式等价于：

$$1-\alpha=\int_{-\infty}^{W^*}f(w)\,\mathrm{d}W \qquad (3\text{–}15)$$

即组合价值低于 W^* 的概率为 $1-\alpha$。该资产组合的价值 W 服从正态分布，

---

① 赵娜：《社会保障基金投资风险预警系统研究》，华北电力大学，2014 年。

α 为标准正态分布相应的分位数，则：

$$1-\alpha=\int_{-\infty}^{W^*} f(w)\,\mathrm{d}W=\int_{-\infty}^{-|R^*|} f(r)\,\mathrm{d}r=\int_{-\infty}^{\alpha} f\varphi(\varepsilon)\,\mathrm{d}\varepsilon \quad (3\text{–}16)$$

其中 $\varphi(\varepsilon)$ 为标准正态分布密度函数。又由

$$P(R<R^*)=P\left(\frac{R-\mu}{\sigma}<\frac{R^*-\mu}{\sigma}\right)=1-\alpha \quad (3\text{–}17)$$

可知

$$\frac{R^*-\mu}{\sigma}=\alpha \rightarrow R^*=\mu+\alpha\sigma \quad (3\text{–}18)$$

将（3–18）式代入（3–13）式可得：

$$V_aR=E(W)-W^*=-W(\mu+\alpha\sigma-\mu)=-\alpha\sigma W \quad (3\text{–}19)$$

这就是正态分布假设下 *VaR* 的一般表达式[①]。

3.*VaR* 的具体应用

（1）方差—协方差法

方差—协方差法的基本思想是通过假设组合内资产收益率符合正态分布，并且假定投资组合收益率是各资产收益率的线性组合。则投资组合的 *VaR* 为：$VaR=-\alpha\sigma w$。因此，求组合的 *VaR* 也就相当于求该组合收益率的标准差，一旦得出了标准差，那么 *VaR* 值也得以确定。根据投资组合理论，资产组合的标准差是由组合内各资产的方差—协方差矩阵求出的，因此这种方法被称为方差—协方差法。

该方法的优点是计算简便，不需要定价模型只需要希腊参数；不同置信水平和不同持有期的 *VaR* 可以相互转化。不足之处主要是假定组合收益满足正态分布，不符合金融市场的实际情况；不能进行敏感性分析，也不能推导出 VaR 的置信区间。

（2）历史模拟法

---

① 赵飞：《我国社会保障基金投资及其风险研究》，吉林大学，2008 年。

历史模拟法是利用历史一段时间内资产组合的平均收益分布，以及既定置信水平下的最低收益值来推断 *VaR* 的值。该方法的本质是对资产的收益分布不作任何假设，从历史收益序列中取样，基于收益率历史的经验分布，以此来求得资产组合的 *VaR* 值。这是它与方差—协方差等参数法的根本区别，因而也没有参数估计[①]。

历史模拟法由收益率的历史分布即可直接求出资产组合的 *VaR* 值，概念直观、计算简单方便；不需要市场动态性模型；可以直接分析跨市场问题；可推导 *VaR* 的置信区间；容易被风险管理者和监管部门接受。但是历史模拟法完全依赖特定历史数据及其特征，如果数据中没有包含市场崩溃等极端事件，得到的结论就有所忽视；反之，如果数据中包含了极端事件，分析结论可能被扭曲。另外，历史模拟法需要大量的历史数据，一般认为样本数据不能少于 1500 个，而实际金融市场难以满足，比如我国等新兴市场国家运行时间短，经历的风险事件有限，难以用历史数据预测未来风险损失。

（3）蒙特卡罗模拟法

1942 年，蒙特卡罗模拟法来源于原子弹的研制过程，蒙特卡罗是位于法国南部的著名赌城。后来演变到金融市场，通过假定一种概率模型，以模拟得到收益率的分布数据，用统计方法推断出相应的参数值。与历史模拟法的主要区别在于该方法根据市场波动情况假定收益率的分布，而不是依赖历史数据模拟未来。[②]

蒙特卡罗模拟法的优点是：适用于满足任何分布的风险因子，可对任何复杂证券组合建模，可推导 *VaR* 的置信区间；并可进行敏感性分析及压力测试。不足之处表现为：没有将异常值纳入分布；对计算机的计算能力要求较

---

① ［法］米歇尔·科罗赫、［以］丹·加莱、［美］罗伯特·马克：《风险管理精要》，路蒙佳译，中国财政经济出版社，2010 年，第 139 页。

② 赵飞：《我国社会保障基金投资及其风险研究》，吉林大学，2008 年。

高；建立随机模拟过程中有一定的模型风险。[①]

五、压力测试与情景分析

由于 VaR 并非一个完美的风险测度工具，它的使用与可靠性经常受制于数据的可得性，很难有效地构建一个既适用于正常市场条件也适用于市场危机条件的 VaR 模型。为了分析非正常市场条件下发生的极端事件可能带来的影响，需要进行压力测试和情景分析，作为 VaR 模型的必要补充。

压力测试与情境分析旨在决定特定情境下潜在损失的大小（不是概率）。而恰当地选择情境有赖于专业判断，一些比较重要的情境包括：风险因子（利率、汇率、权益价格或商品价格）价值的极端变化，如一个月内利率变动 100 个基点；为了重构历史极端事件对多元风险因子的影响而复制的历史情境；以及依靠对未来发展的想象而设定的假设情境。

1. 风险因子压力测试

1995 年，衍生品政策集团（Derivatives Policy Group）围绕风险因子压力测试提出了一些具体的规范，这些规范对一些用于检验衍生品风险敞口的压力情境进行了要求：

■收益率曲线向上或向下平移 100 个基点

■收益率曲线向上或向下旋转 25 个基点

■股价指数上涨或下跌 10%

■主要国家货币汇率上涨或下跌 6%

■汇率波动率提高或下降 20%

---

① ［法］米歇尔·科罗赫、［以］丹·加莱、［美］罗伯特·马克：《风险管理精要》，路蒙佳译，中国财政经济出版社，2010 年，第 145—146 页。

2. 压力测试包络线

压力测试正在变得越来越复杂，其面临的挑战之一就是如何才能严谨地考察不同种类的压力对资产组合的影响。“压力包络线”就是解决这个问题的方法，该方法将压力类型与不同业务在各市场中可能受到的最大“压力冲击”很好地结合了起来。例如，该方法可以根据各类风险设定 7 种压力类型，并界定各种压力类型可能受到的最严重的压力冲击。

表 18　压力类型及压力冲击个数

	压力类型	压力冲击
1	利率	6
2	汇率	2
3	权益	1
4	商品	2
5	信用价差	1
6	互换价差	2
7	vega（波动率）	2

资料来源：《风险管理精要》，中国财政经济出版社，2010。

各机构必须依经验确定各自市场、币种以及业务适用的压力冲击的数量。通过将压力包络线视为特定压力冲击对某一特定货币或市场的业务头寸的市场价值的影响，将这些压力冲击组合在一起就构成了一个情境。

3. 压力测试与情境分析的优势与局限

压力测试与情境分析法的主要优势在于其证明了资产组合头寸在各种极端事件面前不堪一击的表现。在市场危机期，历史相关性随波动性的上升而变化。每个证券组合都有自身特征，也就使得其对特定的情境和（或）压力测试较为敏感。压力测试与情境分析有助于投资管理者重视这些特殊的敏感性。

压力测试与情境分析是各种风险管理方法论的重要基石，但它们不能推断某一特别事件发生的可能性。这种方法的局限性还表现在：（1）情境设计基于对压力冲击的任意组合，然而许多情境与经济学基本原理并不一致，设计一个情境最重要的就是检验一系列事件确保其具有经济意义。例如，1997年夏季的亚洲金融危机与1998年夏季的亚洲金融危机（源于俄罗斯的部分违约事件）就完全不同。（2）压力冲击的组合可能非常之多，但是仅有少量的情境被选择进行分析。情境分析法诊断的效用及精确度依赖于分析师的判断和经验。（3）市场危机的显现需要一定的时间，这段时间内，流动性将枯竭。然而大多数情境分析都是静态分析，未考虑流动性变化环境下的头寸交易[①]。

以上是市场风险评估的主要方法，大学捐赠基金最常用的方法是波动性分析法，因为其简便明了；目前越来越多的美国大学基金采取VaR方法，用来度量复杂投资组合的风险；一些大规模的捐赠基金逐步使用情景分析与压力测试来模拟极端的市场状况，保持投资过程的高度警觉。

第三节　大学捐赠基金市场风险的管理

大学捐赠基金，根据不同规模、不同发展阶段以及大学不同发展战略和投资目标的指引，面临的市场风险类型和程度也会存在差异，并不存在一种通用的最优的风险管理方法，需要针对具体情况具体分析，将市场风险的影响控制在最低水平。

一、完善的投资政策是管理市场风险的重要指引

市场风险是大学捐赠基金面临的主要风险，在机构投资中，各国政府和

① ［英］保罗·霍普金：《风险管理（第二版）》，蔡荣右译，中国铁道出版社，2014年，第158页。

行业组织根据机构的特征，对投资中的市场风险提出不同的监管要求。各国通过对大学捐赠基金投资的种类和比例进行限制，大学基金在进行资产配置时，必须遵守规定，否则不仅会面临过大的市场风险，而且会受到监管部门的惩罚。

投资模式通常包括以下两种：（1）谨慎人原则（Prudent Person Rule，PPR），即资产管理人以委托人利益为重，采取谨慎投资的原则。在资本市场发展较为成熟的发达国家，通常采用该原则，在较为完善的法律基础上对投资组合不做过多限制。（2）数量控制原则（Draconian Regulation Rule，DRR），即对投资管理过程进行严格限制，对投资工具的类型和比例做出严格规定。在新兴市场的发展中国家，一般采用数量控制原则，主要由于金融市场不完善，基金管理人经验不足或缺乏合适的风险评估模型，通过严格的投资限制，避免捐赠基金承担“超额”风险。

在我国，各项法律制度对于大学捐赠基金的投资要求并没有做出明确规定，处于法律监管的灰色地带。为了鼓励基金会进入投资市场，2004 年颁布《基金会管理条例》，第二十八条提出基金会应当按照合法、安全、有效的原则实现基金的保值、增值。具体操作没有做出规定，只是确定了一个原则，之后在实践中出现了一些问题：一方面有些基金会过于强调投资，而忽视了公益建设。另一方面由于规定太抽象，缺乏可操作性，并且把基金会的保值增值和理事的责任联系在一起，导致很多基金会不敢投资，保值增值功能无法实现。

■基金投资领域较为活跃的 F 大学基金会工作人员认为“与美国大学相比，我国大学捐赠基金投资运作比较保守，迫于学校行政管理体制的压力，不敢像哈佛耶鲁基金那样高调开展投资”。

■基金规模全国排名领先的 N 大学基金会，投资形式主要是银行存款和银行理财，没有更多投资理财的原因，秘书长认为“主要基于投资习惯，学校风格比较质朴，风险抵御能力弱，学校领导认为基金会是学校的，应该由学校来决策，大环境上投资缺少政策保证”。

由于捐赠基金既要保值增值，同时关乎公益事业，又有安全性和稳健性的要求，这与社会保障基金、企业年金、保险基金以及证券投资基金在投资问题上具有一定的相似性，它们都与人民群众的利益密切相关。其中，社保基金安全性要求最高，企业年金和捐赠基金次之，之后是商业性保险基金，证券投资基金相对最为灵活。为了规范投资行为，保证基金投资安全、有效，相关法律法规对其他四类基金的投资类别、资产配置比例及要求都做出了明确规定，同时还授权相关部门制定了具体的政策，具体内容见下表。

表 19　社保基金、企业年金、保险基金以及证券投资基金的投资规定

基金类型	资产类别	比例限制	相关规定
社保基金	投资范围限于银行存款、买卖国债和其他具有良好流动性的金融工具及各种有价证券。	银行存款和国债投资比例不得低于 50%，其中银行存款不得低于 10%；企业债、金融债投资的比例不得高于 10%；证券投资基金、股票投资的比例不得高于 40%。	投资应当委托专业性投资管理机构。（《减持国有股筹集社保资金管理暂行办法》2001，《全国社保基金投资管理暂行办法》2001）
企业年金	（1）第一类：投资银行活期存款、中央银行票据、短期债券回购等流动性产品及货币市场基金；（2）第二类：投资银行定期存款、协议存款、国债、金融债、企业债等固定收益类产品及可转换债、债券基金；（3）第三类：投资股票等权益类产品及投资性保险产品、股票基金。	（1）第一类比例，不低于基金净资产的 20%。 （2）第二类比例，不高于基金净资产的 50%。其中，国债的比例不低于 20%。 （3）第三类比例，不高于基金净资产的 30%。其中，投资股票的比例不高于 20%。	企业年金基金投资管理应当遵循谨慎、分散风险的原则，充分考虑企业年金基金财产的安全性和流动性，实行专业化管理。（《企业年金基金管理试行办法》2004）

续表

基金类型	资产类别	比例限制	相关规定
保险基金	(1)第一类:银行活期存款、政府债券、中央银行票据、政策性银行债券和货币市场基金等;(2)第二类:无担保企业(公司)债券和非金融企业债务融资工具;(3)第三类:投资于股票和股票型基金;(4)第四类:投资于未上市企业股权及其相关金融产品;(5)第五类:投资于不动产及其相关金融产品;(6)第六类:投资于基础设施等债权投资计划;(7)第七类:保险集团(控股)公司、保险公司对其他企业实现控股的股权投资。	(1)投资于第一类的账面余额,合计不低于本公司上季末总资产的5%;(2)投资于第二类的比例,合计不高于20%;(3)投资于第三类的比例,合计不高于20%;(4)投资于第四类的比例,不高于5%;其中未上市企业股权相关金融产品不高于4%;(5)投资于第五类的比例,不高于10%;其中不动产相关金融产品不高于3%;(6)投资于第六类的比例,不高于10%;(7)第七类累计投资成本不得超过其净资产。	资金运用必须稳健,遵循安全性原则。(《保险法》2009,《保险资金运用管理暂行办法》2010)
证券投资基金	(1)按照投资股票、债券、货币市场的不同比例将基金分为股票基金、债券基金、混合基金和货币市场基金。(2)基金财产不得用于下列投资或者活动:承销证券、向他人贷款或者提供担保、从事承担无限责任的投资,等等。	(1)一只基金持有一家上市公司的股票,其市值不得超过基金资产净值的10%;(2)同一基金管理人的全部基金持有一家公司发行的证券不得超过该证券的10%;(3)基金财产参与股票发行申购,单只基金所申报的金额不得超过该基金的总资产,单只基金所申报的股票数量不得超过拟发行股票公司本次发行股票的总量。	基金财产进行证券投资,应当采用资产组合的方式。(《证券投资基金法》2003,《证券投资基金运作管理办法》2004)

资料来源:根据社保基金、企业年金、保险基金以及证券投资基金的法律法规整理而得。

具体来说,四类基金对投资范围、投资比例都做出了具体的要求,另外还有一些相关规定可供大学捐赠基金借鉴。第一,社保基金在确立安全性和流动性原则上,提出除银行存款和一级市场上发放的国债之外,其他投资必须委托专门的投资管理人,并且资金应当进行第三方的托管。第二,社保基金的双重准备金的保障制度。即投资管理人按当年收取的社保基金委托资产管理手续费的20%提取风险准备金,专项用于弥补社保基金投资的亏损。理事会再按社保基金净收益的20%提取作为一般风险准备金,专项用于弥补社保基金投资发生重大亏损时投资管理人所提管理风险准备金不足以弥补的亏损。第三，保险公司要进行资金运作的时候必须有必要的决策运行机制。在组织机构和职责方面，规定了董事会要对资产配置和投资政策、风险控制、合规管理承担最终责任；还规定了经营管理层在董事会的授权下负责保险资金的日常运营和管理工作，要求保险公司设置专门的保险资产管理部门。第四，在证券投资基金方面，规定了一些基金财产禁止投入的领域，还规定了基金财产从事证券投资要采用资产组合的方式，通过分散投资来降低风险。

《基金会管理条例》虽然对基金会的投资只做出了原则性的要求，但是不同地区和不同部门还有一些细化的规定。比如，2011 年，《广东省民政厅关于基金会运营的行为指引》规定，基金会投资购买股票、基金、国债等有价证券或购买银行或保险公司的理财产品，其时间一般不超过两年（除购买国债或持有上市公司的原始股票以外）；基金会一般不直接投资举办经营性经济实体；根据捐赠人的意愿，基金会以投资名义购买固定资产，做到民主决策、手续完备、产权清晰。2014 年颁布的《关于加强中央部门所属高校教育基金会财务管理的若干意见》规定，基金会进行委托投资的，应当委托银行或者其他金融机构进行；基金会的资金不得投向期货、期权等衍生金融工具，不得提供任何形式的经济担保或财产担保。这些政策导向对大学捐赠基金选择投资工具以及进行资产配置时都可以作为投资指导，基金会应本着谨慎投资的原则，做好风险管理，在合法的基础上，安全有效地开展保值增值活动。

二、多元化投资组合是降低市场风险的基础手段

> 每个人应当把自己做的资产分为三个部分，其中 1/3 投资于土地，1/3 投资于商业，另外 1/3 作为现金储备。
>
> ——《塔木德》（*Talmud*）（公元前 1200 年—公元 500 年）

早在两千多年以前，人们已经有了风险管理的概念，通过建立分散化的投资组合，来达到控制投资风险的目的。资产配置是投资过程的核心环节，控制市场风险的主要方式是建立多元化投资组合策略。通过投资组合理论，找到期望收益、风险以及各资产类别的相关性，根据这些变量对资产组合进行评估，确定最优资产配置的方案。根据不同投资工具的收益与风险特征，在可接受的风险范围内，尽可能地提高投资收益。首先分析我国大学捐赠基金投资组合的运作方式及问题所在，其次探讨投资组合运作比较成熟的美国大学基金的组合经验，之后通过比较得出多元化投资组合的应用策略。

1. 我国大学捐赠基金在传统资产领域探索多元化资产配置

我国大学基金会发展至今不过 20 多年的历程，投资运作尚处于探索阶段。通过对 2019 年注册登记的 512 家大学基金会的年报分析，目前我国开展投资的大学基金会共有 152 所，取得投资收益的大学共有 101 所，另外 50 所年报显示投资收益为 0，1 所收益为负，平均投资收益率 4.88%。

表 20　2019 年我国大学基金投资收益情况

收益率	数量	频率
0—3%	34	33.66%
3%—5%	35	34.65%
5%—8%	15	14.85%
8%—20%	9	8.91%
20% 以上	8	7.92%
合计	101	100.00%

通过对我国大学基金会的投资管理和投资收益进行梳理，发现以下特点。

（1）我国大学基金的投资种类以银行存款和银行短期理财为主

银行存款和短期理财是大多数大学基金会的主要投资工具。比较有代表性的是厦门大学和中国人民大学。2019 年，厦门大学基金会投资资产全部为委托投资，投资周期为一年，理财收益 3700 余万元，投资金额总计 8.55 亿元，投资收益率 4.32%。

表 21　2019 年厦门大学教育发展基金会投资情况

序号	受托机构	委托金额（单位：元）	委托期限	实际收益金额（单位：元）
1	中国工商银行厦门分行松柏分行	855000000	1 年	37174677.09

资料来源：厦门大学教育发展基金会工作报告 2019。

2020 年，中国人民大学基金会投资以委托理财为主，占总收益的比例达 81%；其次为银行理财投资，收益占比 19%。中国人民大学用来投资的资产共计 6.46 亿，投资收益率为 3.28%，这种以理财为主的投资方式，相比于清华、北大以股权等多元配置的模式，投资收益率偏低。

表 22　2020 年中国人民大学教育基金会投资理财情况

序号	产生投资收益的来源	本年发生额（元）	上年发生额（元）
1	股票投资		27345312.80
2	银行理财投资	4100746.40	4783135.61
3	委托理财	17099813.83	29909.93
	合计	21200560.23	32128448.41

资料来源：中国人民大学教育基金会审计报告 2020。

■ 在访谈中，基金规模全国排名领先的 N 大学基金会秘书长说：“我们基金会的钱基本都在做短期银行理财，一笔资金到期前，银行会送来近期要推出的理财产品。由于这种理财比较安全，选择时我们主要考虑收益率和投资周期。几个亿的资金基本都放在银行，投资的银行主要有招商银行、华夏银行和中国银行等。”

（2）信托投资是部分大学比较青睐的选择

信托和基金都是委托理财的方式，但信托投资相比于基金投资，在安全性方面投资风险比股票和基金低；从投资渠道看，信托投资范围也比较广泛，既可以投资证券等金融产品，也可以投资实业，而基金只可以投资股票和债券等金融产品；在流动性方面，信托计划，在信托期限届满之前，不得回赎，只能依法转让，流动性较差，而开放式基金赎回和转让限制都较低；在资金募集上，信托投资门槛较高，通常 100 万元起，更适合大学基金等机构理财。因此，信托是大学基金较为青睐的投资方式。

2020 年南京师范大学的投资资产全部都是信托投资，投资收益合计 1400 余万元。

表 23　2019 年南京师范大学教育基金会投资情况

	产生投资收益的来源	购买金额(元)	当年实际收益金额(元)
1	江苏国信信托投资理财	270000000	14455753.42

资料来源：南京师范大学教育基金会工作报告 2019。

（3）少数大学积极开展多元化投资组合

2020 年，清华大学、北京大学、浙江大学、南京大学等基金会都取得了较好的投资收益，具体的资产配置模式见表。清华大学和北京大学基金会的投资方式在第七章作为一流大学捐赠基金的案例分析。

浙江大学基金会的投资收益率近 6.2%，通过国债、理财、长期股权、长期债权等多元化资产配置，将短期投资和长期投资相结合，共取得投资收益 1.68 亿元。

表 24　2020 年浙江大学教育发展基金会投资理财情况

序号	投资资产类别	本年数（元）	上年数（元）
1	短期投资——国债	500055000	873900000
2	短期投资——理财	148260361	259999759
3	短期投资——信托	0	0
4	短期投资——其他投资	4100000	204400180
5	长期股权投资	289665631	223261822
6	长期债权投资	1800000000	972089440
	合计	2742080992	2533651201

序号	名称	本年数（元）	上年数（元）
1	投资收益	168427581	36710944

资料来源：浙江大学教育发展基金会审计报告 2020。

2020 年，南京大学教育发展基金会投资收益 5801 万元，投资收益率为 5.91%。其中短期理财仅包括股票投资 45 万元，占比为 0.05%；长期股权投资 7000 万元，占比 7.14%；长期债权投资 9.11 亿元，占比 92.82%。可见，长期投资为其主要的投资方式。

表 25　2020 年南京大学教育发展基金会投资理财情况

序号	投资资产类别	本年数（元）	上年数（元）
1	短期理财——股票投资	445145.47	445145.47
2	长期股权投资	70000000	70000000
3	长期债权投资	910520430.54	1122626719.58
	合计	980965576.01	1193071865.05

序号	名称	本年数（元）	上年数（元）
1	投资收益	58005804.92	71921437.23

资料来源：南京大学教育发展基金会审计报告 2020。

可见，我国大学在投资组合方面非常保守，只有少数大学尝试开展多元化投资运作，但投资品种简单，以传统投资方式为主，风险相对较低，投资收益也非常有限。

2. 美国大学捐赠基金坚持以另类资产为主导的多元化投资组合

美国大学捐赠基金投资运作经验丰富，通过多元化投资组合，在可控的风险范围内，取得了优异的投资回报。其投资的主要特征包括以下几方面。

（1）资产配置多元化

表 26　2020 年美国大学基金资产配置情况

资产类别	所有院校 单位：%
全部权益类	76.24
专用美国股票	12.89
美国股票	13.25
国际股票	7.29
市场化替代品	19.98
私募股权	13.52
风险投资	9.31
全部固定收益类	12.35
投资级别	6.56
非投资级别	0.63
个人债务	1.33
现金及等价物(小于一年)	3.83
全部实物资产类	11.40
可交易的不动产	1.18
私人地产	5.52
私人能源和能源基础设施	3.57
其他私人不动产	1.14

资料来源：根据 NCSE 年度报告整理，Nacubo-Commonfund Study of Endowments, 2020。

美国财务官协会 NACUBO 每年会对全美大学基金的运作与管理情况进行调查。2020 年，主要资产配置的比例如下：市场化替代品 19.98%，私募股权 13.52%，美国股票 13.25%。可见，美国大学基金在权益类资产的配置比例非常高，达到四分之三以上；其次为固定收益类，所占比例达到 12.35%；而实物资产类的配置比例很低。

以耶鲁大学为例，2020 年耶鲁大学实现收益率 6.8%，过去 10 年平均收益率 10.9%，过去 20 年平均收益率 9.9%，如此骄人的业绩取决于对各类资产特点足够了解以及充分的多元化投资管理模式。早在 2014 年，耶鲁大学就开始进行多元资产配置，有超半成资金投资于非流动性资产；其中私募股权是“耶鲁模式”投资组合的核心，配置比例达到 30% 以上；并通过房地产和油气林矿产生稳定现金流，并防御非预期通货膨胀风险。

表 27　2014 年耶鲁大学捐赠基金各类资产投资收益与基本特征

<table>
<tr><th>资产名称</th><th>预期收益</th><th>风险</th><th>过去 20 年平均收益</th><th>特点</th></tr>
<tr><td>绝对收益类</td><td>5.30%</td><td>12.90%</td><td>10.60%</td><td>分为事件驱动和价值驱动两种；收益率与股票、债权市场走势相关度低。</td></tr>
<tr><td>国内股票资产</td><td>6.00%</td><td>20.00%</td><td>14.50%</td><td>比债权和现金风险高但收益较高；借助积极管理策略，发现被低估股票买入进行投资。</td></tr>
<tr><td>固定收益资产</td><td>2.00%</td><td>8.00%</td><td>5.70%</td><td>提供稳定名义现金流收益；同其他资产类别相关性较弱，可对金融危机及其他非预期事件形成的冲击形成对冲。</td></tr>
<tr><td>境外股票资产（新兴市场及部分发展中国家）</td><td>7.50%</td><td>22.50%</td><td rowspan="2">14.00%</td><td rowspan="2">发达国家市场配置 5%，发展中国家配置 3%，中国、印度、巴西等存在机会的地区配置 5%；通过积极管理策略，发现被低估国家、行业等投资机会。</td></tr>
<tr><td>境外股票（发达国家）</td><td>6.00%</td><td>20.00%</td></tr>
<tr><td>油气林矿</td><td>6.30%</td><td>20.50%</td><td>18.10%</td><td>可较好防御非预期性的全球性通胀；可提供较高的可视的现金流；存在较多的非有效配置的投资机会。</td></tr>
</table>

续表

资产名称	预期收益	风险	过去 20 年平均收益	特点
私募股权（PE）	10.50%	26.80%	36.10%	在资产配置低的情形下，可提供极其优异的长期风险调整收益；包括风险投资和杠杆收购 LBO 投资；强调企业价值增值，弱化财务指标。
房地产	6.00%	17.50%	13.50%	稳定的收入流和股票增值可对非预期性通胀形成自然对冲，同时不影响预期收益。

资料来源：清科研究中心整理。①

（2）不同规模不同类型的大学基金在资产配置上存在显著差异

2019 年，美国规模较大的捐赠基金倾向于配置权益类和实物类资产，而规模较小的基金倾向于配置固定收益类投资工具。规模最大组（10 亿美元以上）的捐赠基金在权益类资产上的投资比例高于最小组（2500 万美元以下）10 个百分点，实物类投资比例是最小组的约四倍，而最小组的捐赠基金在固定收益类上的投资比例是规模最大组的约 3 倍。

从学校类型来看，公立大学基金在固定收益类资产上的配置比例要高于私立大学 2 个百分点，而在权益类和实物类资产上的配置比例要低于私立大学。

① 桂洁英：《耶鲁基金 PE 投资 20 年平均 36% 收益》，清科研究中心，2015 年 5 月 26 日 .http://research.pedaily.cn/201505/20150526383249.shtml。

表 28　2020 年美国不同规模不同类型的大学在不同资产上的配置比例

资产类别	10 亿以上（单位 /%）	5 亿—10 亿（单位 /%）	2.5 亿—5 亿（单位 /%）	1 亿—2.5 亿（单位 /%）	5000 万—1 亿（单位 /%）	2500 万—5000 万（单位 /%）	2500 万以下（单位 /%）	全部公立机构（单位 /%）	私立非营利性学院和大学（单位 /%）	其他（单位 /%）
全部权益类	76.74	76.26	75.03	72.57	69.00	65.99	65.81	74.94	76.83	79.87
专用美国股票	9.99	22.05	20.30	29.27	30.88	37.86	42.39	16.35	11.12	26.40
美国股票	12.74	15.62	15.20	15.16	14.45	13.91	11.88	16.05	11.87	20.89
国际股票	7.34	5.56	8.76	7.95	9.01	6.37	5.03	6.59	7.70	3.21
市场化替代品	21.11	17.48	17.58	12.83	9.13	5.59	3.97	17.61	21.20	11.49
私募股权	14.76	10.56	9.81	5.76	4.60	1.83	2.08	11.60	14.44	16.38
风险投资	10.80	4.99	3.38	1.60	0.93	0.43	0.46	6.74	10.50	1.50
全部固定收益类	10.98	15.03	16.55	20.49	25.35	28.60	30.86	13.83	11.67	18.66
投资级别	5.27	8.64	10.13	14.89	20.10	22.25	27.18	8.30	5.76	11.57
非投资级别	0.52	0.82	1.04	1.49	1.14	1.71	0.55	0.67	0.59	4.38
个人债务	1.33	1.88	1.08	0.75	0.70	1.13	0.26	1.60	1.20	0.25
现金及等价物（小于一年）	3.86	3.69	4.30	3.36	3.29	3.51	2.87	3.26	4.12	2.46
全部实物资产类	12.28	8.71	8.42	6.93	5.65	5.41	3.33	11.23	11.51	1.47
可交易的不动产	0.91	1.77	2.37	3.02	2.39	1.44	1.57	1.26	1.14	0.80
私人地产	6.16	3.44	3.13	2.39	2.01	1.94	0.73	4.79	5.90	0.59
私人能源和能源基础设施	4.05	2.31	1.74	0.76	0.79	0.32	0.94	4.44	3.14	0.08
其他私人不动产	1.16	1.20	1.18	0.76	0.35	1.71	0.09	0.74	1.33	#

资料来源：根据 NCSE 年度报告整理，Nacubo–Commonfund Study of Endowments, 2020。

（3）不同规模大学基金的各类资产收益率存在差异

七组不同规模的大学基金中，在股票、债券、固定收益等传统资产的收益上差距不大。国内股票取得了相似的收益率，5 亿—10 亿美元组收益率最高，为 24.4%；最低的为 2500 万—5000 万美元组，收益率为 21.5%。国际股票的收益也是类似，范围从 10 亿美元以上组的 19.5% 到 2500 万美元以下组的 18%。四个较小的规模组取得了最高的固定收入回报率，5000 万—1 亿美元组取得 5.4% 的回报；规模 5 亿—10 亿美元组固定收入回报率最低，为 4.2%。短期债券，现金等的回报率从 10 亿美元以上的 2.7% 到 2500 万—5000 万美元组的 0.9%。

而在另类资产上，不同组的回报率差异最大。10 亿美元以上的组取得了最高的风险投资回报为 32.4%，私募股权回报 20.9%，有价另类资产（对冲基金，绝对回报，市场中性组合，事件驱动，衍生品）11.4%，房地产回报 17.2%。资产在 5 亿—10 亿美元取得最高的能源和自然资源回报，为 17.9%，以及最高的不良债券回报，为 17.5%。可见在另类资产上，规模较大的大学基金组回报卓越，这与大规模基金的配置能力和管理方式有着密切联系。

3. 多元化资产配置是降低市场风险的基本手段

通过以上分析可以发现，美国大学捐赠基金坚持以另类资产为主导的多元资产配置方式，而我国则在传统资产领域尝试探索多元化组合，形成了鲜明的对比。

在美国大学的捐赠基金管理中，已将多元化投资策略明确写入其捐赠基金风险管理政策中。如杜克大学在风险管理方面说明“捐赠基金意味着永存，会经历多个经济周期的上升和下降。杜克着眼于长期投资，采用广泛多元化的资产类别组合，取得优异的投资回报，同时调节投资组合的风险和波动性。只强调投资收益的投资战略是危险的，杜克采取多种措施管理风险，机构投资者最常用的措施是收益率标准差，高标准差表示更高风险”。[1]整体来看，美国大学基金的资产配置方式比较激进，从不同资产类别的投资收益率可以发现，另类资产的收益率较高，同时也面临着较大的风险。规模在 5 亿美元以上的捐赠基金，如哈佛、耶鲁、斯坦福等一流大学在另类资产配置中的比例高于普通大学；同时私立大学的另类资产比例高于公立大学。这表明，不同规模、不同类型以及不同投资目标指引下的大学，需要根据自身条件进行资产配置的选择，并没有一种统一的模式适合于所有的大学；但合理的资产配置有助于大学基金在可承受风险下实现最大化的收益。正如现代投资组合理论之父马科维茨（Markowitz）所言，多元化投资为投资者提供了一顿“免费午餐”。

我国大学基金的投资风格偏于保守，一方面我国大学基金的发展历史较短，规模较小；另一方面我国的政策环境不明确，市场环境不成熟，这些都制约了我国大学基金投资组合的选择。目前我国大学基金中开展投资的比例尚不足 1/3，且投资收益率较低，2014 年平均投资收益率为 3.84%。我国社保基金托管公司理财有两个重要指标：一是委托资产的年收益率不低于通货膨胀率加 3 个百分点；二是委托资产的年收益率要超过同期银行一年期的存款利率 20% 以上。大学基金和社保基金有着同样的保值增值的压力。参照此指标，2014 年全年 CPI 指数为 2.0%，一年期存款利率为 3.25%。以社保基金对投资收益的最低要求，也就是投资收益率至少达到 5.0%，可见我国大学基金没有实现保值增值的基本目标。

斯坦福大学研究员孟庆轩认为我国可以选择的投资工具类别有限，基金会投资要平衡风险和收益，选择空间较小，大学基金会应根据市场和自身情况进行投资组合。现阶段，我国大学基金积极开展投资运作的基本是规模较

---

① DUMAC risk management，https://dukeforward.duke.edu/ways-to-give/endowment/risk-management.2016-02-01.

大的基金会，在银行理财、债券、信托、基金、股票等领域尝试多元化的投资组合，相比于美国，投资种类单一，我国大学基金整体抵御市场风险的能力有待提高。2014 年基金规模达到 1 亿元以上的大学基金达到 52 家，今后可以尝试在资产配置中适当分配长期投资的新兴产品，如私募股权和房地产投资，私募股权的准入门槛通常在 1000 万—2000 万元，可提供长期风险调整后的投资收益；房地产投资可产生稳定的现金流，并可抵御非预期性通货膨胀。规模较大的大学捐赠基金通过投资种类的多样化，分散投资风险，提高投资收益，引领我国大学基金资产管理能力的提升。

三、量化分析方法是控制市场风险的有效工具

量化分析方法在管理市场风险方面有着突出作用，常用的方法包括波动性分析、β 系数法、*VaR* 法、情景分析与压力测试等，这些方法在我国基本停留在理论阶段，而在美国大学捐赠基金管理中已取得广泛应用。

1. 我国大学捐赠基金管理缺乏量化的风险管理方法

通过查阅各大学的章程和投资年报，发现我国大学捐赠基金在市场风险的管理中，缺乏明确的风险分析方法。基本属于以定性描述为主，缺乏量化的风险管理方法。

《基金会管理条例》规定：章程规定的重大募捐、投资活动，须经出席理事表决，2/3 以上通过方为有效。部分大学关于重大投资活动的具体内容做出了相关界定，见表 29。

表 29　对于重大投资活动的界定

山东大学	为使基金会资金保值增值，在金融等领域进行的超过 100 万元人民币以上的各项投资行为。
清华大学	为使基金会资金保值增值，在金融等领域进行的超过 500 万元人民币以上的各项投资行为。
浙江大学	（一）年度投资计划； （二）50 万元以上的投资活动。
北京大学	无界定。
北京理工大学	（一）年度投资计划； （二）1000 万元人民币以上的投资行为。
西安交通大学	（一）在陕西省内面向社会公众募集资金的公募活动及义演、义卖等募捐活动； （二）年度的投资计划及委托理财方案。
中国人民大学	（一）理财性投资，主要包括银行存款、国债、货币市场基金及其他固定收益类或保本型金融产品等。理财性投资由基金会秘书处根据理事会授权，按照上述原则实现基金会资产的保值增值。 （二）证券类投资主要包括股票型基金、混和型基金、股权投资（包括控股和非控股）。证券类投资由基金会理事会批准并与之签约的专业机构按照协议规定进行投资，定期将投资收益情况向理事会或常务理事会报告。 （三）经理事会批准的其他合法性投资。 （四）其他理事会认为对本基金会影响重大的投资活动。
南开大学	（一）单笔投资超过本基金会基金余额 5% 的投资活动； （二）投资兴办或参股、控股企业。
北京师范大学	（一）一次性投资在 100 万元以上（含 100 万）的投资活动； （二）其他理事会认为重大的捐赠、投资活动。
中央财经大学	（一）年度投资计划； （二）100 万元以上的投资活动。
天津大学	超过 100 万元人民币的投资活动。

资料来源：各大学基金会章程。

对于重大投资活动理事会表决制度，各大学对基金会重大投资活动界定不一，有的以投资范围界定，如理财类产品和证券类产品等；有的以投资资产占基金余额的比例界定，如单笔投资达到基金余额；大多数基金会以投资金额界定，金额范围也具有较大差异，比较高的北京理工大学界定为 1000 万元以上，而比较低的浙江大学界定为 50 万元。

2014 年我国大学基金会投资收益率在 20% 以上的有三所大学，分别为中国人民大学29.7%，延边大学66.67%，北京邮电大学103.06%。延边大学年报中没有公布投资具体方向，而中国人民大学以委托代理方式进行股票投资，北京邮电大学以少量资金进行长期股权运作，均取得了丰厚的回报。对于取得较高投资收益的两所大学进行收益与风险管理分析发现投资收益具有较强的波动性，风险管理方面以定性描述为主，缺乏量化研究。

（1）中国人民大学教育基金会短期投资2.2亿元，取得股票和理财产品收益6532万元，投资收益率高达29.7%。其中股票收益5766万元，银行开放式理财产品组合28万元，保本型理财产品743万元，股票投资收益占比88.2%。可见，中国人民大学教育基金会在证券类投资项目上委托外部专业机构管理，取得了较好的回报。

表30　2020年中国人民大学教育基金会投资理财情况

序号	项目	本年发生额(元)	上年发生额(元)
1	股票投资收益	–	27345312.80
2	银行理财收益	4100746.40	4783135.61
3	委托理财收益	17099813.83	–
	合计	21200560.23	32128448.41

资料来源：中国人民大学教育基金会年度审计报告2020。

（2）北京邮电大学教育基金会拥有货币资金2658万元，只有555万元用来做长期股权投资运作，运作成果颇丰，取得投资收益572万元。但是整体来看由于用来投资的资金所占比例较低，投资收益仅占净资产总量的17.7%，其对大学发展贡献度相比大大降低。

表31　2014年北京邮电大学教育基金会投资理财情况

序号	产生投资收益的来源	本年发生额(元)	上年发生额(元)
1	江苏通鼎光电有限公司股份分红	141764.20	354410.66

续表

序号	产生投资收益的来源	本年发生额(元)	上年发生额(元)
2	减持通鼎股票收益	5577429.31	0
3	北京星河亮点有限公司分红	0	268656.70

资料来源：北京邮电大学教育基金会年报 2014。

从这两所大学的投资风险管理方面来看：

中国人民大学教育基金会投资采取银行开放理财、定期理财与股票投资组合的方式，投资周期较短，长期价值投资未得到重视。在风险控制上，对证券类投资采用外部委托的方式进行管理，提出了专业化的管理要求，人民大学章程规定：（1）理财性投资由基金会秘书处根据理事会授权，按照上述原则实现基金会资产的保值增值。理财性投资主要包括银行存款、国债、货币市场基金及其他固定收益类或保本型金融产品等。（2）证券类投资由经基金会理事会批准并与之签约的专业机构按照协议规定进行投资，并定期将投资收益情况向理事会或常务理事会报告。证券类投资主要包括股票型基金、混合型基金、股权投资（包括控股和非控股）等。

北京邮电大学教育基金会章程则没有详细的投资及风险管理规定，投资收益主要来源于通鼎股票的收益和分红，投资过于集中化，未进行多元化组合投资，投资收益直接与个股表现相关，面临较大的投资风险，较高的投资收益也具有一定的偶然性。

2. 美国大学捐赠基金运用量化分析的主要经验

（1）风险评估的工具类型多样化

美国大学强调使用量化分析工具，在风险管理中，使用的风险指标包括：波动性计算（标准差等），收益的 α 和 β 法，基于回报的 *VaR* 计算（自上而下），基于位置的 *VaR* 计算（自下而上），以及情景分析与压力测试。

2013 年，NACUBO 首次对大学捐赠基金进行风险管理实践调查。研究发现，50% 的参与院校在投资组合中使用风险限制和指引。2014 年这一比例有所提高，达到 57%，其中使用风险限制的院校中，67% 使用软限制，22% 使用硬限制。

对其选择的风险评估方法进行调查，发现 2014 年有 76% 的院校通过使用波动性计算进行风险限制，比如标准差；61% 的院校使用 α 和 β 的度量方式，使用这两种方法的院校都比上一年有明显增多。另有 37% 的院校表示他们使用基于收益的 *VaR*，33% 使用基于位置的 *VaR*，上一年的比例分别为 32% 和 31%，均有所增长。

表 32　风险评估的工具类型

	所有院校（美元）	10 亿以上	5 亿—10 亿	1 亿—5 亿	5000 万—1 亿	2500 万—5000 万	2500 万以下
作答院校	471	55	42	151	104	60	59
波动性计算（方差等）	76	76	76	83	77	70	61
收益的希腊字母法（α,β 等）	61	64	67	69	59	53	47
基于收益的 *VaR*（自上而下）	37	27	48	34	41	35	39
基于位置的 *VaR*（自下而上）	33	24	36	32	36	33	34
其他	14	20	17	15	15	12	3

注：可以多选。

资料来源：根据 NCSE 年度报告整理，Nacubo–Commonfund Study of Endowments, 2014。

（2）大型捐赠基金倾向使用压力测试与情景分析

NACUBO 的调查显示，2014 年，美国有 46% 的院校在投资组合中使用压力测试和情景分析，比上一年增加 5%，这种风险管理工具更倾向于被大型捐赠基金所使用。资产规模达到 10 亿美元以上有 63% 的院校使用此方法，规模在5亿—10亿美元之间有61%的院校使用。通过比较，资产在2500万—5000万美元的有33%的院校使用此方法，而资产规模低于2500万美元的只有20%的院校使用此方法。整体来看，使用压力测试和情景分析的比例有所增加。

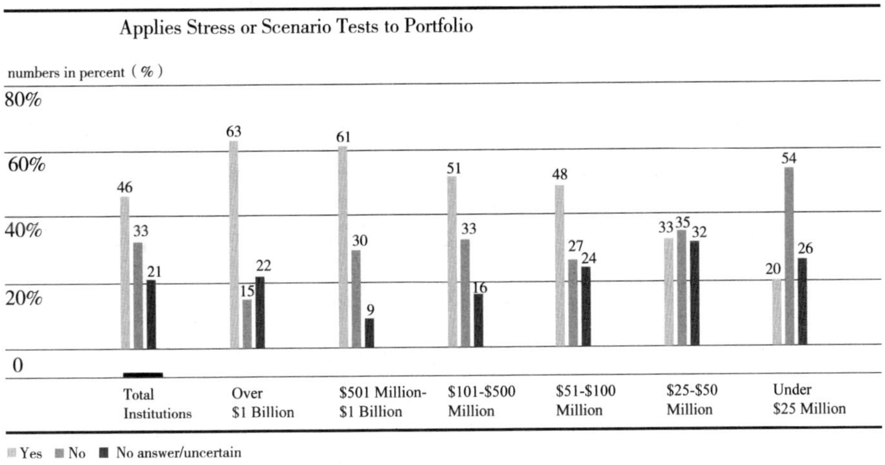

资料来源：根据NCSE年度报告整理，Nacubo–Commonfund Study of Endowments, 2014。

图13　资产组合中使用压力测试和情景分析的比例

耶鲁大学基金在构建投资组合和制定投资策略时非常注重压力测试，他们认为，首先，所有预期收益必须经过各种“噩梦般”的情景检验；其次，投资委员会每年召开专项会议，考察投资组合和风险，只有经得起反复测试的结论才能持续推行；最后，时刻参考历史经验，牢记历史极端情景，力争消除潜在风险。[①]

① ［美］大卫·史文森：《机构投资与基金管理的创新》，张磊等译，中国人民大学出版社，2010年，第11页。

3. 经验判断应与量化分析相结合

目前我国大学捐赠基金对于市场风险的管理主要基于经验判断和定性的描述，包括：限制高风险投资品种（中国人民大学等），建立重大投资活动理事会表决制度（清华大学、浙江大学、南开大学等，各大学对基金会重大投资活动界定不一），实施投资组合（山东大学等），严格投资审批程序（广东教育基金会等），设定投资止损及补偿机制（北京理工大学等），加强资金运作监控（山东大学等）。

投资组合的收益和风险分析中，有必要将艺术化的经验判断与科学化的数量分析相结合，由于定性分析难以解释收益与风险间的精确关系，而定量分析的假定需考虑不同现实条件和捐赠基金特征的适应性。现阶段，我国大学捐赠基金整体规模较小，可采用波动性分析和 β 系数等基础的风险分析方法；大型捐赠基金应逐步采用 *VaR* 分析法，并结合压力测试与情景分析，建立全方位的市场风险监控体系。

量化方法形式上清晰简明，又依据科学严谨的统计学理论，便于与各项经营指标以及不同机构间进行比较，得到国际金融界的广泛认可。各院校通过比较可以发现风险管理的水平以及投资运作中存在的问题，市场监管者也可以开展有效的监督，增强市场的稳定性。大学捐赠基金投资管理中应该将量化方法作为主要风险管理工具，限制过度的风险暴露，确保捐赠基金的安全性。

综上所述，本章首先介绍了大学捐赠基金投资过程中面临的市场风险的主要类型，并对我国金融市场的投资环境进行了详细分析。其次，探讨了大学捐赠基金市场风险的测量与评估方法，包括灵敏度分析、波动性分析、β 系数法、风险价值法以及压力测试与情景分析法等。最后，进一步研究大学捐赠基金市场风险的管理与控制措施，总结了我国大学捐赠基金的投资与风险管理情况，并适当与不同国家大学基金和不同类型的投资基金（社保基金、企业年金等）进行比较，发现我国大学捐赠基金存在投资法律制度不明朗，投资组合方式单一，量化分析手段运用不足等问题，通过投资政策、投资组合以及量化评估工具三方面提出了管理市场风险的有效建议。

第四章　大学捐赠基金的操作风险

“基金会是社会中少数几个不必为其失败付出代价的机构之一。”

——罗伯特·克兰（Robert Crane）JEHT 基金会①

1987 年，波士顿大学前校长约翰·斯尔博（John Silber）决定从 1.75 亿美元的捐赠基金中拿出 2500 万美元投入到一家生物制药公司塞拉根（Seragen）。随后几年中，通过追加投资，波士顿大学基金对塞拉根公司的投资从“过度”达到“不负责任”的态度，投资一度高达 9000 万美元。面对巨额亏损，1998 年波士顿大学将该公司出售，仅收回 840 万美元，损失超过 90%。②

由于波士顿大学基金进行投资决策时，没有经过充分论证，违反了投资的基本原则，而在后续追加投资时，又孤注一掷，忽视了多元化投资分散风险的核心理念，不仅损害了委托人的利益，也将大学捐赠基金置于风险之中，大学为之付出了沉重的代价。以上案例，便是大学捐赠基金管理中的操作风险的典型问题。相对于市场风险而言，操作风险是一种浅层次的风险，可以通过捐赠基金内部管理制度的完善来降低风险。

---

① ［美］乔尔·L.弗雷施曼:《基金会——美国的秘密》，北京师范大学社会发展与公共政策学院社会公益研究中心译，上海财经大学出版社，2013 年，第 10—11 页。

② ［美］大卫·史文森:《机构投资与基金管理的创新》，张磊等译，中国人民大学出版社，2010 年，第 51 页。

第一节　操作风险的识别

在大学捐赠基金投资运作中，操作风险通常包括投资制度风险、投资决策风险、机构设置风险、人员管理风险以及技术管理风险。目前我国大学捐赠基金处于发展阶段，自身管理制度以及人员管理水平良莠不齐，在操作风险控制方面面临着较大的挑战。

一、操作风险的定义

1997 年，英国银行家协会（British Banker Association，BBA）最早给出了操作风险的定义，指出操作风险是由于技术缺陷和系统崩溃等引发，通常与人为失误、不完备的程序控制、欺诈和犯罪活动等相联系。

2001 年，巴塞尔银行监管委员会在给出的操作风险的定义中指出：操作风险是因内部控制不足或失效、人员和系统以及外部事件引发损失的风险。这种定义包括法律风险，但不包括声誉风险以及业务策略所造成的风险。

操作风险分为内部风险及外部风险。内部风险是大学捐赠基金可以控制的那部分风险，基金会可以选择自己的工作人员，计算机系统等设备，以及相应的风险控制制度和章程。外部风险是由外部事件触发的风险，包括某种自然灾害（例如，影响机构运作的火灾及地震）、政治及监管风险（例如，一家公司在某个国家被勒令停业）、保安体系被侵犯等，其中也包括法律风险。[①] 监管人员对于操作风险的定义不仅仅包括内部风险，同时也包括外部风险。

---

① ［加］约翰·赫尔：《风险管理与金融机构》（第三版），王勇译，机械工业出版社，2013 年，第 307 页。

巴塞尔银行监管委员会将操作风险分成以下 7 类。[①]

· 内部诈骗（internal fraud）

· 外部诈骗（external fraud）

· 雇员行为以及工作场所的安全性（employment practices and workplace safety）

· 客户、产品以及业务活动（clients products and business practices）

· 对有形资产的破坏（damage to physical assets）

· 业务中断以及系统故障（business disruption and system failures）

· 交易的执行、交付以及过程管理（execution，delivery and process management）

本书中，操作风险主要是指基金会内部制度、人员、设备等管理方面引起的风险；也包括基金会合作机构、关联机构、投资业务活动中涉及的管理风险。

二、大学捐赠基金的操作风险

大学捐赠基金投资模式包含内部投资、外部投资和混合投资等管理模式，涉及专业性的金融机构和专业投资人员，他们之间存在长期或短期的业务关系，都可能由于操作管理方面的因素，造成捐赠基金的损失。大学捐赠基金的操作风险具体包括制度风险、决策风险、机构设置风险、人员管理风险和技术风险等。

1. 制度风险。制度风险在大学捐赠基金管理中包括两方面：一是内部制度设计不合理，或内部规范不健全；二是外部相关法律法规的缺失，导致监

---

① 巴塞尔委员会关于银行监管报告“Sound Practices for the Management and Supervision of Operational Risk”，Bank for International Settlements，July 2002。

管内容和方向不明确。由于这些原因造成制度存在漏洞，或者制度缺乏可操作性而引起的风险。

对于当前基金会的投资，并没有出台统一的监管措施，地方监管方式也各不相同，可以分为放任自治型、鼓励探索型和审慎监管型。比如上海鼓励基金会探索，并且支持基金会之间交流与培训；北京相对审慎，行政法没有明确授权，就不太支持进行投资；广东省制定了《广东省民政厅关于基金会运营的行为指引》，对基金会的投资原则、投资范围、投资周期等细则做出了规定，重大投资活动甚至要求向管理机关备案。①

2. 决策风险。决策风险是指大学捐赠基金运行过程中，由于投资目标不明确，资产配置不合理，重大投资活动未通过正当议事程序，或未经理事会审批等，导致投资决策失误而给基金会造成损失的风险。

2002 年，广州教育基金会在运筹资金过程中，由于选择投资对象、项目时决策不当，导致部分投资本息无法收回。2001 年年底在外营运资金 17936 万元（以当时港币 1∶1.06 折合人民币），其中有 15314 万元难以收回，大部分资金已逾期 5 年以上，占在外营运资金总额的 85.3%，占该会总资产的 72.5%。其中广州教育基金会将 40% 的资金存于广州国投，如此高比例的资金投资于同一家公司（按照证券投资基金相关规定，投资于同一家上市公司的股票不得超过基金总量的 20%），远超出了证券投资基金的比例上限，可谓无视多元化投资组合的风险管理原则，由于决策欠谨慎，造成重大资产损失。

3. 机构设置风险。在大学基金会运营过程中，投资决策、投资执行以及风险管理部门各司其职，组织结构设置不合理，内部控制制度不完善，权责不分明，会带来相应的操作风险。比如，在外部投资管理中，基金管理人对

① 公益基金会投资隐秘地图：《方式不违法，难界定是否恰当》，《凤凰周刊》，2011 年 12 月 6 日。

捐赠基金的资产与自身资产未建立有效分离机制，就会存在借机输送利益的潜在可能，从而使捐赠基金遭受损失。

4. 人员管理风险。人员管理风险是由捐赠基金运营管理人员由于个人因素给大学捐赠基金造成损失的风险。个人因素包括客观原因，如能力不足、对操作流程不熟悉或者疏忽；也包括主观原因，如工作人员监守自盗、欺诈隐瞒等道德风险。一般来说，人员管理风险的表现形式主要包括为察觉已超过风险权限、越权或者违规进行投资交易，以及利用职务之便有意或者无意地泄露经营管理的保密信息而导致的风险。

以公益基金中华少年儿童慈善救助基金会为例，2011 年的账目上，一项“支付其他与业务活动有关的现金”金额为 48.4 亿元，远远高于当年捐赠收入 8000 多万元，被质疑存在违规行为。此后，儿慈会致歉说明系财务人员失误导致小数点错位，将“银行短期理财”的 4.75 亿元写成了 47.5 亿元。小数点事件虽然得到了解释，但一时将儿慈会推到了风口浪尖，对儿慈会的声誉造成了严重的不良影响。

5. 技术风险。技术风险主要体现为信息系统风险，是指在交易过程中由于系统故障而导致行情中断、交易错误或无法进行所引起的捐赠基金资产损失；或者在信息技术层面中，由于系统故障造成交易数据破坏或泄露，信息沟通不畅；电子系统硬件软件发生故障，网络遭到黑客侵袭造成的不良后果。

三、操作风险的特征

大学捐赠基金的操作风险，具有金融机构操作风险的一般特性，也具有捐赠基金投资特有的风险特征，主要体现为以下几方面。

1. 操作风险属于捐赠基金的内生风险，主要来源于业务操作程序，具有可控性。单项操作风险可能会引起系列连锁反应，与其造成的损失之间的数量关系难以直接界定。

2. 对于捐赠基金的操作风险进行控制，可以减少其造成的损失，但是不同于市场风险，风险与报酬不存在完全的映射关系；也就是说，降低操作风险并不会影响直接的投资回报。

3. 操作风险的覆盖范围广，涵盖大学捐赠基金投资管理方面的全部风险，既包括高频率低损失的风险，如日常财务管理中的小纰漏；也包括低频率高损失的大额风险，如管理中的人员欺诈、技术崩溃或者自然灾害等现象，一旦发生将损失惨重。不同类型的操作风险需要不同的风险管理技术，没有一种管理方法可以覆盖所有领域的操作风险。

4. 捐赠基金的管理过程中，投资规模大、投资变化迅速、投资结构复杂的业务活动，应重点管理，操作风险对这些领域冲击可能性相对较大。

综合来看，操作风险管理涵盖大学基金会内部的所有环节和所有部门，范围非常广泛，不能仅仅依靠风险管理部门和内部审计部门来实施[①]，应在流程制定、人员管理、机构设置各方面加强管理。

第二节　操作风险的测量与评估

传统的操作风险评估可以运用或然率方法。该方法通过计算损失超过曲线反映所有损失分布的可能性，对所有的不同或然率与相对应的损失的乘积进行加权平均，得到最终的操作风险的度量。另外一种基于精算理论，以大量的数据作为聚合分布的基础，使用聚合风险矩阵来测量的操作风险评

---

① ［美］安娜·彻诺拜、法兰克·法伯兹：《操作风险》，东北财经大学出版社，2010年，第88页。

估。[1]2004 年，新巴塞尔协议提出了操作风险的定量研究，确立操作风险资本计量的六种方法，包括：基本指标法（BIA）、标准法（SA）、计分卡方法（SCA）、内部衡量法（IMA）、损失分布法（LDA）和极值理论方法（EVT），以及高级计量法（AMA），本部分重点分析基本指标法、标准法和高级计量法，这些方法对提高操作风险管理水平发挥了巨大作用。

一、操作风险资本

金融机构通过建立将操作风险转换为风险资本的方法，一般由计算风险调整资本回报率（RAROC）的工作组和操作风险管理工作组共同制定。

操作风险损失可以分为预期损失和非预期损失。

如图 14 所示，风险资本仅对非预期损失才有意义。非预期损失本身可以进一步细分为：

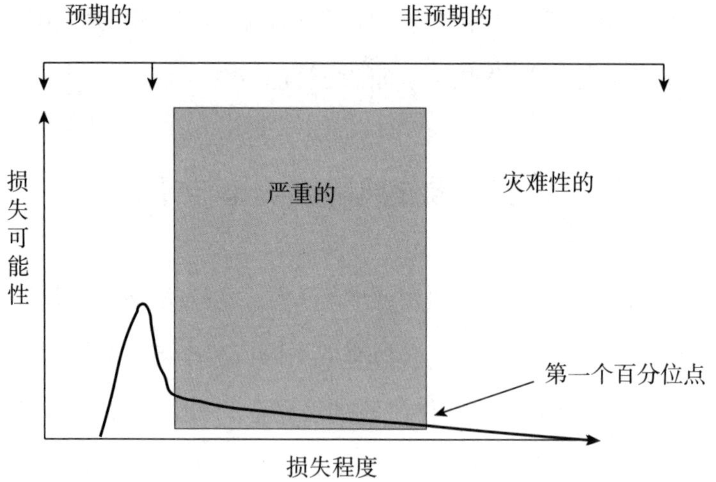

图 14　操作损失分布图

① Philippe Jorion. *Financial Risk Manager Handbook*（*6th Edition*）. Hoboken: John Wiley & Sons, Inc., 2010.

■ 严重损失，但不是灾难性的。操作风险资本的合理分配应该能覆盖非预期的严重操作失败。下一节将详细介绍这些损失的度量方法。

■ 灾难性损失。这类操作风险事件非常极端，也很罕见，但会使整个金融机构倒闭。VaR 和 RAROC 模型并不能捕捉到所有的灾难性风险，因为它们都只考虑一定置信水平（比如说 1%）的潜在损失，而灾难性损失本身是很罕见的。金融机构可以收缩业务以保护自己免受灾难性损失，也可以用保险对冲灾难性风险。但是风险资本并不能保护金融机构免受这些风险。如图 14 所示[①]。

二、监管资本金的计算方式

金融机构可以采用三种不同的方法来计算操作风险监管资本金。第一种方法被称为基本指标法（Basic Indicator Approach）。另外一种较为复杂的计算操作风险资本金的方法被称为标准法（Standardize Approach）。在标准法中银行业务被分为 8 个不同业务类别：企业融资，交易及销售，零售银行，商业银行，付款以及交割，代理服务，资产管理以及零售经纪。第三种方法称为高级计量法（Advanced Measurement Approach，AMA），在这一方法中可以采用自己设定的定量及定性标准来计算操作风险监管资本金。

1. 基本指标法

基本指标法是三种方法中风险敏感度最差的一种，它规定金融机构持有的操作风险资本应该等于前三年总收入的平均值（为正值）乘上一个固定比

① ［法］米歇尔·科罗赫、［以］丹·加莱、［美］罗伯特·马克：《风险管理精要》，路蒙佳译，中国财政经济出版社，2010 年，第 278 页。

例（巴塞尔委员会规定固定比例为 15%），这里前三年的总收入都为正值。监管者认为总收入可以作为操作风险头寸规模的代理变量。其中，总收入指的是净利息收入与非利息收入之和。

2. 标准法

标准法将金融机构的业务分为 8 个业务部门，记为 LOB_i。每个业务部门都有一个头寸指数 EI_i。与基本指标法一样，EI_i 为该业务部门前三年总收入的平均值（为正值），且该业务部门前三年总收入都是正值。每个业务部门都有一个特定的系数（即资本因子 β_i）来反映其相对风险。总资本金要求就是这 N 个业务部门的头寸与各资本因子的乘积之和：

$$资本金要求（操作在险价值）=\sum_{i=1}^{N} EI_i*\beta_i$$

表 33　巴塞尔委员会规定每个业务部门的 β 系数

业务类别	β 因子（%）	业务类别	β 因子（%）
企业融资	18	付款和交割	18
交易和销售	18	代理服务	15
银行零售	12	资产管理	12
商业银行	15	零售经纪	12

标准法由于会导致高违约率业务（例如次级贷款）的重复计算而受到批判。从信用风险角度，借款者的高违约率导致监管资本金较高的要求；从操作风险看，较高的保证金（预期损失被纳入定价的程度）水平也导致监管资本金要求较高。选择型标准法（*ASA*）是对标准法的改进，操作风险资本体系在除两个部门外，标准法和选择型标准法框架是相同的。这两个部门是零售银行业务和商业银行业务，头寸指数 EI 由下式替代：

$$EI=m\times LA$$

其中 m=0.035，LA 为前三年零售贷款余额与预付款（无风险权重总头寸）

之和的平均值。[①]

3. 高级度量法（AMA）

在高级度量法框架下，监管资本金要求是金融机构内部操作风险模型给出的风险度量。对于高级度量法的使用具有较高的要求，任何操作风险度量体系都有一些关键特征，如“内部数据、相关外部数据、情境分析，以及反映金融机构经营环境和内部控制系统情况的其他因素”。在高级度量法框架下，巴塞尔Ⅱ监管当局还没有明确规定如何使用这些因素。作为替代，监管当局宣布“金融机构的总体操作风险度量系统应当包含一个可信、透明、文件齐备且可验证的流程，以确定各基本要素的相关重要程度”。

金融机构能够采用 AMA 方法来计算操作风险资本金这一目标与金融机构对信用风险进行定量化管理的目标可以进行类比。最终目标是产生一个损失分布，如果金融机构可以使监管人员相信他们计算出的操作风险的预期费用已被包含在产品价格之中，那么资本金自然就会用于覆盖非预期费用。在计算时所采用的置信水平为 99.9%，展望期为一年。[②]

三、情景分析

在 AMA 中，情景分析是评估操作风险的关键工具。情景分析的目的是生成能够全面覆盖可能的低频高额损失事件的情景，这些情景有可能来自过去的经历，也可能是基于其他机构遭受的损失，还有一些可能来自咨询人员

---

① ［法］米歇尔·科罗赫、［以］丹·加莱、［美］罗伯特·马克：《风险管理精要》，路蒙佳译，中国财政经济出版社，2010 年，第 279—280 页。

② ［加］约翰·赫尔：《风险管理与金融机构（第三版）》，王勇译，机械工业出版社，2013 年。

的建议，或由风险管理团队和高管以及部门经理共同产生。

一个由风险管理团队和基金会高管所组成的委员会应该负责估计这些场景中的损失程度和损失频率的参数。对数正态分布常常被用来阐述损失程度分布，而泊松分布常常被用来阐述损失频率分布。损失频率应能反映机构已实施的控制措施的效果和从事的业务类型，它们还应反映操作风险管理委员会成员的观点。不同类别的损失频率可定义如下：

■平均千年一遇的情景（λ=0.001）；

■平均百年一遇的情景（λ=0.01）；

■平均 50 年一遇的情景（λ=0.002）；

■平均 10 年一遇的情景（λ=0.1）；

■平均 5 年一遇的情景（λ=0.2）。

投资委员会可以将产生的每一个场景划分给以上任一个类别。这里的情景与市场风险的分析有一个差别，并不需要利用模型来确定损失，如果无法获取数据，损失程度分布的参数应由委员会来估计。一种方法是由委员会来估计平均损失并确定在 99% 的置信度下，不会超出的高额损失（high loss）数量，然后使用对数正态分布来拟合已有的估计。

操作风险的环境变化不会像市场风险和信用风险变化那么快，因此产生操作风险情景并持续更新的工作量不会过于繁重。但是，管理层需要对以上描述的管理过程投入大量的时间。行业咨询顾问和行业协会可能会开发出一些标准情景，从某种意义上讲，会减轻操作风险管理委员会的负担。但是，对损失频率的估计应该与各机构的特定情况有关，这些估计值应反映风险控制现状，同时也应反映业务状态。

类似于市场风险压力测试，产生操作风险压力情景的优点是，这一方法可以包含该机构从来没有经历过，但可能会出现的损失情景。情景分析可以促使管理人员以更主动和更有创造力的方式来管理将来可能发生的不利事件。这样做会带来许多好处，对于有些情景，基金会等机构可以事先制定政策以保证在不利事件发生时将损失程度控制到最小；而对于另外一些情景，可以主动提出预防措施来减小不利事件发生的概率。[①]

通常，风险损失可以归为两类：高频低额损失（high-frequency low-severity loss）和低频高额损失（low-frequency high-severity loss）。[②] 基金会关注的重点应该是低频高额损失，这些损失构成了损失分布的尾部。整体损失分布的某个分位数可以通过低频高额损失分布的相应分位数加上高频低额损失的均值来估计。

第三节 大学捐赠基金操作风险的管理

操作风险的识别与评估的最终目标是为了更有效地管理与控制大学捐赠基金在不同环节所面临的操作风险，通过健全的法律法规、完善的内部治理制度、优化组织机构设置以及加强信息披露等方式可以有效地降低操作风险所造成的不必要的损失。

一、健全大学基金会的法律法规

目前我国规范大学基金会的法律法规主要包括：法律层面的《高等教育法》《公益事业捐赠法》《个人所得税法》《企业所得税法》《外商投资企业和外国企业所得税法》；行政法规层面的《基金会管理条例》《个人所得税实施条例》《企业所得税实施条例》《外商投资企业和外国企业所得税法实施条

① ［加］约翰·赫尔：《风险管理与金融机构》（第三版），王勇译，机械工业出版社，2013 年，第 313 页。

② ［美］弗兰克·J.法博齐、［美］弗兰科·莫迪利亚尼、［美］弗兰克·J.琼斯：《金融市场与金融机构基础（原书第 4 版）》，机械工业出版社，2001 年。

例》；部门规章层面的《财政部国家税务总局关于教育税收政策的通知》《中央级普通高校捐赠收入财政配比资金管理暂行办法》《国务院关于促进慈善事业健康发展的指导意见》《基金会评估指标体系》《关于加强中央部门所属高校教育基金会财务管理的若干意见》《关于规范基金会行为的若干规定（试行）》等，其他还有一些地方性法规和规章以及司法解释，如《广东省民政厅关于基金会运营的行为指引》等。其中涉及投资风险方面，主要体现在组织机构设置要求，投资决策程序以及投资行为的具体规范。

1. 关于基金会组织管理的要求

《公益事业捐赠法》要求公益性社会团体应当厉行节约，降低管理成本，工作人员的工资和办公费用从利息等收入中按照国家规定的标准开支。

《基金会管理条例》规定：（1）基金会设理事会，理事为 5 人至 25 人，理事任期由章程规定，但每届任期不得超过 5 年。在基金会领取报酬的理事不得超过理事总人数的 1/3。理事会设理事长、副理事长和秘书长，从理事中选举产生，理事长是基金会的法定代表人。（2）理事会是基金会的决策机构，依法行使章程规定的职权。理事会每年至少召开 2 次会议。理事会会议须有 2/3 以上理事出席方能召开；理事会决议须经出席理事过半数通过方为有效。重要事项的决议，须经出席理事表决，2/3 以上通过方为有效。理事会会议应当制作会议记录，并由出席理事审阅、签名。（3）基金会设监事。监事任期与理事任期相同。理事、理事的近亲属和基金会财会人员不得兼任监事。基金会理事遇有个人利益与基金会利益关联时，不得参与相关事宜的决策；基金会理事、监事及其近亲属不得与其所在的基金会有任何交易行为。

《关于加强中央部门所属高校教育基金会财务管理的若干意见》（简称《中央高校若干意见》）提出，基金会应完善治理结构，保障内控体系健全有效。（1）基金会应当建立健全内部控制体系，严格执行不相容职务的分离制度，严格贯彻决策、执行和监督相分离制度，有效控制各类风险。（2）基金会应当配备具有专业资格的专职财会人员。财会人员数量应当满足不相容职务分离的要求。会计岗位、出纳岗位和投资岗位的人员不得相互兼任。（3）基金会应当开设独立、合法的银行账户。

根据《关于规范基金会行为的若干规定（试行）》（简称《若干规定》），基金会应当在内部制度中对资产管理和处置的原则、风险控制机制、审批程序，以及用于投资的资产占基金会总资产的比例做出规定。

2. 关于投资决策和程序

《中央高校若干意见》提出，基金会投资决策与执行应当分离。建立规范的投资决策议事规则，投资计划必须经过理事会决策同意方可执行。理事会授权投资委员会开展投资活动的，投资计划也必须报理事会决策，投资结果必须向理事会汇报，投资责任仍由理事会承担。每一项投资决策都必须经过表决，决策记录应载明投资事项、提请投资人的意见和签名、参与表决人的意见和签名，表决结果存书面档案。

《广东省民政厅关于基金会运营的行为指引》（简称《广东省行为指引》）规定：（1）公募基金会一次性涉及资金超过10万元、非公募基金会一次性涉及资金超过50万元的资助项目或投资活动，经理事会讨论决定，并形成会议纪要，存档备案。（2）基金会开展重大募捐、资助、投资活动时，至少提前15个工作日报送登记管理机关备案。

3. 关于投资行为的要求

《基金会管理条例》规定：（1）基金会应当按照合法、安全、有效的原则实现基金的保值、增值。（2）基金会理事会违反本条例和章程规定决策不当，致使基金会遭受财产损失的，参与决策的理事应当承担相应的赔偿责任。

《中央高校若干意见》提出，基金会应规范投资行为，防范和控制财务风险。（1）基金会应当加强资产管理，配备资产管理人员，建立定期盘点制度，对非现金资产应该进行登记和管理，做到账实相符、账表相符。（2）基金会资产保值增值应当遵循合法、安全、有效的原则，建立投资责任体系和追踪问责机制，明确投资止损原则，通过有效的过程管理控制投资风险。（3）基金会可用于保值增值的资产限于非限定性资产和在保值增值期间暂不需要拨付的限定性资产。捐赠人对于其捐赠款投资有限制性意见的，基金会不能违背捐赠人意愿开展投资活动。基金会应保持资金的流动性，投资活动不得影响公益支出的实现。（4）基金会进行委托投资的，应当委托银行或者其他金融机构进行。（5）基金会的资金不得投向期货、期权等衍生金融工具，不得提供任何形式的经济担保或财产担保。

《若干规定》提出，基金会进行保值增值活动时，应当遵守以下规定：（1）基金会进行保值增值应当遵守合法、安全、有效的原则。符合基金会的宗旨，维护基金会的信誉，遵守与捐赠人和受助人的约定，保证公益支出的实现。（2）基金会可用于保值增值的资产限于非限定性资产、在保值增值期间暂不需要拨付的限定性资产。（3）基金会进行委托投资，应当委托银行或者其他金融机构进行。

《国务院关于促进慈善事业健康发展的指导意见》倡导金融机构根据慈善事业的特点和需求创新金融产品和服务方式，积极探索金融资本支持慈善事业发展的政策渠道。

《广东省行为指引》规定投资行为：（1）基金会的投资活动以不妨碍正常的公益活动为前提，遵循合法、安全、有效的原则，实现基金的保值和增值。（2）基金会投资购买股票、基金、国债等有价证券或购买银行或保险公司的理财产品，其时间一般不超过两年（除购买国债或持有上市公司的原始股票以外），特殊情况需要延长投资时间的，报登记管理机关备案。（3）非公募基金会对关联方的投资活动，需签订投资合同，其收益不低于银行同期存款利率，时间一般不超过两年；因特殊情况需要延长投资时间的，报登记管理机关备案。（4）基金会一般不直接投资举办经营性经济实体；确因特殊情况需要投资或参股经营性经济实体，经过风险评估和充分论证，谨慎参与，且投资收益高于银行同期存款利率；所投资举办的经营性经济实体资产和收益属于基金会所有，每年应进行财务审计，并将财务审计报告送登记管理机关备案。（5）基金会投资收益属于基金会所有，本金及收益如期全部划归基金会基本账户。（6）基金会不以投资、集资、高息借贷、高息揽存等任何名义，向关联方或其他组织机构、个人借出资金；不为任何单位或个人提供担保、抵押。（7）根据捐赠人的意愿基金会以投资名义购买固定资产，做到民主决策、手续完备、产权清晰。

4. 现有法律法规存在的问题及建议

通过以上法律法规的梳理可以发现，我国对于大学基金会的投资管理尚未有统一的法律法规和明确的细则要求，《基金会管理条例》只是笼统提及保值增值要求，其他在部门规章和地方规章中有的提出了具体要求，但缺乏普遍的指导意义，并且有些规定与国外大学捐赠基金投资的实践经验有着明显冲突。

首先，关于保值增值与责任分担机制。《基金会管理条例》规定，合法、安全、有效的原则实现基金的保值、增值，投资合法是容易的，但是做到既安全又有效是困难的。因此一些理事会在制定投资决策时特别谨慎，因为在条例中还有规定“理事会违反本条例和章程规定决策不当，致使基金会遭受财产损失的，参与决策的理事是要承担赔偿责任的”。所以决策中有些理事因不具备专业投资知识在有投资的动议时就会弃权或者否决。目前，我国金融市场发展不成熟，大学基金又缺乏投资运作的经验，应进一步明确大学捐赠基金投资工具的选择以及投资责任的分担机制，这一点可以参考第四章分析的社保基金和企业年金的管理规定，从政策导向给大学捐赠基金以明确的运作信号，随着投资的发展再逐步向美国的谨慎监管方式过渡。避免目前一些大学基金上亿元的资金沉淀在银行，扣除通货膨胀等一些因素导致公益资金实际上处于缩水的状态，违背了公益发展的需求。

其次，关于投资金融衍生品等对冲工具。《中央高校若干意见》规定基金会的资金不得投向期货、期权等衍生金融工具，出发点是为了规避风险，在规定中，过于绝对。在成熟发展的市场中，金融衍生工具的首要功能是对冲风险，我国推出了股指期货，是期货的一种，在某种程度上可以实现套期保值对冲风险的作用。

再次，关于投资周期的限定。《广东省行为指引》规定基金会投资购买理财产品，其时间一般不超过两年，短期投资的规定是为了保护捐赠基金的公益支出，但是忽视了大学捐赠基金的特征。捐赠基金有相当一部分为保本基金，这部分可以通过长期投资来取得收益，并且符合大学捐赠基金代际公平的要求；哈佛耶鲁的经验也表明，通过长期价值投资来获取超额回报是其制胜的法宝。

最后，关于私募股权等高风险投资。《广东省行为指引》规定，基金会一般不直接投资举办或参股经营性经济实体，此规定将私募股权投资排除在外了，从较为成熟的欧美市场来说，私募股权是基金会理财的一个非常重要的品种，美国教育类的基金会投资私募股权的比例在 5% ~ 30%，私募股权是获取长期回报的一个重要投资类别，当然也面临较高的风险。我国也有少数大学参与了私募股权运作，对于高风险的投资品种，可以在比例上做出上限的规定，而不应该加以禁止，尤其是对于规模较大的基金会，完全可以通过分散投资达到风险管理与收益的平衡。在控制风险方面，不是风险越低就越好，正是有一定风险，才能给基金会的保值增值留有一定的余地。

二、完善大学基金的内部管理制度

案例：庞氏骗局给基金会带来巨大损失

2008年12月，伯纳德·麦道夫（Bernard Madoff）的庞氏骗局被揭穿。这场骗局涉嫌500亿美元，其中大部分为基金会和非营利机构的捐赠。在非营利组织领域内，犹太慈善机构受到了最严重的打击，包括一些美国和以色列有名的机构。据报道，皮考尔基金会（The Picower Foundation）损失了全部家底，近10亿美元。卡尔和露丝·夏皮罗家族基金会（The Carl and Ruth Shapiro Family Foundation）声称损失了一半资产，约合1.78亿美元。美国一流正统派大学及犹太教神学院——叶史瓦大学（Yeshiva University）损失了约1400万美元。还有报道称加上多年来的总捐助，叶史瓦大学或许损失了近1.4亿美元。一些美国大型犹太联邦慈善机构也损失数百万美元之多[①]。

以叶史瓦大学基金会为代表的捐赠基金，在投资决策中存在草率行为，间接助长了庞氏骗局。比如皮考尔基金会的理事允许将其所有资产尽数投入唯一的投资渠道，为基金会埋下了巨大的风险隐患。此种集中性的资产投资不仅违反了《2006年机构基金统一审查监管法案》（UPMIFA）——而其前身则在全美国范围内施行——所规定的“谨慎投资人规则”，而且还违反了美国4944号内部税收法——其规定禁止任何“高风险投资”并对这种行为处以惩罚，同时批准此项投资的基金管理人员也会被处以额外罚款。

基金会理事在进行慈善资金投资时，有义务进行管理和仔细审查，因此

① Focus on the Economic Crisis—In Their Own Words：2009 foundation Giving Forecast Foundation Center Research Advisory. www.foundationcenter.org/focu/economy. 2009年3月。

他们在本案中难辞其咎。如此疏忽大意的管理，以及所带来的投资过失反映出基金会管理不善以及基金会理事疏于职守等问题。[①]

1. 我国大学基金会基本管理制度的设置

《基金会管理条例》规定基金会设立时提交章程草案，基金会依照章程从事公益活动，基金会章程范本，由国务院民政部门制定。《关于规范基金会行为的若干规定（试行）》要求基金会应当在内部制度中对资产管理和处置的原则、风险控制机制、审批程序，以及用于投资的资产占基金会总资产的比例做出规定。但是笔者在调查过程中发现，仍有过半数的大学没有在基金会官方网站公开章程和管理制度。

章程是基金会的宪章。基金会的一些活动都必须在章程规定的范围内行使。章程对基金会的规范，包括：公益活动的开展，理事会的决策机制，监事的监督职责，基金会组织募捐与接受捐赠，基金会的业务范围，基金会注销后剩余财产的处置，以及理事会的赔偿责任等。章程是对基金会进行行为规范的重要手段，诺贝尔奖的百年成功实践，都是以诺贝尔的遗嘱约定来开展的。[②]

大学基金会的管理制度中，主要包括基金会章程，基金会财务管理制度，基金会项目管理办法，基金会信息公布制度，基金会资产管理制度，基金会志愿者管理条例等，只有少数大学制定了基金会投资咨询委员会管理办法、基金会资金运作管理规定以及基金运作风险防范等投资方面的具体要求。

---

① 乔尔.L.弗雷施曼：《基金会——美国的秘密》，北京师范大学社会发展与公共政策学院社会公益研究中心译，上海财经大学出版社，2013 年，第 10—11 页。

② 朱卫国：《基金会管理条例评析》，http ://www. chinalaw .gov. cn/ jsp/ contentpub/browser/ contentpro.jsp ? contentid =co1628852381，2007 年 4 月 27 日。

表 34　我国大学基金会设立的管理制度

北京大学教育基金会	清华大学教育基金会
1. 北京大学教育基金会章程 2. 北京大学教育基金会财务管理制度 3. 北京大学教育基金会财经管理办法 4. 北京大学教育基金会专项基金管理费收取办法 5. 北京大学社会捐赠校级奖学金设立与管理办法 6. 北京大学社会捐赠校级助学金设立与管理办法 7. 北京大学教育基金会信息公开实施细则 8. 北京大学教育基金会印章管理使用制度 9. 北京大学教育基金会证书管理制度 10. 北京大学教育基金会新入职员工聘用管理规定 11. 北京大学教育基金会志愿者使用制度 12. 北京大学人事管理政策制度	1. 清华大学教育基金会章程 2. 清华大学教育基金会财务管理制度 3. 清华大学教育基金会项目管理办法 4. 清华大学教育基金会分支机构、代表机构管理暂行办法 5. 清华大学教育基金会信息公布制度 6. 清华大学教育基金会志愿者管理条例
山东大学教育基金会	北京理工大学教育基金会
1. 山东大学教育基金会章程 2. 法人证书和组织机构代码证使用管理规定 3. 山东大学教育基金会印章管理规定 4. 山东大学教育基金会志愿者管理制度 5. 山东大学教育基金会信息公开制度 6. 山东大学教育基金会项目管理制度 7. 山东大学教育基金会人事管理制度 8. 山东大学教育基金会重大事项报告制度 9. 山东大学教育基金会资金管理内部控制制度 10. 山东大学教育基金会资产管理办法 11. 山东大学教育基金会财务管理办法 12. 山东大学教育基金会资金运作管理规定 13. 山东大学接受社会捐赠管理办法 14. 山东大学社会捐赠项目命名办法 15. 山东大学教育基金会档案管理制度	1. 北京理工大学教育基金会章程 2. 北京理工大学教育基金会信息公开制度 3. 北京理工大学教育基金会投资咨询委员会管理办法 4. 北京理工大学教育基金会差旅费管理办法 5. 北京理工大学教育基金会名誉理事管理办法 6. 北京理工大学教育基金会财务管理办法 7. 北京理工大学教育基金会委托协议书 8. 北京理工大学教育基金会捐赠协议书模本 9. 北京理工大学教育基金会奖教助学金领款表格 10. 北京理工大学教育基金会公益项目运作流程 11. 北京理工大学教育基金会项目执行计划及预算 12. 北京理工大学教育基金会项目经费网上查询申请备案表 13. 北京理工大学教育基金会证照使用申请单 14. 北京理工大学教育基金学生服务队章程

资料来源：根据各大学基金会官方网站整理。

2. 大学基金会关于投资制度与投资风险的管理

目前我国只有少数大学基金会在投资运作及风险管理方面出台了管理规定，一般作为部分章节出现在财务管理规定中，也有单独作为制度列出。比较有代表性的有清华大学、北京理工大学和山东大学等。清华大学就可投资资产、委托金融机构、投资项目决策以及内部风险控制制度提出了规定。北京理工大学则成立资金运作小组，对于风险资金运作根据不同投资金额，严格按照审批程序进行，并对资金运作的增值部分计提各项准备金。山东大学强调安全性原则，资金运作必须充分考虑政策风险、管理风险、信用风险、流动性风险等因素，尽力规避风险，降低损失。在资金运作范围，资金运作机构及其职责，资金运作程序及运作风险防范等方面提出了具体规定，强调投资于低风险金融产品，控制高风险投资比例，通过投资组合分散风险，并提出设定投资止损点，严格投资审批程序。上海财经大学教育发展基金会资金运作总方针为“保证安全、控制风险，并追求更高收益”，将安全性放在首要位置。该基金会充分利用校友资源，选择三家校友企业作为投资咨询委员会委员单位，为母校设计资金运作项目。2015 年在投资决策委员会上，审议基金会资产管理的风险投资计划及投资方案，包括目标收益率、资产结构、期限和风险控制方法。

通过对比我国大学基金会投资及风险管理制度来看，一方面我国部分大学建立起了比较完整的管理制度体系，如清华大学、北京大学、北京理工大学、西安交通大学等；还有部分大学没有公开基金会章程及相应规章制度，需要按照条例要求尽快建立。另一方面，在已有管理制度中，关于投资运作和风险管理的制度很少，部分大学通过限制高风险投资品种，建立重大投资活动理事会表决制度，严格投资审批程序，设定投资止损及补偿机制，加强资金运作监控等方式进行风险管理，大部分大学基金会投资与风险管理方面仍处于摸索阶段。

表 35　我国大学基金会投资运作及风险控制制度比较

清华大学教育基金会财务管理制度 基金会进行资产投资时应严格遵守以下规定： 1. 基金会进行保值增值应当遵守合法、安全、有效的原则，符合基金会的宗旨，维护基金会的信誉，遵守与捐赠人和受助人的约定，保证公益支出的实现。 2. 基金会可用于保值增值的资产限于非限定性资产、在保值增值期间暂不需要拨付的限定性资产。 3. 基金会进行委托投资，应当委托银行或者其他金融机构进行。 4. 根据投资项目的可行性报告，基金会需集体决策，严格审批程序并加强监督管理。 5. 制定严格的内部风险控制制度，以实现投入资金的保值和增值。
北京理工大学教育基金会财务管理办法 第五章　资金运作 第二十九条　在确保资金安全的基础上，经基金会理事长（或授权副理事长）批准，基金会在筹资与资本运作部成立资金运作小组，在资本市场上进行资金运作，确保资金增值。 第三十条　由资金运作小组提出资金运作年度计划，经基金会理事会讨论通过，根据投资风险的大小，实行授权运作。对于银行存款，资金运作小组可根据年度资金运作计划，本着利益最大化的原则自行安排资金使用。对于银行理财产品，资金运作小组可在获得基金会理事会整体授权的情况下自行选择运作。对于其他存在风险的资金运作必须严格按审批程序进行，每次投资和运作均应有理事长（或授权副理事长）批准的文件，金额在人民币 1000 万元以上的重大投资应有理事会集体批准文件。 第三十一条　对于除银行存款和银行理财产品之外的具有高风险的运作资金的划转必须由资金运作人员填制资金划转单并附有运作论证报告，金额在人民币 200 万元以下（含 200 万元），经基金会理事长（或授权副理事长）签批后，交基金会财务划转到指定资金运作业务收款账号上；金额在人民币 1000 万元以下（含 1000 万元），由理事长签字后，交基金会财务划转到指定资金运作业务收款账号上；金额超过 1000 万元，由理事会批准后，交基金会财务划转到指定资金运作业务收款账号上。 第三十二条　资金运作的增值部分应计提各项准备金。
山东大学教育基金会资金运作管理规定 第三条　资金运作范围 运作资金主要用于投资低风险金融产品、贷款和金融机构存款。 第四条　资金运作机构及其职责 建立基金投资管理组织架构，实行专人负责制。组织架构包括理事会、秘书长会议、咨询顾问组和资金运作组。 1. 理事会作为基金会的最高权力机构，拥有基金会资金运作的最终决策和监管的权力。理事长授权分管日常工作的副理事长，负责召集秘书长会议。 2. 秘书长会议由分管日常工作的副理事长、基金会秘书长、副秘书长参加，必要时吸收专家参加，提出执行投资决策的方案。 3. 咨询顾问组由专业领域专家等组成，是基金会投资活动的智囊团，就资金运作的政策、法律、金融、市场、风险等问题提供咨询服务。 4. 资金运作组由基金会秘书处相关人员组成。负责组织资金运作市场调研；制定资金运作建议方案；实施方案并监控投资状况；报告并处理资金运作过程中的问题。 第五条　资金运作风险防范 基金会的资金运作以安全稳健为基本原则，在合理防范风险的前提下尽量提高投资回报。 1. 实施资金组合投资策略。选择多家金融机构共同承担资金运作任务，分散信用风险；选择不同品种进行组合投资，分散投资于各类基金、理财产品、信托产品等，严格控制高风险投资比例，降低资金运作的风险。 2. 科学监控投资运作。为控制投资风险，根据风险承受能力设定止损点。损失接近止损点时，由资金运作组报告秘书长会议商定调整对策，决定是否终止该项投资。 3. 建立投资合作单位评价机制。建立同类比较档案，定期对合作单位的信用状况和投资能力进行评估分析，调整投资合作对象。 4. 严格投资审批程序。资金运作的每笔对外投资或中止投资均要严格按照秘书长会议批准的实施方案和秘书长、分管财务的副秘书长共同签发的指令进行操作。

资料来源：根据各大学基金会章程制度整理而得。

操作风险贯穿于大学捐赠基金管理的全过程，降低操作风险并不能给大学基金带来直接的收益，但是可以降低不必要的投资损失。严谨的管理制度和良好的管理措施可以有效地降低运作系统的操作风险的频率和程度。从大学捐赠基金的治理机制来看，操作风险与内部控制程度紧密相关，降低管理者和工作人员行为的自由化和随意化，是管理操作风险的关键。从投资决策到投资过程的实施，建立一套严谨、完整的管理制度、方法和程序，可以有效减少操作风险带来的损失。

三、规范大学基金的组织机构设置

1. 我国大学基金会的组织结构设置

我国大学基金会在法律地位上属于独立法人，但由于我国特殊的行政管理体制，我国大学基金会一般隶属于大学相关部门，或者与其他机构合署办公。大学基金会的理事长一般由学校领导担任（由于校长已经是学校的法人，不能同时担任基金会法人，通常由党委书记或副校长担任）。这些特征也导致大学基金在投资运作中缺乏独立性；组织机构以直线职能式为主，大部分大学尚未设置投资部门，投资运作及风险管理未受到重视。

独立型　我国大学基金会的独立型是指属于大学的独立职能部门，与美国大学基金会的完全独立型有所不同。大学基金会通常作为学校的处级单位，基金会常设机构为秘书处，由若干职能部门构成。这类基金会岗位完整、职责分明，其业务活动直接与学校对接，在基金管理与支出方面可以与学校规划相结合，对内是学校的直属部门，对外也可以独立运作。目前，我国清华、北大的基金会属于这种类型。

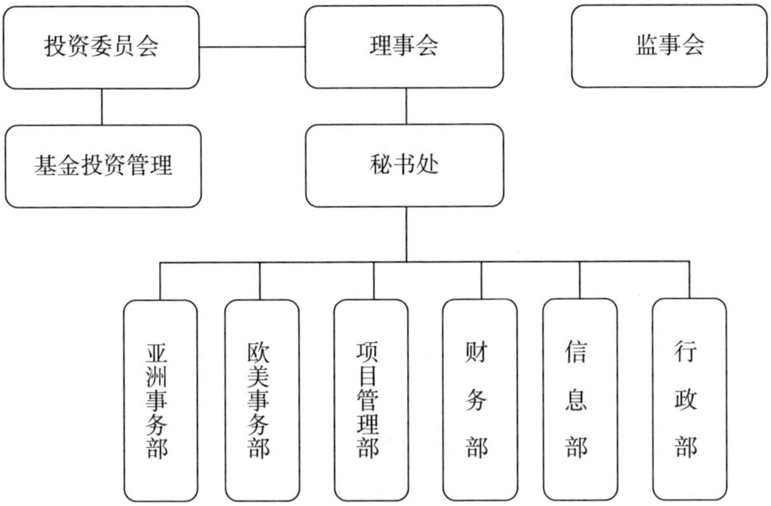

图 15　独立型结构——北京大学教育基金会

合署型　根据相关调查，我国约有 2/3 的大学基金会与校友会等机构合署办公[①]。一般基金会与校友会，两块牌子一套班子。通常作为学校处级单位，属于独立部门。合署办公的形式，有利于整合校内和校外的校友资源，校内与各学院的校友直接连接，校外与各行各业的社会资源紧密结合。一套班子，便于统一领导，整合资源，集思广益。但是基金会缺乏相对独立性，一套人马精力与专业能力都有限，不利于开展投资运作。如上海交通大学基金会，其秘书长同时任校友会办公室主任。首都师范大学基金会，隶属于学校办公室，校友会与基金会共用一套班子，基金会 2011 年注册成立，2014 年基金规模达到 2021 万元。

① 戴志敏：《大学教育基金会管理研究》，浙江大学出版社，2010 年，第 2 页。

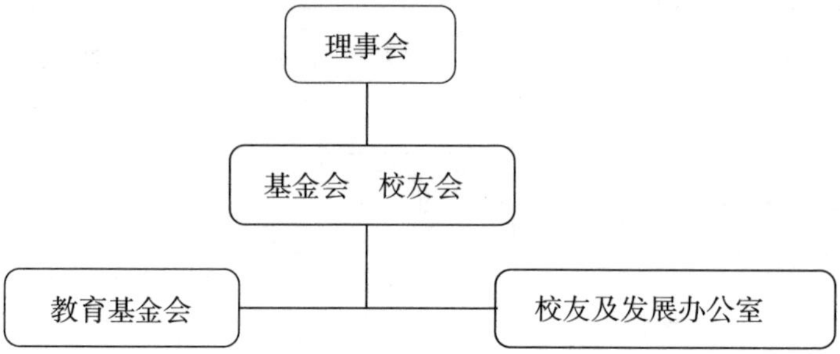

图 16　合署型结构——首都师范大学教育基金会

隶属型　在我国，还有部分大学基金会隶属于学校某个部门，挂靠在学校办公室、发展办公室、财务处或外联处等机构。隶属型基金会的优势是可以与学校部门资源共享，人员优化配置，节约成本；开展工作时可以实现对内、对外的协调配合。不足之处就是基金会没有专职的工作人员，缺乏独立运作的基本条件，难以发展壮大。有些基金会与校友会两块牌子两套班子，如浙江大学教育基金会、复旦大学教育发展基金会等。浙江大学发展联络办公室下设基金会与校友会，发展联络办公室主任同时担任基金会秘书长与校友总会秘书长。华南理工大学教育基金会挂靠在公共关系处之下，与校友会、合作与品牌推广办公室共同管理。[①]

① 周红玲、陈艳：《中国大学基金会组织结构模式探索》，第十一届中国高校基金会工作研讨会论文，2009 年。

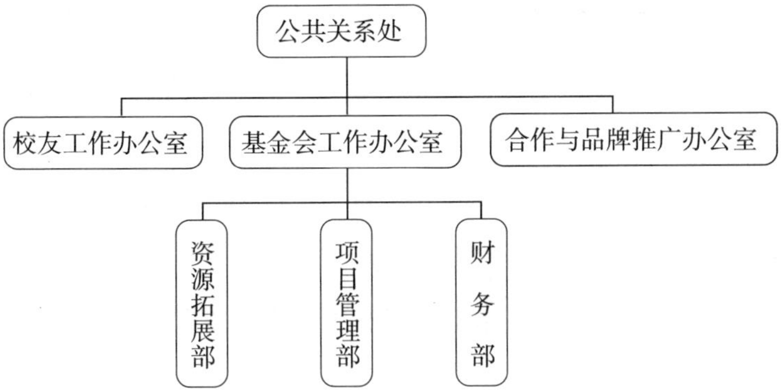

图 17　隶属型结构——华南理工大学教育发展基金会

整体来看，我国大学基金会受大学行政管理体制约束，缺乏真正的独立性；机构设置多采用简单的直线职能式，缺乏投资运作与风险管理部门；人员结构不合理，有些学校没有专职工作人员，专业化管理团队不健全。主要表现为以下几点。

（1）大学基金会缺乏独立性，管理体制不完善。大学基金会属于独立法人，应该与学校具有平等的法律地位。而我国大学基金会一般作为学校的职能部门，或者隶属于学校办公室等机构，管理成员主要为大学的处级以上的领导干部，行政氛围浓厚。大学不应该在基金会的“职权责”范畴内进行过多的行政干预，应尊重基金会的主体地位，基于两者的密切关系为基金会提供支持、引导及有效监督①。

（2）大学基金会缺乏专业的管理人才。首先，一些大学基金会没有专职工作人员，基金会主要负责人是学校领导，一身多职；工作人员的工资按照学校编制发放，也就是基金会不需要发放工资。这种以兼职的形式管理基金会导致职责不清，运作效率低下。还有一些大学配备了专职工作人员，但专

---

① 张辉：《中美捐赠基金管理与大学发展关系实证研究》，《中国高教研究》2015年第3期，第62—66页。

业程度不足，尤其缺乏投资管理的专门人才。有调查显示，86% 的大学基金会专职工作人员在5人以下，其中40%没有配备专业人员[①]。2014年我国规模最大的清华大学和北京大学基金会专职工作人员分别为37人和31人，与美国的哈佛、耶鲁等大学基金会动辄几百人的规模无法相比。其次，由于受制于学校行政管理体制，在机构设置、人员管理等方面，难以提供有竞争力的薪酬，工资待遇与外部市场脱节，难以吸引优秀的投资专业人士参与基金会的管理。

（3）大学基金会机构设置不健全。多数大学采取简单的直线职能式结构，如北京理工大学，基金会下设筹资部、财务部和综合部。一些基金会三五个人就是一个团队，身兼多职，专业化程度不足。绝大多数基金会没有设立专业的投资部门和风险管理部门，缺乏投资运作的理念，注重筹资，而忽视了投资管理，大学捐赠基金的保值增值能力亟须提升。

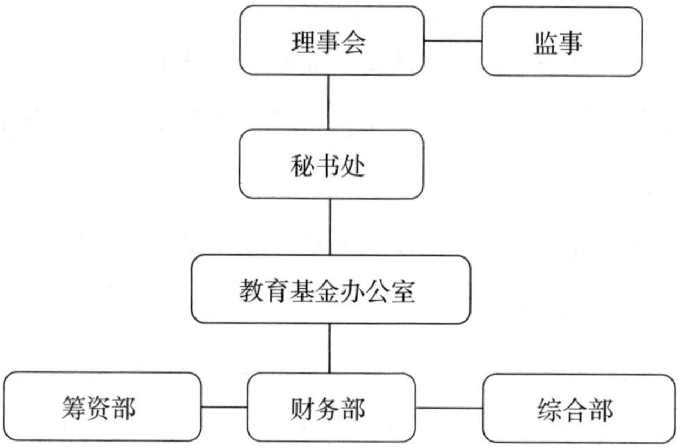

图 18　直线职能式——北京理工大学教育基金会

① 戴志敏：《大学教育基金会管理研究》，浙江大学出版社，2010 年，第 128 页。

2. 国外大学基金的组织机制设置

（1）各有侧重的投资管理模式

国外大学捐赠基金的管理模式主要有两种：一种是以哈佛大学和斯坦福大学为代表的投资管理公司制；一种是以耶鲁大学和牛津大学为代表的投资委员会管理制。对于两种投资模式，分别是从不同角度平衡大学捐赠基金投资与支出的矛盾。建立投资管理公司，可以不受大学薪酬制度的影响，可以吸引一流的投资人才，提升团队的投资能力；而成立投资委员会，虽然薪酬问题无法绕开，但是具备大学基金与大学之间保持紧密联系的优势，大学的支出政策与投资政策更易于在内部达成平衡。

哈佛管理公司（HMC）成立于1974年，2015年市值达到376亿美元。这一模式的优势体现为两方面：首先，突破大学体制内部薪酬限制，建立单独的投资管理薪酬体制，以吸引优秀投资专业人士；其次，有利于改善治理结构，随着大学基金资产规模增大，投资结构日益复杂，投资资产监管要求日益提高，成立独立的投资公司，大学在选择外部的资产受托人方面有更多的选择权。

随之而来的缺点也暴露出来。首先，虽然投资公司可以解决部分薪酬问题，但是办公地点的分离和心理的疏离造成了员工精神收入降低，这是用金钱难以弥补的；其次，独立的公司脱离学校的框架，基金管理人的归属感减弱，投资团队与大学之间的联系也减弱，部门之间矛盾易于加剧；最后，投资管理与支出政策矛盾凸显，由于投资公司相对独立，大学日常运营支出需要基金会提供支持，而支出政策与投资政策本身具有一定的矛盾，基金会的独立势必会产生不利的影响。

耶鲁大学基金会则采用投资委员会的模式。该基金会1985年开始由大卫·史文森（David F.Swensen）担任首席执行官，1985—2014年，其市值从20亿美元增长到239亿美元，20年平均收益率达到13.9%。耶鲁大学基金会聘请外部顾问协助治理，外部专家为投资贡献了很多宝贵意见，将外部公司治理的理念引入基金，有些成员并同时被聘请为治理董事。同时，耶鲁基金注重将管理机构融入大学的组织架构，建立良好的沟通途径，重视团队文化的建设，员工的精神满足感一定程度上弥补了薪酬的不足。在支出政策方面，加强基金管理者与学校其他部门的互动，共同探讨支出模式，提升了投资部门对学校的整体贡献和成就感。

耶鲁管理模式的最大特点是员工对于教育事业的热爱和对于大学的忠诚度。耶鲁大学捐赠基金的首席执行官服务耶鲁30余年，不仅为耶鲁大学创造了巨大的财富，更用他的知识和力量引领了美国大学捐赠基金的走向。2015年，NACUBO官方数据发布，耶鲁基金的投资业绩排名第四，而前三名大学基金的掌门人全部出于史文森门下，分别是鲍登学院的Paula Volent、MIT的Seth Alexander和普林斯顿的Andrew Golden。他们都曾在耶鲁基金从事投资业务，后来分别到各大学独立执掌基金会的投资，从事时间均在10年以上。他们和史文森一样，热爱大学捐赠事业，将大学捐赠基金的长期投资理念与自己的事业融为一体，对于精神价值的追求大于物质利益。[①]

（2）完善的组织管理机构

加州大学总校设立三个共同投资基金。校董会内设投资委员会（Committee on Investment），负责制定基金投资政策、支出政策和风险管理等宏观政策。校董会下设司库办公室（Treasure Office），管理总校的投资事务，按照投资委员会制定的投资政策，负责具体投资业务管理。司库办公室的首席投资官由加州大学负责财务投资的副校长兼任。司库办公室下设投资管理处、投资服务处和风险管理部门。投资管理处设有不同的投资部门，包括公共股权、固定收益、另类投资部门，以及分析部和交易部。投资服务处设有

① 国立波：《揭美国顶级大学捐赠基金如何获取高收益，两大制胜法宝》，LP智库，http://news.chinaventure.com.cn/11/172/14464328176.shtml，2015年11月1日。

项目管理、信息管理、行政事务、顾客联络以及运营部门。

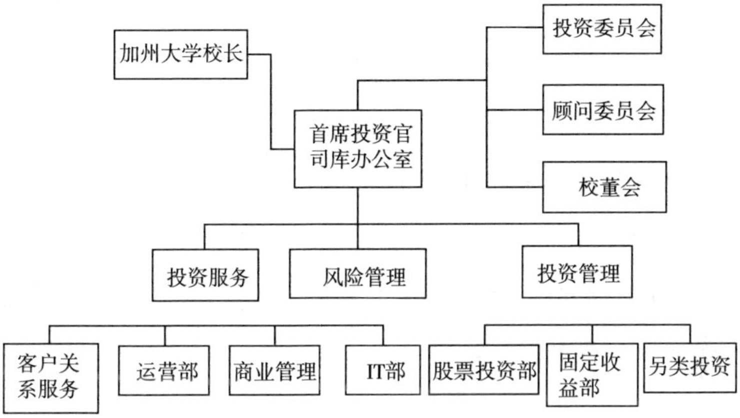

图 19　加州大学基金会组织结构

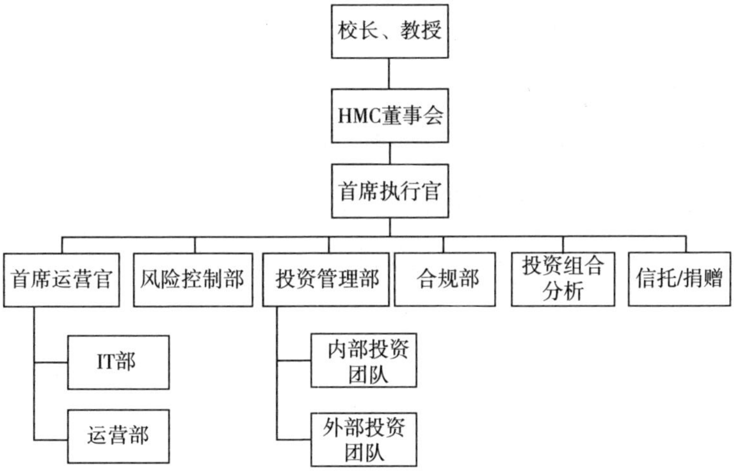

图 20　哈佛大学投资管理公司组织结构

哈佛管理公司使用的是公司组织结构，哈佛大学校长、教授选举产生董事会，哈佛董事会包括七人，均为在投资管理方面具有丰富经验的专业人员，他们负责制定投资策略、寻求最优投资意向、确定风险管理方案以及对公司进行日常管理和监督。董事会任命首席执行官，设置包括首席运营官、首席合规官、信托总监、固定收益、信贷和大宗商品负责人，公共股权负责人、私人股本负责人、另类资产负责人、首席风险官在内的管理团队。投资管理部门包括高水平的内部管理团队和来自世界各地投资前沿的外部专业团队。首先，内部团队负责管理大约 1/3 的资产投资组合，在市场上发挥监测器的作用，主要负责公共市场领域的投资管理。其次，外部专业投资团队，提供超越 HMC 所在范围的多元化的投资见解和投资视角，他们负责专业领域投资，如私募股权和对冲基金等。

（3）配备专业的投资团队

哈佛管理公司的最高权力机构是公司执行委员会（Board of Directors），常务委员由哈佛校长、司库、主管财务的副校长、HMC 首席执行官组成，哈佛董事会和校长任命其他委员，团队全部由专业人士构成，哈佛管理公司提供有竞争力的薪酬。HMC 管理团队由最初的 30 人发展到如今的 400 余人，与分布在世界各地的金融前沿领域的外部投资管理专家共同构成。

佛罗里达大学基金会采取耶鲁模式，设置校友事务发展办公室，办公室下设有不同的分管部门，18 个部门下共有专职工作人员 174 人。

（4）设立专门的风险管理部门

美国大学的基金会都有独立的投资部门，并将风险管理纳入基金会的日常运作。

哈佛管理公司设有专门的风险控制部，其首席风险官曾在所罗门兄弟（Salomon Brothers）、摩根士丹利（Morgan Stanley）等国际金融公司担任高管，具有丰富的投资风险管理经验。风险管理是投资过程中一个至关重要的和不断发展的组成部分，HMC 采取多元和动态的风险管理策略。风险管理部门通过容易出现操作风险的具体部门和工作环节，加强员工管理和监督程序，完善系统等方式，最大限度地控制风险。

加州大学校董会投资委员会负责制定捐赠基金投资经营的宏观政策，总校设有三类投资基金，根据不同投资收益、风险水平和本金增长的要求，设立了留本投资总基金、高收入共同投资基金、短期共同投资基金。司库办公室下面设有专门的风险管理部门，根据市场的波动状况，对各类基金的收益、风险进行具体监控。

3. 大学基金会风险管理模式的机构设置

我国大学教育基金会投资管理主要有三种模式。第一类是内部投资团队运作，以清华大学和北京大学为代表；第二类是委托投资管理，以浙江大学为代表；第三类是前面两种模式结合的混合管理模式。另外也有部分基金会通过学校财务部门进行一般的银行理财。

（1）优化大学基金会组织结构

大学基金会需要健全自身的管理机构，成立投资委员会，建立专业的投资部门和风险管理部门等形式，加强投资运作和风险管理。

首先，投资委员会是大学基金会投资管理的决策机构。投资委员会负责制定投资目标、投资原则、投资方案等宏观政策。通常由财务副校长、基金会理事、投资领域的专家等组成。投资部门需要按照投资委员会的方案执行投资组合，投资委员会对日常投资活动实施情况进行监督。

其次，投资部门是大学基金会投资管理的核心部门。由于基金投资是金融领域的专业工作，需要专门的投资部门进行管理，投资部通过资产配置、选择时机和选择证券，来实现基金会资产的保值增值。投资部门接受投资委员会的监管，并定期汇报投资组合情况、市场动态信息和风险研判报告。委托外部理财的基金会也需要配备投资部门，外部投资机构的选择、投资经理的聘任，都需要内部投资部门综合考核进行决策。

最后，风险管理部门是风险控制的关键机构。风险管理部的主要工作是制定风险管理流程，识别风险源，评估投资的风险水平，监督执行风险控制政策。加强内部基金运作监管体制，风险管理部门可以为大学基金会投资提供安全保障，对市场和行业风险及时做出反应，同时对内部管理风险进行干预和控制①。图 21 展示了理想的基金会组织结构的设置。

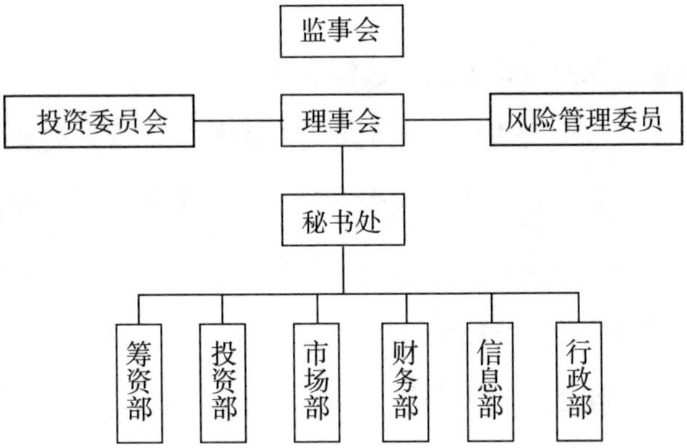

图 21　理想的大学基金会组织结构模式图

（2）成立专业投资团队

哈佛管理公司前任首席执行官迈耶坚信一流大学的基金应该由一流的投资经理管理，高额薪水相对高额的投资回报也是值得的。

大学基金会的投资管理是一项专业性极强的工作，需要配备专业的投资管理人员，以专业的知识和投资运作经验才能取得合理的回报，大学基金会必须扭转理念，才可能实现基金安全有效的保值增值。

① 王树涛、张德美：《金融危机后哈佛大学的捐赠基金运作改革研究》，《复旦教育论坛》2014 年第 12 期，第 97—102 页。

■ 国内某985大学的领导人认为：“大学基金会要发展，必须走向市场，聘请职业经理人，靠学校的行政管理体制不行。基金会秘书长不需要处级干部，否则制度设计难以放开手脚，很多工作无法开展。”

这也是我国大多数大学基金会面临的人才与管理方面的困境。建立专业的投资队伍，人员成本固然会增加，需要以管理费用作为支持。基金会管理条例规定，基金会人员工资福利和行政办公支出不超过总支出比例的10%，我国很多大学人员行政支出成本其实远远低于此项标准，部分基金会的人员支出成本甚至为零，认为基金会成本越低越好，其实这是一种错误的理念，任何机构运作都需要成本，机构需要实现的不是零成本零收益，而是适当成本下收益的最大化。美国*Worth*杂志曾评选100家“最好的”慈善机构，对公益机构的评价标准是“是否高效地使用捐款”，也就是在一定的成本保障下最大限度地使用捐赠人的捐款。在国际惯例中，相关法律会支持公益机构列支工作成本，认为没有成本支持，基金会则无法保障资金的安全。

专业人员的来源主要有三种方式：第一，基金会培养，这样投资人员容易有归属感，耶鲁大学的工作人员很多都是从在校实习生成长起来的，或者通过学校相关专业的专家招聘，选择对资本市场有独到见解且具有投资实践经验的人才。第二，公开社会招聘专业人员，如我国的清华大学教育基金会，优势是专业性强，不足是成本高且归属感低，需要在管理上建立良好的融合、激励与约束机制。第三，内部人员和外部顾问结合，需要在管理中深入磨合，否则会降低投资效率。在人才选择上，除了金融领域人才之外，也需要配备相关的法律人才，加强对基金投资相关法律法规的研究，以及内部运作合规风险的监管。

（3）优化内部操作流程

大学基金会在日常投资管理中，通过优化操作流程，做好全面风险管理，以实现基金运作效益的最大化。

首先，制定基金会投资管理操作流程，将风险防范责任具体到人，形成从理事长、理事到投资部门各司其职、各负其责的防范工作格局。

其次，落实问责制，基金会管理人员与工作人员明确在防范操作风险中的权与责，做到流程规范，措施得力。

再次，健全风险识别和评估体系，应用现代科技手段和风险管理方法，逐步建立操作风险监控和预警系统，及时发现潜在风险，做好风险处理。

最后，做好业绩评价，由于投资具有年度波动性，衡量投资业绩应采取一定的周期，通常设置3年、5年和10年，由于我国基金会处于快速发展阶段，可以以3年为评价周期，注重风险调整后的投资收益。

四、提高大学基金会的透明度

1. 基金会信息披露的法律规定

《基金会管理条例》（2004）、《基金会信息公布办法》（2006）、《国务院关于促进慈善事业健康发展指导意见》（2014）分别对于基金会的信息披露做出了相关规定。主要包括以下几个方面：

（1）公开内容：① 年度工作报告，年度工作报告应当包括：财务会计报告、注册会计师审计报告，开展募捐、接受捐赠、提供资助等活动的情况以及人员和机构的变动情况等。② 公募基金会组织募捐活动的信息。③ 开展公益资助项目的信息。④ 基金会投资的被投资方信息。⑤ 基金会关联交易的信息。⑥ 自行决定公布更多的信息。

（2）公开要求：真实、准确、完整、及时。

（3）公开时间：每年 3 月 31 日前，向登记管理机关报送上一年度的年度工作报告。

（4）公开方式：登记管理机关审查通过后 30 日内，信息公布义务人按照统一的格式要求，在登记管理机关指定的媒体上公布年度工作报告的全文和摘要。

（5）惩罚措施：信息公布义务人不履行信息公布义务或者公布虚假信息的，由登记管理机关责令改正，并依据《条例》第四十二条规定给予行政处罚：给予警告、责令停止活动；情节严重的，可以撤销登记。

表 36　法律法规关于基金会信息公布的规定

《基金会管理条例》（2004） 第三十六条　基金会、境外基金会代表机构应当于每年 3 月 31 日前向登记管理机关报送上一年度工作报告，接受年度检查。年度工作报告在报送登记管理机关前应当经业务主管单位审查同意。年度工作报告应当包括：财务会计报告、注册会计师审计报告，开展募捐、接受捐赠、提供资助等活动的情况以及人员和机构的变动情况等。 第三十八条　基金会、境外基金会代表机构应当在通过登记管理机关的年度检查后，将年度工作报告在登记管理机关指定的媒体上公布，接受社会公众的查询、监督。 第三十九条　捐赠人有权向基金会查询捐赠财产的使用、管理情况，并提出意见和建议。对于捐赠人的查询，基金会应当及时如实答复。
《基金会信息公布办法》（2006） 第三条　信息公布义务人公布的信息资料应当真实、准确、完整，不得有虚假记载、误导性陈述或者重大遗漏。信息公布义务人应当保证捐赠人和社会公众能够快捷、方便地查阅或者复制公布的信息资料。 第四条　信息公布义务人应当向社会公布的信息包括： （一）基金会、境外基金会代表机构的年度工作报告； （二）公募基金会组织募捐活动的信息； （三）基金会开展公益资助项目的信息。 基金会、境外基金会代表机构在遵守本办法规定的基础上可以自行决定公布更多的信息。 第五条　信息公布义务人应当在每年 3 月 31 日前，向登记管理机关报送上一年度的年度工作报告。登记管理机关审查通过后 30 日内，信息公布义务人按照统一的格式要求，在登记管理机关指定的媒体上公布年度工作报告的全文和摘要。 信息公布义务人的财务会计报告未经审计不得对外公布。 第十一条　信息公布义务人应当建立健全信息公布活动的内部管理制度，并指定专人负责处理信息公布活动的有关事务。对于已经公布的信息，应当制作信息公布档案，妥善保管。 第十四条　登记管理机关依法对信息公布活动进行监督管理，建立信息公布义务人诚信记录。 信息公布义务人不履行信息公布义务或者公布虚假信息的，由登记管理机关责令改正，并依据《条例》第四十二条规定给予行政处罚。

续表

《公益慈善捐助信息披露指引》(2011) 第三章　信息披露内容 第十条　接受捐赠机构信息,包括机构名称、机构基本情况(年检情况、公募或非公募资质、评估结果、成立时间)、机构宗旨和业务范围、办公地址、工作电话、处理投诉的联系人及联系方式等。 第十四条　机构财务信息,包括年度财务会计报告(会计报表、资产负债表、业务活动表、现金流量表、会计报表附注、财务情况说明书)、审计报告等。
《关于规范基金会行为的若干规定》(2012) (六)基金会应当及时向社会公众公布下列信息: 1. 发起人;2. 主要捐赠人;3. 基金会理事主要来源单位;4. 基金会投资的被投资方; 5. 其他与基金会存在控制、共同控制或者重大影响关系的个人或组织; 6. 基金会与上述个人或组织发生的交易。
《国务院关于促进慈善事业健康发展指导意见》(2014) 公开内容。慈善组织应向社会公开组织章程、组织机构代码、登记证书号码、负责人信息、年度工作报告、经审计的财务会计报告和开展募捐、接受捐赠、捐赠款物使用、慈善项目实施、资产保值增值等情况以及依法应当公开的其他信息。信息公开应当真实、准确、完整、及时,不得有虚假记载、误导性陈述或者重大遗漏。对于涉及国家安全、个人隐私等依法不予公开的信息和捐赠人或受益人与慈善组织协议约定不得公开的信息,不得公开。慈善组织不予公开的信息,应当接受政府有关部门的监督检查。 公开时限。慈善组织应及时公开款物募集情况,募捐周期大于 6 个月的,应当每 3 个月向社会公开一次,募捐活动结束后 3 个月内应全面公开;应及时公开慈善项目运作、受赠款物的使用情况,项目运行周期大于 6 个月的,应当每 3 个月向社会公开一次,项目结束后 3 个月内应全面公开。 公开途径。慈善组织应通过自身官方网站或批准其登记的民政部门认可的信息网站进行信息发布;应向社会公开联系方式,及时回应捐赠人及利益相关方的询问。慈善组织应对其公开信息和答复信息的真实性负责。
《教育部、财政部、民政部关于加强中央部门所属高校教育基金会财务管理的若干意见》(2014) 一、完善治理结构,保障内控体系健全有效 7. 基金会应当将所有分支机构、代表机构、专项基金以及各项业务活动纳入统一管理。分支机构的运行情况和财务状况应当在基金会年报中反映和说明。 六、健全信息公开制度,自觉接受社会监督 38. 基金会应当建立定期财务报告制度,准确、完整、及时地反映基金会财务状况、业务活动和现金流量情况。 39. 基金会应当按照登记管理机关、业务主管单位的要求进行审计,并自觉接受税务、会计等主管部门的监督。 40. 基金会应当于每年 3 月 31 日前向登记管理机关报送上一年度工作报告,接受年度检查,同时抄报业务主管单位;通过登记管理机关年度检查后,要将年度工作报告在登记管理机关指定的媒体及基金会网站上公布。 41. 基金会的信息公布工作,应当符合《基金会信息公布办法》《关于规范基金会行为的若干规定(试行)》的要求。 42. 捐赠人有权查询捐赠财产的使用、管理情况。对于捐赠人的查询,基金会应及时如实答复。 43. 学校应当协助基金会就审计中发现的问题进行整改,促进工作的规范。
《民政部关于进一步加强基金会专项基金管理工作的通知》(2015) 四是落实信息公开。基金会应当做好专项基金的信息公开,对专项基金的设立和终止信息、管理架构和人员信息、开展的募捐和公益资助项目等信息依照有关法律法规进行全面及时披露。基金会应当按照业务主管单位和登记管理机关的要求,通过年度工作报告和其他方式就专项基金的情况进行报告、接受监管。

《民政部关于印发〈关于规范基金会行为的若干规定(试行)〉的通知》(2020) 三、基金会的信息公布 (一)基金会的信息公布工作,应当符合《基金会信息公布办法》的要求。 (二)基金会通过义演、义赛、义卖、义展等活动进行募捐时,应当在开展募捐前向社会公布捐赠人权利义务、资金详细使用计划、成本预算;在资金使用过程中计划有调整的,应当及时向公众公布调整后的计划。 (三)基金会通过募捐以及为自然灾害等突发事件接受的公益捐赠,应当在取得捐赠收入后定期在本组织网站和其他媒体上公布详细的收入和支出明细,包括:捐赠收入、直接用于受助人的款物、与所开展的公益项目相关的各项直接运行费用等,在捐赠收入中列支了工作人员工资福利和行政办公支出的,还应当公布列支的情况。项目运行周期大于3个月的,每3个月公示1次;所有项目应当在项目结束后进行全面公示。 (四)捐赠人有权查询捐赠财产的使用、管理情况。对于捐赠人的查询,基金会应当及时如实答复。 (五)基金会的年度工作报告除在登记管理机关指定的媒体上公布外,还应当置备于本基金会,接受捐赠人的查询。 (六)基金会应当及时向社会公众公布下列信息: 1. 发起人; 2. 主要捐赠人; 3. 基金会理事主要来源单位; 4. 基金会投资的被投资方; 5. 其他与基金会存在控制、共同控制或者重大影响关系的个人或组织; 6. 基金会与上述个人或组织发生的交易。
《财政部民政部关于加强和完善基金会注册会计师审计制度的通知》(2020) (一)年度审计 基金会应当于每年3月31日前向登记管理机关报送上一年度经注册会计师审计的年度财务会计报告和会计师事务所出具的审计报告,接受年度检查;同时将年度财务会计报告在登记管理机关指定的统一信息公开平台上公布,接受社会公众的查询和监督。 基金会年度财务会计报告可以单独予以披露,也可以包含在年度工作报告中一并披露。 (二)离任和换届 1. 基金会在法定代表人变更时,应当向登记管理机关报送注册会计师出具的对法定代表人任职期间经济责任的履行情况做出审计评价并提出审计建议的审计报告,并按照登记管理机关的要求向社会公布。 2. 基金会在理事会换届时,应当向登记管理机关报送注册会计师出具的对理事会任期内财务收支真实、合法和效益等情况做出审计评价并提出审计建议的审计报告,并按照登记管理机关的要求向社会公布。 (三)专项审计。 基金会开展以下活动的,应当实施专项审计,在活动结束后向登记管理机关报送经注册会计师审计的专项审计报告,并按照登记管理机关的要求向社会公布。 1. 符合以下条件之一的重大公益项目: (1)当年该项目的捐赠收入占基金会当年捐赠总收入的1/5以上且金额超过人民币50万元的; (2)当年该项目的支出占基金会当年总支出的1/5以上且金额超过人民币50万元的; (3)持续时间超过3年的。 2. 因参与处理自然灾害等突发事件需要开展的募捐活动。 3. 登记管理机关要求进行专项审计的其他活动。

资料来源:根据相关法律法规整理而得。

2. 我国基金会信息公开程度有待提高

目前，我国大学基金会的信息公开程度较低，按照中基透明指数（FTI）[①]（第二章已详细介绍），一半以上的大学基金会的分数没有达到及格标准。可查的公开信息的大学共有 299 所，FTI 指数平均值为 56.71。其中在 60 分以下的比例达到 56.91%，成绩在 80 分以上的占比只有 11%。可见我国大学基金会的信息公开程度较低，信息披露程序不完善，不利于社会的监督，取得公众的信任。

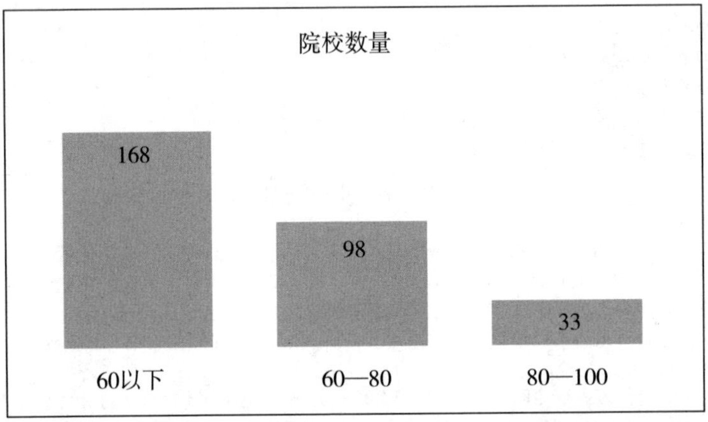

图 22 我国大学基金会的 FTI 分数分布

我国有九所大学的透明指数为满分，包括浙江大学、南京大学、天津大学等。随着大学基金会的建立和发展，信息公开是大学募集资金的基础，这九所大学将成为大学基金信息披露的典范。

加强信息披露具有双重作用，一方面提高基金会透明度，建立基金会与公众有效沟通的渠道，赢得社会及捐赠人的信任，有利于基金会更好更快的

① 中基透明指数FTI指标及算法详解（2014年第二版）.http://fti.foundationcenter.org.cn/fti_new/zjtmzsjd.pdf。

发展；另一方面，信息披露的过程也是自我监督的过程，基金会内部人员管理、财务管理、项目管理以及技术管理在日常规范管理中，降低了内部操作风险，这也是信息披露之根本。按照中基透明指数的规范，大学基金会在信息披露方面应着重从以下四方面做好基础工作。

（1）基本信息：原始基金、基金会宗旨、登记证号、全职员工数、联系电话、办公地址、理事和秘书长详细信息、章程。

（2）财务信息：公益支出情况、捐赠情况、现金流量表、业务活动表、资产负债表。

（3）项目信息：项目总支出、项目总收入、项目概述、资金用途、项目执行地点、活动领域、受益群体、奖金用途。

（4）捐赠及内部建设：捐赠人信息、人事管理制度、财务管理制度、项目管理制度、年度工作报告、机构官网、信息披露制度。

五、对大学基金的操作风险进行投保

保险是风险转移的一种主要方式，是对操作风险的一种补偿机制。在操作风险度量方法产生以前，金融机构就已经利用保险合同来缓释主要风险事件的影响了。金融机构通过保险以保护自己免受大的单个损失的情况是很普遍的，这些单个损失可能来源于员工的欺瞒（如未经授权的业务活动）、抢劫和盗窃、基于冒牌证券贷款及各种形式的技术犯罪。

为发生频率较低、但损失较为严重的操作风险投保可以通过合同形式的保险协议来实现，这种保险协议一般列在“金融机构债券和计算机犯罪政策”的保险条款中。对于由诉讼（如由表达错误、信托和受托责任受损、失职引起的责任纠纷）引起的灾难性头寸和由大的灾难（例如火灾或地震）引起的财产损失，保险业内部都有一些惯例性的规定。

大学捐赠基金进入市场开展投资，其本身从事的是金融业务。以金融业务中通用的保险政策为例，依照新巴塞尔资本协议，在配置操作风险的监管资本时，监管当局推出的高级计量法（AMA）允许金融机构出于计算最低监管资本的需要，在度量操作风险时认可保险的风险缓释作用；但是保险的缓释作用不能超过操作风险总资本金要求的20%，这个比例看似保守，但实际上监管当局的态度暗示即使对金融机构而言，保险是尚需检验的一个重要方法。

捐赠基金的操作风险，主要面临的可能集中于投资人员不诚信行为、技术损失以及重大灾难，保险本质上是把普通损失头寸在业内或整个经济中进行转移的一种机制。因此，对于特定的风险，保险的可行性依赖于某个保险公司或保险公司群体是否有能力取得足够的保费收入，充分分散风险以至“形成一个交易市场”，并有能力吸纳其他经济领域的风险。其同样依赖于保险公司避免道德风险的能力，即保险公司必须确保投保机构仍有很大的动力来阻止损失事件的发生。因此，保险公司会设定相应的免赔额，意味着投保机构要首先承担一定的损失，或者采用“共保条款”应对道德风险，并且会对赔偿数量设定上限。

然而，由于保险只是应对操作风险的众多方法中的一种，而应对操作风险还必须有最优的内部控制、操作风险度量和风险资本，所以保险并不能为解决操作风险问题提供完美的解决方案。[①] 由于我国的大学捐赠基金制度刚刚起步，相关的法律法规体系有待补充完善，受托投资管理人对大学捐赠基金资产管理的理念、原则、风格及需求等也都还需要有了解、适应和熟悉的过程，我国的金融市场和监管体制也正处于重大改革和创新阶段，通过保险的形式对操作风险进行补偿是未来可以选择的一种保障方式。

---

① ［法］米歇尔·科罗赫、［以］丹·加莱、［美］罗伯特·马克：《风险管理精要》，中国财政经济出版社，2010年，第285—286页。

综上所述，本章首先介绍了大学捐赠基金面临的操作风险的类型与特征，主要包括制度风险、决策风险、机构设置风险、人员管理风险和技术风险等。其次，分析了操作风险测量与评估的基本方法，主要有基本指标法、标准法和高级计量法等，这些方法对提高操作风险管理水平发挥了重要作用。最后，针对我国大学捐赠基金管理的法律法规、内部规章制度、组织机构设置、人员管理及信息披露等问题进行了研究，指出目前大学基金运作中存在的不规范与不完善等问题，进一步提出了有效控制操作风险的管理措施。

第五章　大学捐赠基金的流动性风险

大学捐赠基金的核心目标是为大学发展提供持续的资金支持，通过投资运作使基金保值增值。投资规划的基础是确定支出计划，明确资金的流动性需求，避免投资的长期性和不确定性与支出的不匹配而带来损失。

美国的大学捐赠基金对大学的财政预算做出了重要贡献，以耶鲁大学倡导的“另类资产”投资模式，为耶鲁大学带来了良好的投资回报，1985—2014年，其市值从20亿美元增长到238.95亿美元，2014年以20.2%的投资收益率领跑全球大学捐赠基金。

投资的高回报以资产配置的低流动性为基础，以耶鲁和哈佛为代表的捐赠基金将大量资产配置到流动性较差的另类资产，包括私募股权、对冲基金和房地产等，具有高流动性的现金配置比例甚至为负。2008年，当金融风暴来袭时，大学捐赠基金也难以阻挡，哈佛大学基金损失27.3%，耶鲁大学基金损失高达29.8%。由于大比例投资于流动性较差的另类资产，金融危机增加了此类资产变现的难度，另类资产的损失首当其冲。

过低的流动性付出的代价是惨重的，时至2014年，哈佛和耶鲁大学捐赠基金的市值（经通胀调整）尚未恢复到2008年的水平。面对压力，一向以坚守另类投资著称的美国大学捐赠基金也不得不调整投资策略，着手改善资产配置的流动性。

第一节　流动性风险的识别

大学捐赠基金的最终目的是服务大学发展，捐赠基金的管理需要平衡收益与风险的双重压力，投资政策更要结合大学日常运作与保值增值的双重目标，不可为了投资收益而无法满足日常支出需求，将大学基金置于流动性风险进而威胁大学的发展。Moody（2009）认为，大学捐赠基金面临历史转折点，大学需要反省自身的管理模式和投资政策。有效识别大学捐赠基金的流动性风险，有利于其在双重目标中达成平衡。

一、流动性风险

Jorion（2003）认为，投资的流动性风险也可以理解为市场风险的一种类型，即使金融机构实际上具有偿付能力，但也可能由于缺乏流动性而破产。2008 年英国北岩银行的破产就是由于流动性问题使其陷入了崩溃的边缘。Jorion 将流动性风险定义为两种类型：一种是资产流动性风险（asset liquidity risk），也称为交易或市场流动性风险，是指由于需要交易的金融产品数量超出正常水平时，不能按照市场价格成交所产生的风险。另一种是融资流动性风险（funding liquidity risk），也称为现金流风险，是指当金融机构不能及时履行支付义务时所发生的风险。①

在市场交易中，并非所有资产都可以轻松转化为现金，一个资产所能变现的价格取决于资产变卖的速度和市场条件。以房地产为例，当市场为卖方市场时，可以在一周内就将房子卖掉；而在其他市场，需要花 6 个月甚至更长时间才能卖掉，如果想要马上变现，交易所得到的价格可能远远低于市场

---

① Jorion: Philippe. *Handbook of Financial Risk Management. 2nd.* McGraw Hill. 2000.

估价。

特定资产的出售价格取决于以下因素[①]：

· 资产的中间价格，或关于其价值的估计；

· 资产被出售的数量；

· 资产被变卖的速度；

· 经济条件。

在交易过程中，确保流动性非常关键。流动性好的资产头寸是指在短时间内可以变卖的头寸，当资产的流动性变差时，因为买卖差价的增大，交易往往会蒙受损失。对于期权和其他衍生产品，非常重要的一点是衍生产品的标的资产市场应具有良好的流动性，因为只有在这个前提下，交易员才能进行日常交易，以维持自身的Delta中性[②]。随着科技和其他领域的进步，金融市场的流动性有所改善，但是也存在同一时刻几乎所有的市场参与者都想进行同向交易的倾向，即产生了所谓的"流动性黑洞"（liquidity black holes），流动性黑洞是指由市场的震荡所造成的流动性枯竭现象。[③]

对于大学捐赠基金而言，同时存在资产流动性与融资流动性这两种风险。捐赠基金的资产流动性风险是指捐赠基金在市场变现过程中遭受的损失，这是捐赠基金资产变现能力的综合体现；捐赠基金的融资流动性风险指投资管理人在面临委托人赎回压力时，难以快速以公允价格变现资产而引起的资金损失或交易成本的不确定性。大学捐赠基金的流动性风险通常取决于两种因素：一是资金的供给方，取决于投资市场；二是资金需求方，取决于大学基

① ［加］约翰·赫尔：《风险管理与金融机构》（第三版），王勇译，机械工业出版社，2013年。

② Delta值（δ），又称对冲值，是衡量标的资产价格变动时，期权价格的变化幅度。用公式表示：Delta= 期权价格变化 / 标的资产的价格变化。

③ A.D. Persaud (ed.) Liquidity Black Holes: Understanding, *Quantifying and Managing Financial Liquidity Risk*, London: Risk Books, 1999.

金的支出结构。当流动性供给者与流动性需求者出现不匹配时，则会导致流动性的降低。

二、大学捐赠基金的流动性风险

斯坦福大学的案例分析：

1991 年，斯坦福大学失去了来自联邦政府的一大笔财务支持，原因是学校与联邦政府之间就后者赞助的一个研究项目的费用偿还问题发生争吵。[①] 由于丧失了来自政府的拨款，1992 年斯坦福大学出现高达 3250 万美元的赤字，约占其收入的 3%。

随后，斯坦福大学预计接下来三年的亏损将达 1.25 亿美元。面对困难局面，大学管理层试图“开源节流”。其中，“开源”计划中的一个要点是要将捐赠基金的支出比率从 1993 年的 4.75% 提高到 1994 年的 6.75%。也就是说，在斯坦福大学的过渡期间，捐赠基金预计将增加 5800 万美元的资金支出用于支持学校的正常运转。

通过提高捐赠基金的支出比率、降低费用和增加借款等多种措施，斯坦福大学的财务状况重归稳定。1995 年，随着大量财政预算盈余出现，斯坦福大学将捐赠基金的支出比率降到 5.25%，接近最初 4.75% 的常规水平。通过大幅度提高捐赠基金的支出比率，斯坦福大学成功地将突发性大规模资金损失对学校造成的破坏降至最低。

但是，用长期资金来弥补短期赤字是要付出代价的。在斯坦福大学大幅度提高捐赠基金支出比率后的五年内，由于投资收益强劲，捐赠基金资产价值增长了一倍以上。事后分析，如果斯坦福大学当

---

① Leonard Curry. “Congressional Hearing Puts Stanford Officials on Hot Seat,” The Orange County Register, 14 March 1991.

初将捐赠基金的支出比率保持在4.75%的常规水平上①，通过筹集低成本的借款来弥补预算赤字，效果会更好一些。从以上分析中可以看出，提高捐赠基金的支出比率将导致长期性资金规模下降，从长期来看，必将加大最终成本。

流动性和盈利性之间存在此消彼长的关系。从理论上说，基金持有的高流动性资产比例增加，可以降低组合的流动性风险；但是投资组合的收益也会因此降低，大学基金在二者之间找到一个适当的平衡点成为关键问题。由于大学基金面临着支出的压力,《基金会管理条例》规定非公募基金的支出比例不低于上年净资产的8%，而我国大学的支出比例平均在20%—30%，处于一个较高的支出水平，因此，大学基金在确定投资周期和投资比例时应与支出预算做好匹配。大学捐赠基金面临着如何测量流动性风险和持有最优资产（流动性资产）结构的问题。

1. 大学捐赠基金的资产流动性风险——市场流动性

大学捐赠基金的资产流动性风险是指基金资产的变现能力，主要取决于基金投资的产品类型与产品周期。我国大学捐赠基金投资处于起步阶段，投资理念相对保守，主要以银行存款和短期投资理财为主，对流动性风险基本采取回避的态度,《广东省投资指引》甚至明确禁止投资周期较长和难以变现的产品。表面上看起来降低流动性风险的同时，投资收益率也随之下降，大大压缩了大学捐赠基金保值增值的空间。正如史文森（David F. Swensen）所言，严谨的投资经理通常要在流动性相对较差的市场上寻找机会，能够带来高收益的投资机会通常被人们遗忘在黑暗的角落里。

---

① 与最初相比的增量是为了“支持学校基础设施建设”，见《1995年斯坦福大学年度财务报告》。

2. 大学捐赠基金的融资流动性风险——现金流风险

大学捐赠基金的融资流动性风险主要是指大学基金在投资的同时，现金流能够正常支持学校的运转，保持好收与支的平衡。通过合理的支出预算，做好可用于投资的资金比例及投资周期的规划，这需要大学捐赠基金制定合理的支出政策。

（1）大学捐赠基金的收入

大学捐赠基金的收入主要来自捐赠收入和投资收益。美国的私立大学，捐赠基金及其投资收益平均占大学总收入的30%以上，部分大学捐赠基金占学校经费比例甚至近半。比如耶鲁大学，过去30年捐赠基金年化收益率高达20.2%，耶鲁大学基金对学校运作经费的贡献率高达40%以上[①]。与大学捐赠基金发展处于世界领先地位的美国相比，我国大学捐赠尚处于发展的初级阶段。在我国大学捐赠基金对学校的贡献还非常有限，捐赠基金的收入也主要依靠捐赠为主，投资收益较低，大部分大学尚无投资收益。

我国大学捐赠基金的收入以捐赠收入为主，包括政府资助、中央级普通高校捐赠收入财政配比资金、开展活动或提供服务的收入以及投资收益等。各大学基金会表述方式和顺序略有区别，但涵盖的内容基本相似，通常将捐赠收入放在第一项，也有将政府资助放在首位的，如北京理工大学；第二项一般为政府资助，但北京大学未列出此项收入；第三项一般为开展活动或提供服务的收入，也有大学未列出此项，如浙江大学和南开大学；多数大学将投资收益放在第四项，如清华大学、山东大学等，说明我国大学基金会未充分体现投资收益的重要地位。西安交通大学、人民大学、浙江大学、南开大学等将捐赠收入和投资收益放在前两项，与大学捐赠基金的功能定位相匹配。

---

① ［美］大卫·史文森:《机构投资的创新之路》，中国人民大学出版社，2010年，第11页。

表 37　我国各大学基金会收入来源

清华大学	（一）自然人、法人或其他组织自愿捐赠； （二）政府资助； （三）核准的业务范围内开展活动或提供服务的收入； （四）投资收益； （五）其他合法收入等。
北京大学	（一）捐赠； （二）在核准的业务范围内开展活动的收入； （三）利息； （四）其他合法收入。
山东大学	（一）自然人、法人或其他组织自愿捐赠； （二）政府资助； （三）核准的业务范围内开展活动的收入； （四）投资收益； （五）其他合法收入等。
北京理工大学	（一）政府资助； （二）自然人、法人或其他组织自愿捐赠； （三）投资收益； （四）其他合法收入等。
西安交通大学	（一）组织募捐的收入； （二）自然人、法人或其他组织的捐赠； （三）基金增值收入； （四）在核准的业务范围开展活动或提供服务所获得的收入； （五）其他合法收入。
中国人民大学	（一）国内企事业单位、社会团体和其他组织及个人的自愿捐赠； （二）港澳台同胞、海外侨胞的自愿捐赠； （三）国际组织、国际友人的自愿捐赠； （四）投资收益； （五）核准的业务范围内开展活动或提供服务的收入； （六）其他合法收入。
浙江大学	（一）自然人、法人或其他组织的自愿捐赠； （二）投资收益； （三）其他合法收入等。
南开大学	（一）自然人、法人或其他组织自愿捐赠； （二）投资收益； （三）其他合法收入。

资料来源：各大学官方网站。

（2）大学捐赠基金的支出

稳定的支出政策和支出预算，可以帮助大学在确定投资比例以及制定资产配置时，做好充分的流动性资产的准备。通常大学的支出项目有具体的时间和资金量的安排，比其他金融机构支出稳定性高，因此大学基本可以依据支出政策制定投资管理的规划，既可以充分利用资金提高投资收益，又能够将流动性风险控制在可以承受的范围之内。

我国大学捐赠基金的支出方向主要包括：（1）学生培养；（2）师资建设；（3）学科发展；（4）校园建设；（5）社会公益等。表 38 为北京大学的支出安排，基础设施建设、院系基金、发展基金和教师科研基金是主要支出内容，占据了基金支出比例的 73.63%。

表 38　2020 年北京大学支出构成

序号	支出类别	支出金额（元）	支出比例
1	奖学金	25428123.10	3.96%
2	助学金	13621500.00	2.12%
3	奖教金	10442597.00	1.62%
4	学生科研基金	122929.05	0.02%
5	教师科研基金	45927225.27	7.14%
6	学术交流基金	14709415.35	2.29%
7	项目管理费	323451.93	0.05%
8	学生活动费	3976431.32	0.62%
9	院系基金	182172461.21	28.34%
10	讲座教授	24815430.23	3.86%
11	仪器设备	629320.80	0.10%
12	基础设施建设	186785138.08	29.06%
13	实物捐赠	688284.00	0.11%
14	出版资助	1162350.00	0.18%
15	校友基金	1105552.51	0.17%
16	专项捐赠	36311484.52	5.65%
17	发展基金	58410000.00	9.09%
18	留本基金	8285353.02	1.29%

续表

序号	支出类别	支出金额(元)	支出比例
19	其他基金	6784466.39	1.06%
20	非限定用途基金	21092944.00	3.28%
	合计	642794457.8	100.00%

各大学基金会在不同方向上的支持力度会有所差距，以下列举了各大学的主要支出方向。

表 39　我国各大学基金会支出方向

清华大学	(一)根据理事会决议,用于各类公益资助的款项; (二)维持基金会正常运行的必要开支和相应的筹款经费; (三)其他符合基金会章程的款项。
山东大学	(一)支持山东大学教学与科学研究设施的改善(包括仪器设备、图书资料和除职工宿舍外的建筑物等); (二)资助山东大学教学与科学研究项目的开展及专著出版; (三)支持山东大学人才引进,资助聘请世界知名学者来校讲学; (四)资助与山东大学有关的国际合作项目的开展和国际学术会议; (五)设立奖学金、助学金及奖教金; (六)资助有益于学生综合素质拓展的各项活动; (七)按照捐赠者意愿设立的资助项目; (八)支持、投入与山东大学教育事业有关的其他公益项目。
西安交通大学	(一)改善教学设施,包括建筑物,仪器设备,图书资料等; (二)奖励优秀教师和学生,资助贫困学生; (三)资助基础研究,教学研究,优秀教材和著作出版; (四)资助教师在国际一流学术刊物上发表论文; (五)根据捐赠者的意愿,资助有利于学校发展的其他活动。
中国人民大学	(一)根据理事会决议和捐赠协议要求,用于各类资助项目的款项; (二)维持基金会正常运行的必要开支和相应的筹款经费; (三)其他符合基金会章程的款项。
浙江大学	(一)支持浙江大学教学和科研设施建设; (二)支持浙江大学人才引进,包括聘请世界知名学者来校讲学等; (三)资助优秀教师和在校学生出国(境)交流及召开国际会议; (四)奖励做出突出贡献的优秀教职工和品学兼优的在校学生,资助在校贫困学生; (五)支持与学校教育事业及其他社会公益事业相关的项目; (六)开展基金会日常工作。

续表

南开大学	（一）改善教学设施，包括建筑物、仪器设备、图书资料； （二）奖励优秀学生及优秀教师； （三）资助基础研究、教学研究和著作出版； （四）资助教师出国深造及参加国际学术合作和国际学术会议； （五）依照捐赠协议，符合本会宗旨的项目； （六）符合本基金会宗旨的其他社会公益活动。

资料来源：各大学基金会官方网站。

第二节　流动性风险的测量与评估

大学基金应谨慎管理流动性风险，流动性风险随市场条件变化和基金会临时性需求等具有不确定性。流动性风险的测量与评估方法，主要有市场流动性检测、经流动性调整的风险价值度、融资流动性的最大赎回量以及财务比率测算等。

一、市场流动性的检测

一个资产的买入卖出差价可以用货币价值（Dollar Value）计，也可以用与资产价格的比率计算。当以货币值计时，买入卖出差价为：

$$P=\text{卖出价}-\text{买入价} \tag{5-1}$$

买入卖出差价比率（proportional bid-offer spread）的定义为：

$$S=\frac{\text{卖出价}-\text{买入价}}{\text{市场中间价}} \tag{5-2}$$

分母中的市场中间价等于买入与卖出价的平均值。有些情况下，使用货币价值 p 方便；而有时使用差价比例 s 会更方便。

当对某资产的一个头寸进行平仓时，金融机构付出的费用为 $p/2=s\alpha/2$，其中 α 为头寸的货币价值（市场中间价），这反映了市场交易并非建立在中间市场价格这一事实，而是买入交易以买入价格执行，而卖出交易以卖出价格执行。

一种检验交易组合流动性的手段是计算一定的时段，在正常市场条件下，对交易组合进行平仓的费用。假定 Si 为某金融机构持有的第 i 个产品的买入卖出差价比率，αi 为相应头寸的货币价值，因此

$$平仓费用（正常市场条件下）=\sum_{i=1}^{n}\frac{1}{2}Si\alpha i \quad (5\text{-}3)$$

式中，n 为头寸的总数量。注意，虽然产品的多元化会减少市场风险，但多元化并不一定会自动降低交易流动风险。如前所述，随着第 i 个头寸的增大，Si 会有所增大。持有许多小的头寸而不是一个大的头寸会降低流动性风险，设定关于头寸的额度（position limit）是减少交易流动风险的一种手段。[①]

另外一种检验流动性的方法是计算在一定时间区间内，在受压市场条件下的平仓费用。定义 μ_i 和 σ_i 为买入卖出差价比率的均值和标准差，因此

$$平仓费用（受压市场）=\sum_{i=1}^{n}\frac{1}{2}(\mu_i+\lambda\sigma_i)\alpha_i \quad (5\text{-}4)$$

参数 λi 定义了差价的置信区间。

二、经流动性调整的风险价值度

虽然风险价值度及流动性风险是为了检验不同的风险，但可以将它们结合起来，形成经流动性调整的风险价值度（Liquidity Adjusted VaR）。假定产品定价是基于中间市场价格的基础上，一种定义经流动性调整的风险价值度的做法是由常规 VaR 加上正常市场平仓交易组合的费用。由上式出发，得出：

① ［美］约翰·赫尔：《风险管理与金融机构》（第三版），机械工业出版社，2013年，第312—314 页。

$$经流动性调整的\ VaR=VaR+\sum_{i=1}^{n}\frac{1}{2}Si\alpha i \quad (5\text{–}5)$$

另外一种做法是，定义经流动性调整的风险价值度为常规 VaR 加上在受压市场下平仓交易组合的费用，即

$$经流动性调整的\ VaR=VaR+\sum_{i=1}^{n}\frac{1}{2}(\mu_i+\lambda\sigma_i)\alpha_i \quad (5\text{–}6)$$

现金和有价证券是相对比较昂贵的流动性来源，这是因为可随时转化为现金的资产，其利息收益比其他流动性较差资产的利息收益较低。资产所提供的流动性与其所提供的收益通常需要做一定的权衡。

流动性进行检测的基础应基于受压市场条件，而不是正常市场条件。对于流动性风险的测量，James Tobin 曾经提出一种考核方法，即如果卖方希望立即将其所持有的金融资产出售的话，用卖方可能损失的程度作为该资产流动性好坏的衡量标准。正常情况下，大学捐赠基金的收入与支出比较平衡，波动不会太大，一般的支出是有预算规划的，可以测算需要赎回的时间和数量。但是，如果发生了突发性事件（利空），包括资本市场和委托人自身的突发性事件，这种平衡的状态会打破，则会面临流动性风险。[①]

三、融资流动性风险测量

大学捐赠基金同开放式基金类似，日常也存在赎回的可能，由于每年的公益支出有给付的需求，以及一些临时项目的规划安排等，都需要准备一部分高流动性资产来应对可能的赎回。在市场环境或捐赠支出需求发生变化时，还可能发生高额赎回。当面临高额赎回时，如果投资管理人不能及时变现资产，融资流动性风险就随之产生。对大学捐赠基金而言，资金收支的不匹配

---

① ［加］约翰 · 赫尔：《风险管理与金融机构》（第三版），王勇译，机械工业出版社，2013 年，第 322—324 页。

包括两方面即数量和时间上的不匹配。[①]

为了应对可能出现的赎回，就需要保留一定的现金或高流动性资产头寸，但盈利性和流动性存在矛盾，高流动性往往意味着较低的收益率。因此，大学捐赠基金存在着最优流动性资产度量的问题。解决最优流动性资产度量的问题，可以借鉴 VaR 理论中的极值理论。20 世纪 30 年代，极值理论的产生，可以对最大（小）值分布进行很好的描述。Jenkinson 把该理论应用于极值风险研究，分析广义极值分布类型，并完善了一维极值分布模型。如果以每个交易日作为一个时间单位，在每个时间单位里，会发生许多个赎回与支付申请，最大赎回量即为每天赎回量的极大值，最小赎回量即为当日赎回量的极小值。投资管理人最关心的是最大赎回量。取一段时间进行观测（以天为单位），如果每天取一个极大值，会出现许多个极大值，这些极大值分布可以认为符合一维极值分布。[②] 根据 Jenkinson 给出广义极值分布模型，其分布函数为：

$$G(x_i)=\exp\{-[\xi(\frac{x_i-u}{\sigma})]^{-1/\xi}\} \quad (5-7)$$

其中：

$$1+\xi(\frac{x_i-u}{\sigma})>0 \quad (5-8)$$

x_i——每个交易日的极大值；

ξ——形状参数；

u——位置参数，相当于样本的平均值；

① 赵飞：《我国社会保障基金投资及其风险研究》，吉林大学，2008 年。

② 章伟：《我国企业年金基金投资运作研究》，厦门大学，2003 年。

四、通过财务比率测算流动性风险

反映基金资产流动的财务指标通常包括两类，一类是基金资金的来源结构，一类是基金资产结构与资金来源结构的比值。

1. 基金资产结构状况

预留现金比率（A1）、速动资产比率（A2）、流动资产比率（A3）、风险资产比率（A4），这些指标反映了基金资产的结构状况。

2. 基金资金来源结构

核心资金比率（C1）、脆弱资金比率（C2）、敏感资金比率（C3），反映了资金来源结构状况。

3. 基金资产结构与资金来源结构的比率关系

速动资产与敏感资金比率（L1）、流动资产与脆弱资金比率（L2）、风险资产与核心资金的比率（L3），这些指标反映了相应的比率关系。具体测算方式如表 40 所示。

表 40　财务比率测算流动性风险

类别	财务指标	计算公式	含义
基金资产结构	预留现金比率（A1）	A1= 预留现金头寸 / 总资产	比率越大，意味着基金即时赎回的能力越大
	速动资产比率（A2）	A2= 速动性资产 / 总资产	比率越高，反映了基金资产的迅速变现能力越强
	流动资产比率（A3）	A3= 流动性资产 / 总资产	比率越高，反映了基金资产的变现能力越强
	风险资产比率（A4）	A4= 风险资产 / 总资产 =1−A3	比率越大，说明风险资产份额越大，流动性越差

续表

类别	财务指标	计算公式	含义
资金来源结构	核心资金比率（C1）	C1= 核心资金 / 总资产 =1–C2–C3	比率越高，基金面临的赎回压力就越小
	脆弱资金比率（C2）	C2= 脆弱资金 / 总资产	比率越大，当证券市场走势等外界因素变化较大时，基金赎回的压力越大
	敏感资金比率（C3）	C3= 敏感资金 / 总资产	比率越大，基金即时赎回的压力越大
基金的资产结构与资金来源结构比率关系	速动资产与敏感资金比率（L1）	L1= 速动资产 / 敏感资金 =A2/C3	比率越高，反映了基金变现能力越强
	流动资产与脆弱资金比率（L2）	L2= 流动资产 / 脆弱资金 =A3/C2	比率越高，反映了基金变现能力越强
	风险资产与核心资金比率（L3）	L3= 风险资产 / 核心资金 =A4/C1	比率越大，反映了基金赎回压力越大

以上指标有正指标，也有逆指标，正指标越大，说明基金资产的流动性越强；相反，逆指标越大，则资产流动性越弱。但是，并不是正指标越大或逆指标越小越好，由于流动性与盈利性是此消彼长的关系，对于流动性需要保持一个合理的范围。如果以上财务指标大部分在合理取值范围，表明基金资产结构与资金来源结构匹配适当，整体流动性风险适中。通常资金来源结构的指标不能直接控制，但可以根据其状况，通过调整基金资产结构，进而控制大学捐赠基金的流动性风险。参考证券投资基金的有关规定，结合证券市场特征，各项财务指标的最佳取值范围如表 41 所示[①]，可供大学捐赠基金借鉴。

表 41　基金流动性风险度量指标的合理取值

指标名称	A1	A2	A3	A4	C1	C2	C3	L1	L2	L3
合理取值	0.05	0.10	0.70	0.30	0.55	0.25	0.20	0.5—0.6	0.7—0.8	0.85—0.95

① 郭晓亭：《证券投资基金风险分析与实证研究》，重庆大学，2004 年。

流动性风险的测量与评估，简要概括为市场流动性风险的测量、融资流动性风险的测量以及财务比率的测量。判断交易账户的哪些资产为流动性资产（即可以转化为现金的），哪些资产为非流动性资产是流动性风险管理的基础行为。大学捐赠基金应根据市场环境的变化以及大学支出预算规划，将以上方法加以结合，做好流动性与收益性之间的平衡。

第三节　大学捐赠基金流动性风险的管理

一、根据预算确定合理的投资政策

大学捐赠基金需要在投资保值和正常支出两方面做好平衡，过度支出或过度投资都会影响大学基金未来的发展。一方面，过度支出会导致基金快速缩水，不利于保值增值；另一方面，过度投资会降低基金的流动性，难以支持学校的日常运营。因此，根据大学的预算确定投资类型和投资周期显得十分重要。

1. 可投资资产

大学捐赠由两部分构成，限定性资产和非限定性资产。限定性资产是指依据捐赠人意愿或规章制度对资产及其投资收益的支出设有限制，包括用途限制和时间限制，用途限制是指资金只能用于特定目的或特定领域，时间限制是指规定资金必须在特定时间内或规定日期之后方可使用。非限定性资产是净资产总额除去该期内限定性净资产所剩余的部分，指的是捐赠人等对资产支出分配没有限制条件的资产，它一般来源于非限定性捐赠收入、投资收益、提供服务和销售商品的收入等，扣除上述收入所产生的成本而取得的净资产。基金中可供投资的部分是非限定性捐赠和限定性捐赠中暂不使用的部分。

2. 我国大学捐赠基金投资比例低

通过对 2019 年我国 502 所大学基金会的年报进行分析发现，开展投资的大学基金会共有 152 所，占比 30.28%，另有 300 余所基金会尚未开展任何投资。

通过对不同规模的大学基金会投资情况分类，结果发现几乎规模越大组的基金会，投资比例越高，反之越低。其中 5 亿元以上组基金会的投资比例达到 81.76%，其次为 3000 万—1 亿元的基金会，投资比例平均为 30.80%，和 1 亿—5 亿元基金会的 30.46%。数量最多的 200 万—1000 万的基金会平均投资比例只有 8.38%。可见，我国 80% 以上的中小基金会投资比例不足 30%，资产的利用率很低，貌似看起来保证了资金的流动性，资金很安全；但实际上这是对流动性的浪费，大量的资金趴在银行账户上沉睡，面临通货膨胀资金贬值的压力，是一种“不负责任”的消极管理行为。

表 42　不同规模大学的平均投资比例

投资比例按规模分析	数量	频率	平均投资比例
5 亿元以上	17	3.39%	81.76%
1 亿—5 亿元	54	10.76%	30.46%
3000 万—1 亿元	78	15.54%	30.80%
1000 万—3000 万元	100	19.92%	12.87%
200 万—1000 万元	253	50.40%	8.38%
合计	502	100.00%	30.28%

注：由于短期投资中，少数大学基金会短期资金重复利用，一年内投资比例大于 100% 的情况，会导致投资比例偏高；而有些大学基金会年报中信息填写不完整，可能存在投资而未披露的情况，会导致测算的整体投资比例偏低。这两种误差整体在可控的范围内。

笔者在访谈中也听到一些无奈的声音：

■ 基金规模上亿元的东部地区 Y 大学校长："基金会上亿元资金躺在那里睡觉，只能做银行定期投资，其他投资方式不敢尝试。我也感到心痛，如何把资产做活是下一步需要解决的问题。"

■ 基金规模排名全国前 30 名的 J 大学基金会秘书长："大学投资，保值增值是基金会的职责。但是设立一个账户非常难，一些大型投资机构看到了高校基金会的机会，但是谁敢去动呢？我们一起开会时，之前做过积极投资的基金会，压力很大，负责人天天睡不着觉。我们也想投资，但是操作受限制，没有几所高校敢去做，除非一把手担责。"

3. 我国大学捐赠基金以短期投资为主

在资产配置方面，我国大学基金以传统投资方式为主，通过银行存款、银行理财、债券、信托、基金、股票等传统资产进行理财；投资周期以短期投资为主，通常都是在 1 年以内。短期投资虽然有利于提高捐赠基金的流动性，但是却是以投资收益的降低为代价。

以复旦大学为例，复旦大学是比较典型的开展多元化投资的大学之一。2020 年复旦大学投资主要放在中银理财、外贸信托，集中于私募基金、理财和信托，各投资金额合计 6 亿元。复旦大学在资产组合方面是比较领先的代表，可见我国大学基金资产的投资利用情况存在较大的提升空间。

表 43　2020 年复旦大学教育发展基金会投资情况

序号	资产管理产品名称	购买金额（单位：元）	当年实际收益金额（单位：元）	当年实际收回金额（单位：元）
1	泛海尊鼎	20000000	2824429.1	20000000

续表

序号	资产管理产品名称	购买金额（单位：元）	当年实际收益金额（单位：元）	当年实际收回金额（单位：元）
2	中银理财与时聚金	100000000	6548465.74	100000000
3	中银理财乐享天天	140000000	1649724.93	140000000
4	外贸信托 – 汇金 29 号信托计划（四期）	100000000	2810958.9	100000000
5	华澳臻鑫 177 号云南虹山项目	3000000	75616.44	3000000
6	中银理财日积月累 – 日计划	70000000	265712.26	70000000
7	外贸信托 – 富荣 158 号太原恒大金碧天下项目	100000000	8546575.34	100000000
8	宁泉致远 18 号私募投资基金	7000000	0	0
9	中银理财收益累进	60000000	2928301.37	60000000
	合计	600000000	25649784.08	

资料来源：复旦大学教育发展基金会审计报告 2020。

目前，我国大学开展投资的数量尚不足 1/3，全部基金会平均投资比例也不过 15%，究其原因，既有政策方面的不明朗因素，更有对投资认识的不足，大学基金会缺乏基本的投资理念、专业的投资人才和管理团队。相比于美国大学基金，已经成为资本市场上重要的机构投资者，尤其是基金规模较大的大学基金，资产配置中非常重视非流动性资产的配置，另类资产投资比例高达 50% 以上，追求在低效率的市场中获得超额回报。

整体来看，我国大学捐赠基金投资的资产配置十分保守，基本以固定收益的银行理财和信托产品为主，少数大学积极参与了市场运作，资产配置中包括股权投资和私募股本，基本没有涉及备受美国基金青睐的对冲基金和自然资源资产。

在流动性风险管理中过于保守，高流动性带来了投资收益潜在损失的风险。我国大学基金应充分利用大学基金积极开展投资，做到流动性与收益性的平衡。首先，提高投资资产的比例，如我国清华大学和北京大学，投资比例基本稳定在 90% 左右的水平，充分利用基金会资金进行保值增值，其他大学基金也应做好资产的有效管理；其次，我国大学基金应积极开展多元化投资组合，合理配置流动性资产和非流动性资产，适当提升非流动性资产投资的比重，以长期价值投资理念为导向，争取实现更多的投资回报。倘若能够合理安排大学基金的支出预算，做好流动性风险管理，充分利用大学资金开展投资，资产回报率[①]每提升一个百分点，全国的大学基金会将得到 2.51 亿元的收益。

二、稳定的支出政策是实现大学基金双重目标的保障

大学捐赠基金的长期目标是保持捐赠资产的购买力，需要着重于长期价值投资，资产的流动性较低；而大学捐赠基金的中期目标是为教育机构提供大量、可持续的资金支持，避免巨大波动破坏支出预算的稳定性，要求资产保持较高的流动性以满足支出需求。两个目标对流动性不同的需求，需要通过合理的支出政策来平衡。有效的支出原则可以使机构进行风险较高的投资，并同时避免投资收益波动对机构预算支持的影响。

支出政策是确立捐赠基金流动性时的首要因素，明确了大学捐赠基金的支出数量和时间，就可以为基金投资做好充分的预算，尽量降低流动性风险。支出政策主要是指捐赠基金管理机构领导层确定有关于支出的相关安排，包括支出比例的计算方式、支出比例的确定过程、支出比例的确定结果等。

---

① 资产回报率为投资收益与净资产的比值，也等于投资收益率与投资比例的乘积。

1. 我国大学捐赠基金缺乏稳定支出政策

（1）支出中存在两种极端情况，缺乏支出管理

《基金会管理条例》第二十九条规定，公募基金会每年公益事业支出，不得低于上一年总收入的 70%；非公募基金会每年公益事业支出，不得低于上一年基金余额的 8%。

全国共有登记的大学基金会 512 所，支出分析中，由于支出比例 = 当年公益支出 / 上一年净资产，通过基金会中心网各大学 2018 年和 2019 年数据，选择近两年净资产为正的大学共 441 所，其中非公募 437 所，公募 4 所。

公募基金中，2019 年均未达到支出比例要求，分别为宁夏银川大学教育发展基金会 49.79%，西安交通大学教育基金会 16.75%，黑龙江外国语学院教育发展基金会 8.08%，中国科学技术大学教育基金会 7.09%。

非公募基金中，有 16.93% 的大学支出比例未达到 8% 的基本要求；45.54% 的大学基金会支出比例在 8%—20%；24.03% 的大学支出比例在 20%—50%；7.78% 的大学支出比例在 50%—100%，5.72% 的大学支出比例甚至在 100% 以上，即近 40% 的大学支出比例在 20% 以上。从我国大学的支出比例来看，大部分大学支出缺乏长远规划，着重于眼前利益，出现了两种极端情况：一部分不能达到基金会管理条例规定甚至支出为零，未能发挥基金会的公益功能；另有一部分支出比例过高，达到 50% 以上，甚至超过 100%，未能实现支出的可持续性和代际发展的公平问题。

■ 对于我国大学的支出管理，在访谈中，基金规模全国排名领先的 N 大学基金会秘书长表示："我们基金的支出主要是基于习惯，有些项目一直延续，有些新项目进来有限定支出方向，支出多少根据学校的需要，没有考虑一些量化的分析方法。"

■ 基金规模排名 100 名左右的 C 大学基金会副秘书长表示："基金

会没有详细的支出预算，基本是固定项目，如助学金奖学金等，或者对学校重大事项进行支持，如校庆等。”

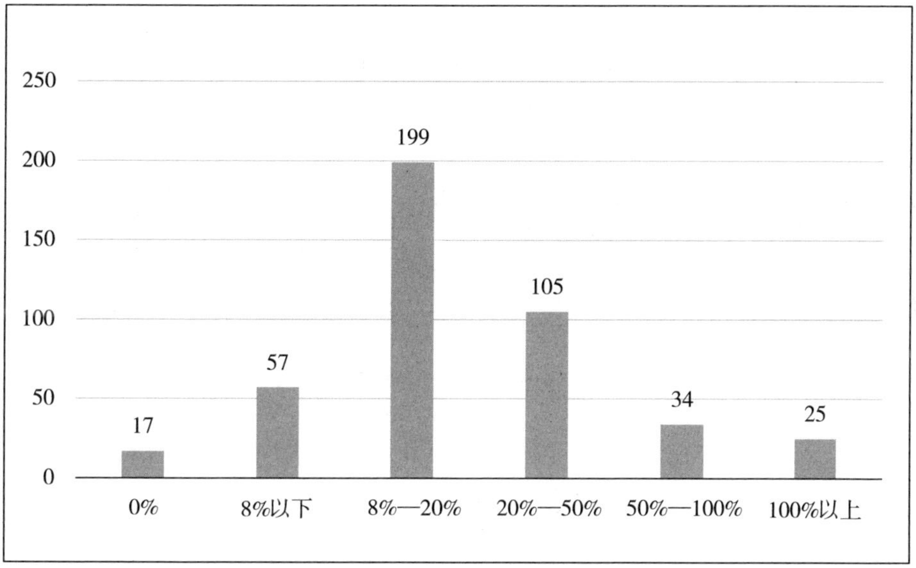

图 23　非公募大学基金支出比例分布情况

■ 上海某学院基金会，2013 年支出比例未达到 8% 的基本要求，学院解释说：“由于我们基金会是新成立的，大家都缺乏工作经验，工作没有做好，敬请谅解。2014 年我们会采取措施，制定支出预算时，注意支出比例的要求。”该基金会专职工作人员为 0 人，兼职工作人员 6 人。

一些公益基金会由社会活动家发起，投资行为比较激进。如南都非公募基金会，注册资金 1 亿元，2011 年以后将投资领域集中于私募基金，将 1 亿元分四年委托于红杉资本。由于投资的比重过高，导致南都基金会流动资金非常紧张，公益支出方面受到一定限制。

很多大学存在类似的情况，对基金会疏于管理，有些大学基金会认为没有合适的项目就不支出；有些大学基金会则相反，认为支出越多越好，缺乏对大学基金发展的整体规划。

（2）整体支出比例偏高，忽视保值增值的长远目标

表 44　2019 年净资产排名前十的大学基金会的捐赠收入与支出情况

序号	大学基金	性质	地域	2019 净资产：万元	2019 捐赠收入：万元	2019 公益支出：万元	2018 净资产：万元	2019 支出比例
1	清华大学教育基金会	非公募	北京	932987	174472.51	118213.38	834163.21	14.17%
2	北京大学教育基金会	非公募	北京	645555	93835.24	54933.53	570238.29	9.63%
3	浙江大学教育基金会	非公募	浙江	317839	61144.18	25139.72	277726.74	9.05%
4	上海交通大学教育发展基金会	非公募	上海	156110	18114.93	15607.69	142714.42	10.94%
5	北京师范大学教育基金会	非公募	北京	133364	54317.51	23922.54	96719.37	24.73%
6	南京大学教育发展基金会	非公募	江苏	130214	11763.00	14738.61	125932.03	11.70%
7	复旦大学教育发展基金会	非公募	上海	93516	30252.73	20863.17	82091.45	25.41%
8	厦门大学教育发展基金会	非公募	福建	89042	7451.71	27440.37	105638.28	25.98%
9	中国科学院大学教育基金会	非公募	北京	75972	31660.55	4120.36	45311.14	9.09%
10	中国人民大学教育基金会	非公募	北京	74541	3847.61	11453.25	78301.78	14.63%

资料来源：根据各大学基金会年报整理所得。

■笔者在与美国哥伦比亚大学筹投资专家 Noah Drezner 交流，当他了解到中国大学的支出比例大多在 10%—20% 时，非常震惊，“如此高的支出比例不利于大学基金的代际发展，这在美国是不可想象的”。

美国对基金会支出比例的最低要求是 5%，否则将不能享受免税待遇，而对大学基金会没有硬性规定。目前美国一些州的相关法律认为支出比例超过 7% 是非常冒险的行为，以 2006 年为例，扣除掉消费者价格指数（CPI）及高等教育价格指数（HEPI）的影响，大学捐赠基金的收益率仅为 8%。美国统一机构谨慎投资法案（UPMIFA）设定 7% 规则，建议各州选择采纳此项规则，即超过总回报支出的 7% 被视为“非谨慎”。

我国大学基金支出的不稳定性，主要由于两方面的原因：一是我国的大学基金会历史较短，成立较早的清华、北大教育基金会，至今也不过 20 年，由于捐赠收入的增加，尤其是 2005 年后处于快速发展期，支出比例由较高的水平有所下降。二是由于基金会的规章制度尚不完善，支出预算与风险评估没有形成统一的体系，往往是根据需要和习惯来确定支出，具有一定的随意性，缺乏科学管理的制度约束。在美国，大学基金会的支出比例一般在 4%—5%，既要考虑满足当前的需求，又要考虑基金的稳定发展。同时美国法律对支出规则有较强的灵活性，如果基金会未能在本年度内完成法定最低支出要求，可以在下一年度中补足其差额；相反，如果支出超过了年度标准，则可以冲抵下一年度的最低支出，这种政策提供的灵活性可以最长延后五年。

我国基金会管理条例对于非公募基金会的支出比例设定为 8%，但实际上，有 11% 的大学未达到要求，另有 10% 的大学支出比例在 50% 以上，过高的支出使得基金会增长缓慢，难以形成资金池发展壮大。在此方面，由于我国大学捐赠基金发展初期支出的不稳定性，可以将延长计算周期作为大学基金支出标准的辅助条款：既严格执法不损法律权威，又能照顾到基金会的实际困难[①]。

2. 稳定的支出政策有利于平衡大学基金的双重目标

为了缓解捐赠资产保值和支出稳定这两个目标之间的矛盾，机构需要制定合理的支出政策。合理的支出政策在制定捐赠基金当年的支出目标时，既要考虑上期支出，也要考虑当期的资产价值，前者是支出稳定的基础，后者使支出政策敏感地反映出市场波动的影响。

耶鲁大学的支出原则是：特定一年的支出包括两部分，一是上年支出额的80%，二是上一财年末捐赠基金市场价值乘以长期支出比例所得金额的20%。目标支出水平是将这两部分求和，并且根据通货膨胀率进行相应的调整。由于权重不同，比较近的年份赋予权重大，比较远的年份赋予权重小，通过移动平滑降低了支出较大的波动，又可以根据市场价值做出调整。这种方式权衡了大学基金当前支出稳定，与长期保值增值的双重目标。

本年支出 =80%×（上一年支出，经通胀调整）+20%×（支出比率 × 捐赠基金的市场价值）

即 $E_t=0.8\times E_{t-1}+0.2\times p\times V$

合理的支出政策能减轻投资组合波动带来的后果，使基金经理能够投资高风险、高收益的项目，同时还可以避免机构出现预算亏空的不利局面，可谓一举三得。一方面，支出比例过低，不利于体现基金公益性及其应有的价值；另一方面，支出比例过高，不利于基金的保值和增值，以及代际公平的实现。

投资者在选择投资政策，确定产品的流动性时，要同时运用投资组合工具和支出政策，使投资政策能够满足捐赠基金管理的核心目标，同时又能根据机构需要有所侧重。如果实现了资产保值的长期目标和支出预算稳定的中

① 朱卫国：《中美基金会管理规则比较》，《社团管理研究》2007年第2期，第41—47页。

期目标，大学就满足了经济学家詹姆斯·托宾对捐赠基金的要求“能为每代人都提供相同的支持”。[①]

三、流动性管理与支出管理的平衡策略

大学捐赠基金支出管理的核心目标包括两方面[②]：第一，大学的支出政策必须能够保证捐赠基金的长期购买力，使现在的学生和未来的学生都能够从中受益，也就意味着需要保持捐赠基金的实际购买力，基金的年度增长率需要超过该年度高等教育价格指数，最基本的要求就是支出总额不能高于投资收益与管理费用的差额（经通货膨胀调整）。第二，大学的支出政策需要具有稳定性，年度支出不能有过大的波动，虽然投资收益随市场会有相应的波动，但是支出不能单纯取决于投资收益，需要以稳定的预算为基础，保证大学的正常运营需求。因此，制定支出政策不仅需要以往年的支出为依据，同时也需要考虑基金的市场价值的变化。

1. 美国大学捐赠基金支出管理的经验

美国大学捐赠基金在流动性与支出管理方面有着丰富的经验，通过对其支出方式进行分析可以发现利弊，找出适合我国大学基金支出的管理方式。

（1）10 年来支出比例保持稳定，不同规模和不同性质的院校有差异

美国大学捐赠基金的支出需要根据大学的预算，由学校董事会和投资委员会共同制定。支出政策与投资政策之间有着紧密联系，支出政策的制定以

---

① James Tobin: “What Is Permanent Endowment Income?” American Endowment Economic Review 64, no.2（1974）: p.427.

② United States Government Accountability Office, Postsecondary Education: College and University Endowment Have Shown Long-Term Growth，While Size，Restrictions，and Distributions Vary. http://www.gao.gov/new.items/d10393.pdf，2011 年 6 月 1 日。

投资政策和投资业绩表现为依据；同样，投资政策也需要考虑学校支出需求与通货膨胀的基本情况，以保证捐赠基金能够支持学校的日常运营。

美国 NACUBO 的调查显示，2011—2020 年，美国大学支出比例的整体在 3.3%—4.9% 徘徊，不同年份的均值维持在 4.2%—4.6%，比较稳定。2020 年平均支出比率为 4.6%，比上一年高 0.1%。

首先，从捐赠基金规模来看，不同规模基金的支出比例之间并没有呈现出显著的相关性。但是在 2011 年和 2012 年，规模在 2500 万美元以下的小规模基金支出比例达到近 10 年最低点 3.7%，而规模在 5 亿美元—10 亿美元的大规模基金的支出比例达到了最高点 5.2% 和 4.7%，体现了在市场异常波动时，不同的支出政策下支出比例做出的相应调整。2020 年大规模的捐赠基金支出比例有所下调，规模在 10 亿美元以上的基金组，支出比例由上一年的 4.6% 降至今年的 4.5%；5 亿—10 亿美元和规模最小的 2500 万美元以下的组的支出比例分别保持 4.4% 和 4.1%。

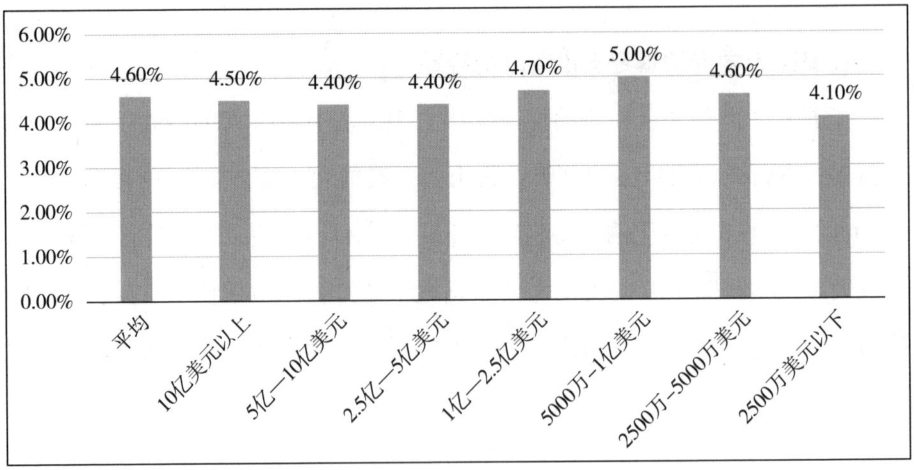

资料来源：Nacubo-Commonfund Study of Endowments, 2020。

图 24　2020 年不同规模基金的支出比例

2011—2020 年，规模在 1 亿美元以下的基金呈现出了支出比例上升的趋势，而 1 亿美元以上的基金则呈现出下降的趋势。10 亿美元以上规模的捐赠基金与 2500 万美元以下规模捐赠基金支出比例差距从 2011 年的 1.5% 缩小到 2020 年的 0.4%。2015 年及 2016 年，几乎所有规模基金的支出比例都处于近 10 年最低点，这很有可能受金融危机影响，与当年的经济形式密切相关。其次，从院校性质来看，公立大学较为稳定，而私立大学呈现出小幅度波动上升的趋势。私立大学的支出比例一直高于公立大学，尤其在 2018 年，公立大学支出比例下降至 3.8%，而私立大学的支出比例却上升至 4.7%，二者差距达到 0.9 个百分点。由于私立大学对捐赠基金的依赖度更高，捐赠基金在其经费收入中占有较高的比重，一般达到 30% 左右；而相对来说，捐赠基金对公立大学的贡献度要低很多，因此基金的市值波动对其支出比例影响不大。

表 45 2011—2020 财年美国大学捐赠基金和附属基金会平均有效支出比例

捐赠基金规模（美元）	2020	2019	2018	2017	2016	2015	2014	2013	2012	2011
10 亿以上	4.5	4.4	4.6	4.8	4.4	4.3	4.6	4.8	4.7	5.2
5 亿—10 亿	4.4	4.4	4.2	4.6	4.3	4.1	4.3	4.6	4.7	5.2
2.5 亿—5 亿	4.4	4.2	4.4	4.4	N/A	N/A	N/A	N/A	N/A	N/A
1 亿—2.5 亿	4.7	4.7	4.4	4.6	4.3	4.1	4.3	4.4	4.3	5.0
5000 万—1 亿	5.0	4.6	4.6	4.5	4.4	4.4	4.4	4.4	4.3	4.5
2500万—5000万	4.6	4.5	4.1	4.2	4.1	4.0	4.2	4.3	3.8	4.0
2500 万以下	4.1	4.1	4.1	4.0	3.8	4.5	4.6	4.1	3.7	3.7
机构类型										
所有公立院校	4.1	4.2	3.8	4.1	4.0	4.0	4.1	4.1	4.0	4.5
公立学院，大学或系统	4.1	4.2	3.8	4.1	4.0	3.8	3.8	4.2	3.9	4.3
相关机构基金	4.1	4.2	3.8	4.1	3.9	4.2	4.3	4.0	4.0	4.1
组合的基金	4.0	4.1	3.9	4.2	4.1	3.9	4.2	4.4	4.2	5.9

续表

捐赠基金规模（美元）	2020	2019	2018	2017	2016	2015	2014	2013	2012	2011
所有私立学院和大学	4.9	4.7	4.7	4.6	4.4	4.3	4.5	4.6	4.3	4.6
其他	3.3	N/A	N/A	N/A	N/A	N/A	N/A	N/A	N/A	N/A
平均	4.6	4.5	4.4	4.4	4.3	4.2	4.4	4.4	4.2	4.6

资料来源：根据 NCSE 年度报告整理，Nacubo-Commonfund Study of Endowments, 2020。

（2）美国大学基金支出比例的确定方式多样化

NACUBO 将大学捐赠基金支出比例所采用的计算方式分为四类，根据所采用的平滑波动方式来确定，包括通货膨胀调整以及移动平均数两种方式，还包括一种简单且不考虑支出波动性的方式，以及介于两者之间的计算方式。具体如表 46 所示。

表 46　美国大学支出政策表

单位：美元	所有院校	10 亿以上	5 亿—10 亿	1 亿—5 亿	5000 万—1 亿	2500 万—5000 万	2500 万以下
	832	91	77	262	168	125	109
支出所有当前收入	3	2	4	2	1	6	5
移动平均	79	59	73	80	89	83	79
移动平均法支出比例	4.7	4.7	4.7	4.7	4.7	4.9	4.6
每年确定支出比例	16	13	14	15	16	20	17
根据通胀率增长支出	1	3	3	1	1	0	0
支出初始价值预定的比例	4	2	0	3	5	4	6
平均预定比例支出法	4.5	4.0	0.0	4.8	4.6	4.2	4.3
去年的支出比例加上通胀率（有上下限额）	5	18	16	5	1	2	1
加权移动或混合法（耶鲁 / 斯坦福模式）	8	18	17	11	2	2	1
符合 IRS5% 的标准	0	0	0	0	1	1	1
其他	3	2	6	1	2	6	2

资料来源：根据 NCSE 年度报告整理，Nacubo-Commonfund Study of Endowments, 2014。

① **移动平均法**：2014年各大学支出政策方面，和以前一样，大量的机构通过对捐赠基金市场价值移动平均法这种政策支出比率来计算支出。79%的参与者使用此方法，上一年为77%，平均的支出比率为4.7%。

② **每年确定一个合适的支出比率**：过去几年的研究发现，使用此方法机构比例有所增加，2014年为16%，而2013年和2012年分别为12%和11%。这可能反映了在高波动性的市场环境下，由于不确定的录取率导致学费收入有很大的不可预测性。这也反映了机构倾向于自己保留每年的支出决定，根据需要在合理的情况下改变支出比率。

③ **加权平均法或者混合法（耶鲁规则/斯坦福规则）**：这种方式介于移动平均数方式和通货膨胀限额方式之间，支出预算分为两部分，一部分为上一年支出的通货膨胀限额调整，另一部分为近期几年市场价值的移动平均；将两部分赋予不同的权重，如耶鲁大学权重为80%和20%。此方法产生于斯坦福大学，之后为耶鲁和哈佛所使用并发展。2014年全美有8%的参与者在计算支出时使用此方法，比去年增加1%，资产规模在5亿美元以上使用比例达到17%—18%；这种方式为大型捐赠基金所青睐。

④ **通货膨胀规则**：5%的机构确定支出基于此方法，这些院校通过前一年支出额计算当年支出额，并经消费者价格指数（CPI）或高等教育价格指数（HEPI）调整，有时对调整幅度设定上下限。还有少数院校根据确定的通货膨胀率来确定支出，比例为1%。

⑤ **其他**：3%的院校选择支出所有收益；4%使用一个初始市场价值的特定比例，4.5%选择使用预先特定拨款[①]的平均比率，比上一年4.6%有所降低。

按照基金规模来看，基金规模在5亿美元以上的基金会，运营预算对于

---

① 特定的拨款定义为，捐赠基金比按照机构支出规则计算的量要支出更多。

捐赠基金的依赖度较高，并且几乎不能承受捐赠基金带来的波动，更倾向于使用基于前一年支出和通货膨胀确定上下限，或者耶鲁规则 / 斯坦福规则。较小规模的基金倾向于每年决定支出比例，同时也容易支出所有的当前收益。

2. 我国大学基金建立支出政策的主要方式

Verne（2011）整理了大学捐赠基金的支出政策，划分为简单规则、通货膨胀规则和平滑规则三类。在实际规划中，以下方式都存在不同程度的不足：（1）将捐赠基金上一财年的市场价值的一定百分比作为下一年度的支出比率，容易导致投资组合的波动直接影响到预算水平。（2）将上一年支出的一定比例作为当年支出标准，这种政策忽略了当前的市场状况进而影响资产保值。（3）逐年确定支出比率或者根本没有明确的支出政策，这种做法难以规范机构的财政行为，预算平衡易受到操纵[①]。

表 47　大学捐赠基金支出比例计算方式

类型		解释	公式
简单规则	以收益为基础	支出现期收益	
	每年支出一定比例		
	支出捐赠基金初始市值的一定比例		年度支出 = 初始市值 ×r（r= 固定比例）
	符合 IRS5% 的底线		
通货膨胀规则	通货膨胀保值方式	根据通货膨胀率来确定	年度支出 =s×（1+i),(s= 上年支出, i= 通货膨胀率）
	通货膨胀限额方式	上一年的支出加上一个通货膨胀率,但是有上下限的约束	年度支出 =s×（1+i),但是不大于 6%m,不小于 3%m。m= 当年捐赠基金初始市值

① ［美］大卫·史文森：《机构投资与基金管理的创新》，张磊等译，中国人民大学出版社，2010 年，第 33—34 页。

续表

类型		解释	公式
平滑规则	移动平均数	捐赠基金市值移动平均数的一定比例，一般是再三年或 12 个季度初始捐赠基金市值的移动平均数	年度支出 $=r(w_1\times m_{t-1}+w_2\times m_{t-2}+w_3\times m_{t-3})$，(r= 支出比例，m= 以上某年市值，w= 对应的权重)
	支出预备金	提取捐赠基金市值的 5%—10% 建立独立账户，投资于 90 天的短期国债，当捐赠基金业绩低于目标时，提取预备金	
	平准基金	从捐赠基金收益中提取一笔超过目标支出率的资金，用来控制捐赠基金的长期增长。平准基金单独投资，但是其支出较高	
	平均数或混合方法（耶鲁模式 / 斯坦福模式）	耶鲁模式：上年支出额经通货膨胀调整后的 80% 加上上年捐赠基金市值乘以长期支出比例所得金额的 20%	$[w_1\times(s\times(1+i))+w_2\times(r\times m)]$（$w_1$=80%，$w_2$=20%，s= 上年支出，i= 通货膨胀率，r= 目标支出比例，m= 上年捐赠基金市值）
		斯坦福模式：上年实际支出额的 60% 加上目标支出额的 40%	$[w_1\times s+w_2\times s_0]$（$w_1$=80%，$w_2$=20%，s= 上年支出，s0= 目标支出）

资料来源：根据 Verne 资料调整所得[①]。

在支出政策中，考虑捐赠基金以往年份的价值有利于保证支出的稳定性，考虑现期资产价值有利于保证支出水平与市场状况挂钩，避免支出水平脱离捐赠基金资产价值而造成损失的可能性。无论采取何种方式，大学捐赠基金支出管理都是为了能够在保持捐赠基金购买力的同时降低支出的波动性，支出比例的方式需要结合自身发展阶段和支出特征来确定，最终目的是维持大学保值增值与运营支出的两大目标的平衡。

目前，我国多数大学捐赠基金的支出具有随意性，按照经验、习惯或者项目需求来安排，缺乏长期的规划，因此才导致各大学支出水平参差不齐，

① Verne O. Sedlacek and William F. Jarvis. Whitepaper_Endowment Spending – Building a Stronger Policy Framework http://www.commonfund.org/InvestorResources/Publications/White%20Papers/Whitepaper_Endowment%20Spending%20–%20Building%20a%20Stronger%20Policy%20Framework.pdf，2011 年 8 月。

有的低于 8% 的基本规定，而有的高于 50% 甚至 100% 以上，对于大学捐赠基金流动性与支出管理的关系难以把握。由于我国大学基金会成立时间较短，处于发展阶段，捐赠收入与投资收益都不够稳定，支出需要保持一定的灵活性和波动性。可以暂时采用每年按照通货膨胀预定支出比率，随着发展成熟逐渐过渡到移动平均的方式；一些规模较大且投资收益稳定的捐赠基金可以结合自身特征制定混合支出等模式。

综上所述，本章首先介绍了大学捐赠基金面临的流动性风险的类型与特征，主要包括资产流动性风险和融资流动性风险，分别对应于大学基金的投资政策与支出政策。其次，分析了流动性风险的测量与评估方法，主要有市场流动性检测、经流动性调整的风险价值度、融资流动性的最大赎回以及财务比率等测算方式。最后，以实现大学捐赠基金的长期目标与中期目标的平衡为落脚点，通过确立合理的投资政策、稳定的支出政策等方式，提出有效管理流动性风险的具体对策和建议。

第六章　大学捐赠基金投资运作与风险管理——以一流大学为例

2015年10月，《国务院关于印发统筹推进世界一流大学和一流学科建设总体方案的通知》提出建设世界一流大学和一流学科的高等教育发展规划，并强调健全成本分担机制，积极吸引社会捐赠。“双一流”的实现，经费问题是必不可少的因素，大学捐赠基金是社会成本分担的一个突破口。2014年我国大学的基金总量达到250亿元，但和美国相比，还不足其百分之一；随着我国经济发展和社会财富数量的增加，大学基金是实现追赶世界一流的最佳发力点。本章首先通过实证分析研究大学捐赠基金及其投资收益与一流大学之间的关系，通过统计检验进一步说明大学捐赠基金投资运作的重要意义；接下来对美国哈佛大学捐赠基金的运作与风险管理情况进行了分析；并对我国一流大学的代表清华大学和北京大学捐赠基金的投资管理进行了对比和讨论，以案例的形式对大学捐赠基金的投资风险管理做出具体阐释。

第一节　捐赠基金及其投资收益是一流大学建设的重要助推器

一、成本分担视角下的政策解读

2015年10月，《国务院关于印发统筹推进世界一流大学和一流学科建设总体方案的通知》(以下简称《通知》)提出建设世界一流大学和一流学科，是党中央、国务院做出的重大战略决策，对于提升我国高等教育发展水平、增强国家核心竞争力、奠定长远发展基础，具有十分重要的意义。[①]建设“双一流”的目标如下表48。

表48 建设世界一流大学和一流学科的总体目标

时间	基本目标	高等教育和国家目标
2020年	若干所大学和一批学科进入世界一流行列,若干学科进入世界一流学科前列。	
2030年	更多的大学和学科进入世界一流行列,若干所大学进入世界一流大学前列,一批学科进入世界一流学科前列。	高等教育整体实力显著提升
21世纪中叶	一流大学和一流学科的数量和实力进入世界前列。	基本建成高等教育强国

建设世界一流大学和一流学科，离不开经费的支持。查尔斯·埃利奥特曾在19世纪后期担任哈佛大学校长达40年，在回答约翰·洛克菲勒关于“建成一所世界一流大学需要什么”的问题时说，需要“5000万美元和200年”。事实证明在经费足够的条件下，建设一流大学未必需要如此漫长的时间。20世纪初，芝加哥大学用稍微多于5000万美元的资金，历时20多年就办成了世界一流大学。由此可见，创建一流大学，经费是必不可少的支持。

清华大学前校长顾秉林认为，国内建世界一流大学尚缺10亿—20亿元经费。他指出，清华大学在建设世界一流大学的过程中遭遇的“四大难题”之一，便是国家虽然已经给了清华大学巨大的支持，但与清华大学的快速发展相比，仍然需要更多的经费[②]。可见，经费对于建设一流大学是极其重要的。

---

① 国务院关于印发统筹推进世界一流大学和一流学科建设总体方案的通知.国发〔2015〕64号[Z].2015-10-24.

② 唐景莉、黄蔚、卢丽君、杨晨光:《北大清华人大北师大校长谈创建世界一流大学》.http://www.people.com.cn/GB/jiaoyu/1055/2696206.html。

《通知》明确指出："建设世界一流大学和一流学科是一项长期任务，需要各方共同努力……形成多元化投入、合力支持的格局。按照平稳有序、逐步推进原则，合理调整高校学费标准，进一步健全成本分担机制。高校要不断拓宽筹资渠道，积极吸引社会捐赠，扩大社会合作，健全社会支持长效机制，多渠道汇聚资源，增强自我发展能力。"

首先，从成本分担机制来看，D.B. 约翰・斯通（D.B. John Stone）提出的高等教育成本分担政策为发展高等教育提供了理论支撑。《通知》中强调进一步健全成本分担机制，并明确提出积极吸引社会捐赠，拓展筹资渠道。在财政经费日益紧张，学费标准压力提升的情况下，大学的社会捐赠资金无疑成为建设一流大学和一流学科经费问题的突破口。目前我国大学的捐赠基金总量达到 250 亿元，但和美国相比，还不足其百分之一；随着我国经济发展和社会财富数量的增加，大学基金是实现追赶世界一流的最佳发力点。

其次，从一流大学发展的自主权与独立性来看，《通知》强调，完善管理方式，进一步增强高校财务自主权和统筹安排经费的能力，充分激发高校争创一流、办出特色的动力和活力。而捐赠基金相对于财政经费来源的差异性，使得大学更易于支配和管理，对于增强财务自主性和大学的独立性有着超乎寻常的意义。

二、大学捐赠基金及投资与一流大学发展的实证分析

美国的大学捐赠基金发展贡献突出，历史长久，数据翔实，有着丰富的经验供我国借鉴。以美国大学捐赠基金及其投资管理与一流大学之间的关系为切入点，通过对美国不同类型、不同层次、不同基金规模大学的抽样分析，找出可供我国建设大学基金参考的经验与启示。

为了进一步挖掘大学捐赠基金发展与建设一流大学之间的关系，本节

对美国大学进行了抽样调查。数据主要来源：美国的大学基金数据来自NACUBO网站公布信息，NCES各大学基本信息，USNEWS大学排名以及各大学官方网站。美国NACUBO公布捐赠信息的大学有705所，本书按照随机系统抽样的方法，从705所大学里抽取了91所大学作为样本。由于NACUBO每年6月底发布上一财年的财报数据，因此美国各大学基金市场价值、捐赠收入、投资收益等数据来自大学的2019—2020财年年报。

（一）研究假设

H1：一流大学，根据USNEWS大学排名，样本大学中一流大学12所，认为大学捐赠基金规模与大学的排名呈正相关。

H2：一流大学综合发展的主要指标——学生质量、师资力量和研究能力，与大学捐赠基金发展呈正相关，大学捐赠基金规模越大，越有利于提升大学的生源、师资以及科研能力。

H3：外部条件，即不同区域的经济水平以及大学的地理位置，会对大学基金的发展带来不同影响。经济水平发达，位于城市的大学，会为大学捐赠带来丰厚的资源和便利条件。

H4：自身特征，包括学校类型（公立与私立），大学的层次（有无博士授予权），也会对捐赠带来不同影响。私立大学对于捐赠基金的重视程度更高，大学基金的发展更优异；大学层次越高，越有益于大学获得更多捐赠。

H5：投资管理，大学捐赠基金的投资管理情况与大学基金的发展息息相关。大学基金开展积极的投资运作，投资收益率越高，越有利于基金总量增加。

研究变量：

A. 依赖变量

① JZC- 大学基金市场价值，按照各大学在大学财务官协会公布的数据为准。

② PJZC- 生均大学基金市场价值，用大学市场价值与学生数量之比来表示。

B. 影响变量

① ZMD- 大学的知名度，即是否为一流大学，选用《美国新闻与世界报道》的大学排名，此指标为虚拟变量，一流大学取值为 1，其他大学取值为 0。

② SSB- 反映师资力量的指标，以生师比表示。

③ XXZL- 学生质量，以各大学的录取率为衡量标准，录取率越低，表示学生质量越好。

④ YJNL- 研究能力，以研究生所占比例表示。

⑤ GDP- 各地区经济发展水平，此变量选用虚拟变量的形式，经济发展水平处于前 50% 的地区取值为 1，后 50% 的取值为 0。

⑥ PGDP- 各地区人均经济发展水平，此变量选用虚拟变量的形式，经济发展水平处于前 10 名的地区取值为 1，其他的取值为 0。

⑦ DXLX- 大学类型，此指标为虚拟变量，私立大学取值为 1，公立大学取值为 0。

⑧ XXCC- 大学层次，以是否具有博士授予权来表示，此指标为虚拟变量，具有博士授予权取值为 1，不具有博士授予权取值为 0。

⑨ DLQY- 大学的地理区域，此指标为虚拟变量，大学位于城市取值为 1，位于城镇和农村取值为 0。

⑩ TZSYL- 大学基金的投资收益率。

（二）描述统计

参与分析的样本中，大学基金市场价值最大值为 358.84 亿美元，最小值为 271.2 万美元，平均值为 23.99 亿美元；生均基金市场价值最大值为 259.59 万美元，最小值为 1285.91 美元，平均值为 20.43 万美元。在校生平均数量为 10459 人；生师比平均值为 13∶1；代表生源质量的录取率分布范围为 5%—99%，平均值为 59%。

表 49　基本变量的描述分析

Descriptive Statistics					
	N	Minimum	Maximum	Mean	Std. Deviation
捐赠基金规模（千美元）	91	2712	35883691	2399379.75	6302813.162
生均捐赠基金（美元）	91	1285.91	2595885.01	204336.5135	422912.87396
在校生数量	91	117.00	61642.00	10459.4505	13489.53758
师资力量	91	.46	36.00	13.0336	5.13054
学生质量	88	.05	.99	.5900	.24234
研究能力	91	.00	1.00	.2373	.24136
Valid N（listwise）	70				

（三）捐赠基金与一流大学的指标关系分析

1. 捐赠基金与一流大学发展分析

大学捐赠基金总量与大学排名具有显著正相关关系。通过方差检验发现，一流大学的捐赠基金总量和生均捐赠基金均高于非一流大学，检验 p 值为 0.000，在 5% 的水平下通过显著性检验。

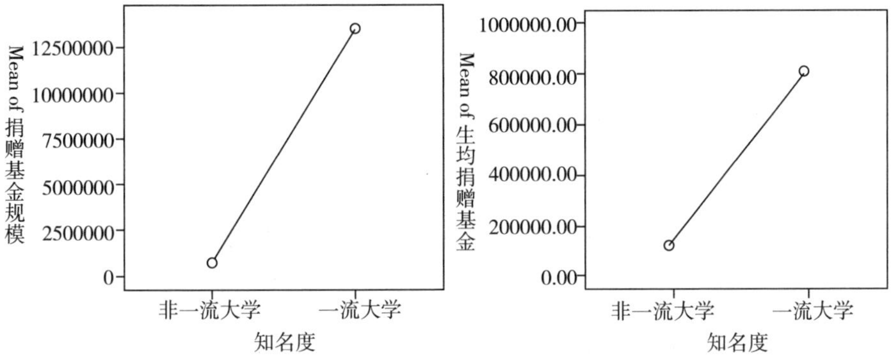

图 25　一流大学与非一流大学在捐赠基金上的差异比较

具体来看，一流大学的平均捐赠基金为 134.9 亿美元；而其他大学为 7.15 亿美元，前者是后者的 18.87 倍。生均捐赠基金上，一流大学的平均值为 81.25 万美元；其他大学为 11.19 万美元，前者是后者的 7.26 倍。

2. 一流大学综合发展指标——学生质量、师资力量、研究能力与捐赠基金的关系分析

本书中捐赠基金、学生质量、师资力量、研究能力分别为数值型变量，选择皮尔逊相关系数进行变量间的关系检验。

从捐赠基金总量来看：（1）捐赠基金市场价值与研究能力成正相关，相关系数为 0.361；（2）捐赠基金市场价值与生师比成负相关（生师比为逆向指标），相关系数为 –0.228；（3）捐赠基金市场价值与录取率成负相关，相关系数为 –0.624；以上系数指标均在 5% 的水平下通过检验。

从生均捐赠基金来看：（1）捐赠基金生均市场价值与研究能力成正相关，相关系数为 0.385；（2）捐赠基金生均市场价值与生师比（逆指标）成负相关，相关系数分别为 –0.417；（3）捐赠基金生均市场价值与录取率（逆指标）成负相关，相关系数分别为 –0.643。以上相关系数指标均在 5% 的水平下通

过检验。

也就是表明，无论是基金总量还是生均数量与大学实力的三项主要指标都呈现积极的相互影响。研究能力越强，生源质量越好，师资力量越强的大学，大学的基金总量和生均捐赠基金数量越多；反之，大学基金总量和生均捐赠基金越充足，越能提升大学的生源、师资以及科研能力。

表 50 大学捐赠基金规模与生均规模及大学实力三大指标的相关分析

		研究能力	师资力量	学生质量
捐赠基金规模	Pearson Correlation	.361**	-.228*	-.624**
	Sig.(2-tailed)	.000	.030	.000
	N	91	91	88
生均捐赠基金	Pearson Correlation	.385**	-.417**	-.643**
	Sig.(2-tailed)	.000	.000	.000
	N	91	91	88

3. 捐赠基金与学校特性及外部因素的关系分析

研究中，区域经济、地理位置、学校类型、学校层次等变量设定为品质型的虚拟变量，进行单因素方差检验，结果如下。

（1）区域经济发展水平

通过分析发现，不同区域经济发展水平大学的捐赠基金总规模和生均捐赠基金存在显著差异，p 值分别为 0.035 和 0.008，在 5% 的显著性水平下均存在正相关关系。

具体来看，捐赠基金总量上，区域人均经济发达地区的大学捐赠均值为 41.1 亿美元，欠发达地区捐赠均值为 12.8 亿美元，二者之比为 3.2 倍。

生均捐赠基金上，区域人均经济发达地区的大学捐赠均值为 34.71 万美元，欠发达地区捐赠均值为 11.09 万美元，二者之比为 3.1 倍。

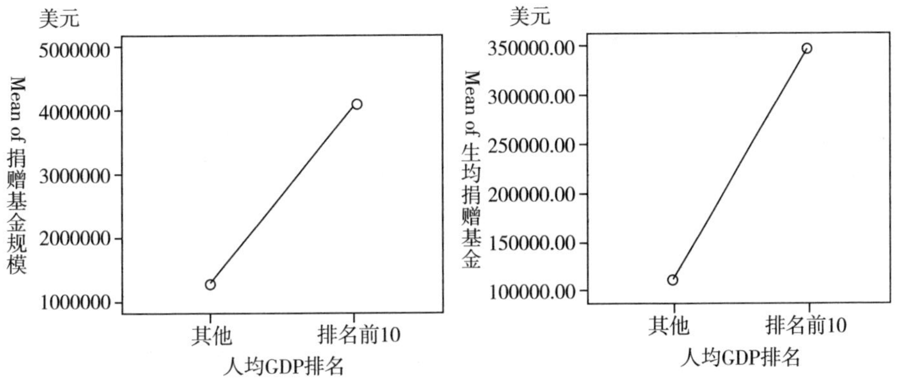

图 26 不同区域经济水平下的大学在捐赠基金上的差异比较

（2）学校类型

公立和私立大学的生均捐赠基金存在显著差异，检验 p 值为 0.045。由图 27 可以显示，私立大学的生均捐赠基金高于公立大学，且在 5% 的水平下通过显著性检验。私立大学生的生均捐赠 255.94 万元，公立大学为 5.18 万元，前者为后者的 4.9 倍。

（3）学校层次

博士授予权作为大学研究能力的一项重要指标，具有博士授予权的大学与不具备博士授予权的大学，在捐赠基金平均规模上存在显著差异，检验 p 值为0.004，前者均值为39.79亿美元，后者为1.96亿美元，二者之比为20倍，并且在 5% 的显著性水平下通过了统计检验。

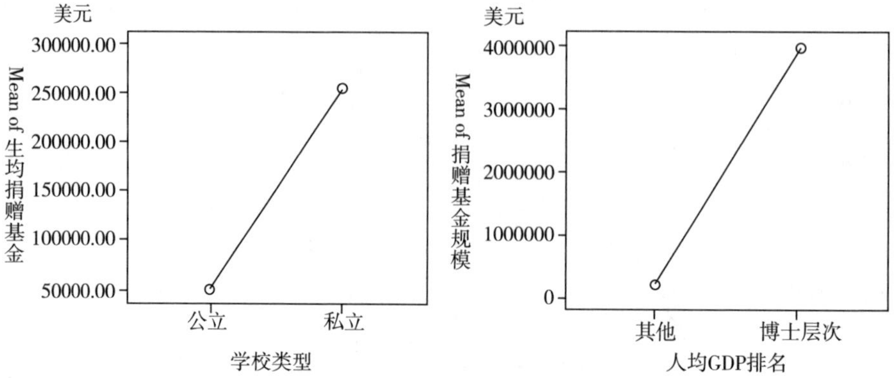

图 27　不同类型与不同层次的大学在捐赠基金上的差异比较

（4）地理位置：美国大学数量庞大，分布区域广泛，检验大学分布地理区域对捐赠规模的影响，结果显示，分布在城市的大学与分布在城镇和农村的大学相比，检验 p 值为 0.159，其所获得的捐赠基金差异并不显著。

表 51　大学捐赠基金与地理位置的方差检验表

ANOVA						
		Sum of Squares	df	Mean Square	F	Sig.
捐赠基金规模	Between Groups	7.928E13	1	7.928E13	2.018	.159
	Within Groups	3.496E15	89	3.928E13		
	Total	3.575E15	90			

4. 大学捐赠基金与投资收益率的关系分析

表 52　大学捐赠基金规模与投资收益率的分布
（截至 2020 年 6 月 30 日）

捐赠基金规模（美元）	1 年收益率	3 年收益率	5 年收益率	10 年收益率
	%	%	%	%
	N=705	N=652	N=637	N=565
10 亿以上	2.5	5.9	5.7	7.9

续表

捐赠基金规模（美元）	1 年收益率	3 年收益率	5 年收益率	10 年收益率
5 亿—10 亿	1.5	5.1	5.1	7.4
2.5 亿—5 亿	1.3	5.2	5.0	7.6
1 亿—2.5 亿	1.6	5.0	5.0	7.5
5000 万—1 亿	1.8	4.7	4.7	7.0
2500 万—5000 万	1.9	5.1	5.1	7.5
2500 万以下	2.5	5.4	5.3	7.5

资料来源：根据 NACUBO 年报数据整理，http://www.nacubo.org/.2020。

将大学捐赠基金按照资产数量进行排序，进行等级相关分析，大学捐赠基金的规模与 1 年、3 年、5 年、10 年的投资收益率均呈现正相关，与 10 年投资收益率的相关性最强，达到 0.812，且在 5% 的显著性水平下通过了显著性检验。短期来看，相关性并不显著，说明大学捐赠基金的规模与基金的长期投资收益率存在显著的正相关关系，长期投资收益率越高，越有利于大学捐赠基金的发展。

表 53　大学捐赠基金规模与投资收益率的相关性检验

Correlations						
		基金规模排序	1 年投资收益率	3 年投资收益率	5 年投资收益率	10 年投资收益率
基金规模排序	Correlation Coefficient	1	.736	.319	.383	.812*
	Sig.（2-tailed）		.096	.538	.454	.050
	N	6	6	6	6	6
*. Correlation is significant at the 0.05 level（2-tailed）.						

（四）主要分析结论

H1 得到验证：大学捐赠基金规模与是否是一流大学紧密相关，一所大学的名望和声誉能够提升大学在校友心中的地位，激发公众对学校的认可和信任，一流大学更易于发展捐赠基金。在我国一流大学的建设过程中，在财政经费有限、学费压力增大的情况下，大学捐赠基金将成为大学经费筹措的重要突破口。

H2 得到验证：代表一流大学建设的主要指标：学生质量、师资力量和研究能力，与大学捐赠基金发展呈正相关。《“双一流”通知》在建设任务中提出，我国要建设一流师资队伍，培养拔尖创新人才，提升科学研究水平。研究表明，大学捐赠基金，对建设一流大学的三项重要指标都有着积极的促进作用。一流大学应立足于国际学术前沿，为经济社会发展和国家战略实施做出贡献，大学捐赠基金将成为实现“双一流”的重要推动力量。

H3 部分验证：不同区域的经济水平，经济因素是影响大学捐赠的重要因素之一，大学所在区域的经济发展水平会影响邻近地区的捐赠能力，经济越发达，捐赠能力越强。因此我国大学基金在发展过程中，应鼓励经济发达地区的大学充分利用当地社会资源与校友资源，优先发展。在实践中，我国大学捐赠基金规模领先的省份也是经济水平发达的东部沿海地区，可以“先富带动后富”的思路，逐步实现全国大学基金的共同发展。

大学的地理特征没有得到验证，也就是表明，在美国大学位于城市、城镇或者农村，对捐赠带来的差异并不显著。说明郊区建校对捐赠基金以及大学发展没有不利影响，符合教育发展规律。

H4 得到验证：大学自身特征，包括学校类型（公立与私立），大学的层次（有无博士授予权），也会对捐赠带来不同影响。在美国，公立大学和私立大学的经费结构方面存在较大差异，私立大学的经费构成中捐赠基金的规模与比例显著高于公立大学。具有博士授予权的大学相对于一般本科院校，获得了更多的捐赠基金。

目前，我国民办高校得到财政经费的支持可能性较低，基本以学费作为办学经费的主要来源，经费的拮据导致办学的软件和硬件设施难以改善；如果能够开拓社会捐赠的渠道，解决办学经费的难题，民办大学将会迎来新的发展机遇。同时，我国研究型大学应发挥自身的优势，加强捐赠基金的筹措与管理，作为冲击世界一流大学和一流学科建设的领头军。

H5 得到验证：大学捐赠基金的投资管理情况与大学基金的发展息息相关。大学基金开展积极的投资运作，长期投资收益率越高，越有利于基金总量增加。

相比之下，我国大学基金投资意识淡薄，基金规模小（70% 基金规模在 5000 万元以下），缺乏专业的投资管理人才，对于投资风险非常谨慎。到 2019 年年底，我国大学基金会达 500 亿元，资产管理与投资对于大学基金会完成其使命具有重要意义。

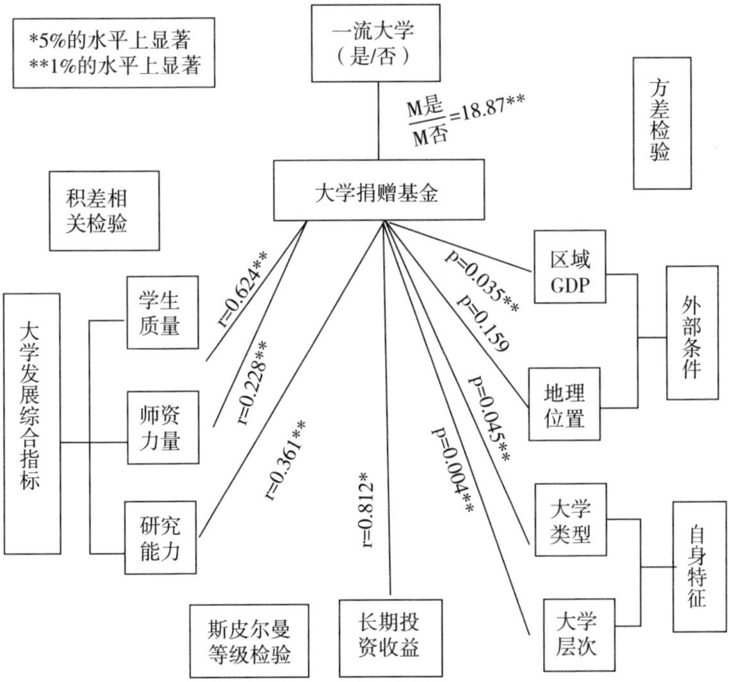

图 28　大学捐赠基金、投资及大学发展指标的统计检验结果

通过对美国大学捐赠基金、投资与一流大学建设的实证检验，发现不同类型、不同层次、不同地域的大学在捐赠基金规模上存在显著差异；代表大学捐赠基金的指标与一流大学的总指标（是否是一流大学）有着显著的正相关关系；同时，与一流大学的分指标（师资、生源、研究能力）均呈显著正相关；不同规模的捐赠基金在长期投资收益表现上存在显著差异。可见，大学捐赠基金及其投资收益是“双一流”建设的重要推动力量，建设一流大学可将捐赠基金作为社会成本分担的重要突破口；而捐赠基金的发展与自身投资运作能力紧密相关，研究一流大学捐赠基金的投资及风险管理对“双一流”建设有着十分重要的现实意义。①

第二节　美国一流大学捐赠基金投资运作与风险管理——以哈佛大学为例

一、金融危机对美国一流大学捐赠基金的冲击

2008 年的金融风暴席卷全世界，覆盖各个领域，美国一流大学捐赠基金也未能幸免，深陷泥淖，损失巨大，大学捐赠基金的投资风险问题引起广泛关注。大学捐赠基金投资的首要原则就是风险性原则，风险不可能绝对避免，但是可以通过合理的资产配置以及完善的管理制度等，降低其发生的概率和损失程度。金融危机对大学造成的影响不仅仅体现在基金资产的亏损，对大学的教师、学生和学校建设等运营也带来了严重的影响。

① 张辉、洪成文:《“双一流”建设的社会成本分担机制研究——基于美国大学与捐赠基金关系的数据分析》,《中国高教研究》2016 年第 3 期，第 56—60 页。

1. 捐赠基金损失巨大

金融风暴的影响下，2009 年美国大学捐赠基金的业绩普遍下降，哈佛大学捐赠基金从 2008 年同期的 369 亿美元剧减到 259 亿美元，损失 27.3%；耶鲁大学捐赠基金从 229 亿美元下降到 160 亿美元，损失 30%。斯坦福大学的基金从 170 亿美元缩减到 120 亿美元。一些地方院校也是深陷泥潭，波士顿学院的捐赠基金损失 17.8%，降至 13 亿美元；波士顿大学损失 22.1%，降至 8.92 亿美元；麻省理工学院捐赠基金损失 4.6%，降至 3.73 亿美元；威尔斯理学院损失 21.4%，降至 13 亿美元。[①] 据威尔希尔（Wilshire Associate）的统计，大型捐赠基金平均损失 18%。

金融风暴之前，美国大学基金有良好的收益，2007 年美国一流大学基金的投资收益率平均达到 20% 以上，其中耶鲁大学的投资回报率为 25%，芝加哥大学投资收益率高达 27.5%，标普 500 指数同期为 20.6%。而金融危机却使一流大学基金一落千丈，表 54 所示 9 所大学平均跌幅达到 23.7%。

表 54　美国部分一流大学金融危机前后收益率的变化

单位(%)	2001	2002	2003	2004	2005	2006	2007	2008	2009
哈佛大学	−4.70	−4.40	9.80	1.75	15.00	13.50	19.80	5.50	−29.80
耶鲁大学	6.10	−1.90	4.90	1.55	19.40	18.40	25.00	1.50	−28.60
斯坦福大学	−4.60	−7.70	13.10	1.52	23.00	15.40	21.90	0.20	−26.70
普林斯顿大学	−0.50	−0.50	4.90	1.37	12.90	16.40	21.00	3.60	−22.80
麻省理工学院	−5.30	−12.60	−4.20	1.43	14.40	24.70	19.30	0.90	−20.70
哥伦比亚大学	0.70	−2.00	2.60	3.50	15.50	14.40	20.40	0.00	−19.80
宾夕法利亚大学	5.70	0.30	4.50	13.30	8.70	21.60	24.90	−6.10	−16.80
芝加哥大学	−8.20	−7.40	−1.00	12.40	14.30	17.60	27.50	6.90	−23.20
康奈尔大学	−6.90	−9.40	0.00	13.40	16.60	14.40	25.50	2.60	−26.40

资料来源：根据各大学捐赠基金 2001—2009 年度报告整理。

① 哈佛捐赠基金引领其他基金下滑，http://www.boston.com/business/markets/articles/2010/01/28/harvard_endowment_leads_others_down/，2010 年 10 月 4 日。

2. 大学运营遇到极大挑战

Yaffe 咨询公司的 Richard Kneedler（宾州一所学院的原校长），分析了危机后美国的 678 所院校，其中 207 所面临资金不足的困境，如果金融危机长时间持续，这些大学将面临无法运营乃至关闭的风险。几乎所有大学，都受到了金融危机的影响，导致可支配经费减少，大学纷纷采取各种措施削减开支。

（1）发行债券以缓解经济困难。许多大学迫不得已借钱应急。哈佛发行了 15 亿美元债券，普林斯顿和斯坦福分别发行 10 亿美元债券，耶鲁大学也发行 8 亿美元债券。[①] 通过借款增加资产流动性，避免在经济衰退时低价抛售基金会资产。

（2）冻结薪金及裁员。哈佛大学一半以上的运作经费用于支付教职工的工资，2009 年 3 月初，哈佛大学宣布停止增长员工薪水，教授和学校管理层不再随着通胀指数调整工资。减缓新聘人员的招聘，并提出“提前退休计划”，1600 名员工可选择提前退休，有 531 人接受提早退休，并裁员 275 人。其他高校的处境也类似，通过停止招聘和裁员等方式，降低人力成本。

（3）延缓学校建设规划。哈佛大学暂缓奥斯顿校区及马萨诸塞州校区建设综合大楼的计划，重新评估其他可行方式，降低新校区的建设成本。弗吉尼亚大学对于危机之前购买汽车的分期付款也难以继续支付。[②] 布兰德斯（Brandeis）大学通过集体决策，无奈出售学校博物馆的部分收藏。

（4）提升学费标准。一些州宣布提升学费标准，其中佛罗里达州将学费提升了 15%，华盛顿州提升了 20%。其他各州也为了应对危机调整学费收入，

---

① 彭昕：《美国大学捐赠基金路难行》，http://magazine.caijing.com.cn/2009-10-12/110279281_1.html，2010 年 8 月 1 日。

② 乔尔·L.弗雷施曼：《基金会——美国的秘密》，北京师范大学社会发展与公共政策学院社会公益研究中心译，上海财经大学出版社，2013 年，第 10—11 页。

涨幅各不相同。有些大学通过削减招生名额来应对危机，如加利福利亚州双管齐下，削减招生名额的同时削减预算。

（5）削减预算控制运营成本。2009 年，斯坦福大学削减了 10% 的财政预算，未来两年，继续削减达到 15%。普林斯顿大学决定在两年内削减 1.7 亿美元开支，相当于 13% 的年度预算。耶鲁在前一学年削减了 5% 的预算支出，下一学年还要削减 5%，各大学都准备勒紧裤腰带过冬。

大学通过“节流”的方式缓解了学校的财务危机，但这只是暂时的应对措施，长远来看不利于大学的教育目标的实现。

3. 资产配置面临困境

美国大学基金倡导长期投资的理念，将大量资产配置到另类资产，包括私募股权、对冲基金、实物资产、衍生品等，这类市场具有低效、低流动性的特点，这类投资模式为哈佛、耶鲁等大学所倡导，在金融危机中成了捐赠基金巨大亏损的主要原因。2008 年耶鲁大学另类资产的配置比例为 56%，主要集中于私募股权、对冲基金和不动产；哈佛大学在另类资产配置比例更是高达 59%，其中私募股权投资比例为 11%，对冲基金为 18%，实物资产为 26%。这种资产配置模式降低了投资组合的流动性，低估了危机下的波动程度。

在金融危机时，市场抛盘压力增大，另类资产流动性低的缺陷暴露无遗，几乎找不到买方。哈佛曾试图出售部分私募基金，由于缺乏流动性，短时内难以变现，为此付出沉重的代价。另类资产在此次危机中几乎全军覆没。而基金规模较小院校整体表现优于常春藤盟校①，亏损幅度小，投资回报上的差异主要来源于投资组合的差异。小院校投资风格保守，传统资产配置比例较

① 郝治军：《美国大学捐赠基金的大考与调整》，《新财富》，2009 年 12 月 7 日。

高，以股市和债市为主，更多配置固定收益资产，而较少配置另类资产。简单的投资结构降低了投资风险，在金融危机中较好地保护了小规模捐赠基金。

同样，没有追随“耶鲁模式”的大学基金，避免了危机带来的巨大亏损。宾夕法尼亚大学是常春藤中的特例，2008 年，宾夕法尼亚大学将基金会投资中股票的比例进行了调整，由过去的 53% 降到了 43%，将约 15% 投入到美国国债中。在大危机中，高流动性的国债为基金保值立下了汗马功劳。比较而言，遵循“耶鲁模式”的捐赠基金亏损都在 20% 以上，而遵循传统的投资模式（60% 股票，40% 债券）的大学基金，平均损失只有 13%。不过从长期来看，“耶鲁模式”仍然取得了高于传统模式的长期投资回报。

二、哈佛大学捐赠基金的投资运作

哈佛大学捐赠基金是美国资产规模最大的大学捐赠基金，截至 2021 年 6 月 30 日，其市场价值为 532 亿美元，创历史新高，然而实际（通胀调整）价值仍低于其 2008 年的峰值水平。哈佛大学成立的全资子公司——哈佛管理公司（Harvard Management Company，HMC），负责管理大学的捐赠基金、营运资本和非现金捐赠等资产，哈佛捐赠基金由 11000 多个子基金组成。HMC 自 1974 年成立以来，一直保持着骄人的业绩。2021 财年，哈佛捐赠基金为哈佛大学提供了超过 20 亿美元，超过年度收入的三分之一。HMC 坚持长期价值投资理念，满足哈佛大学当前和未来的财政需求。1974—2020 年，哈佛捐赠基金年化收益率为 11%，超出市场基准收益率 2.9 个百分点。

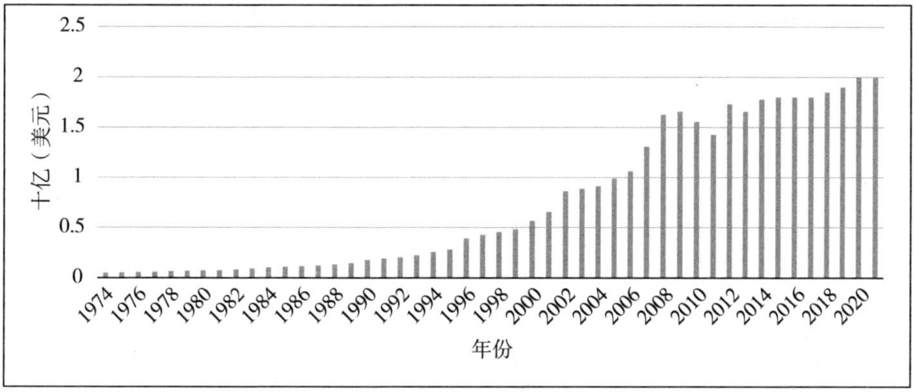

数据来源：Harvard Management Company 官方网站：https://www.hmc.harvard.edu/about/.2021-12-24。

图 29　1974—2020 年哈佛大学捐赠基金对大学运营预算的贡献

2015 年 1 月 1 日，HMC 捐赠基金新任 CEO 上任，新的管理团队力求有所改变，制定并实施新的设计来提升 HMC 的长期投资表现。

1. 清晰精准的投资目标

HMC 有一个很长的陈述目标，提供卓越的风险调整后的回报以支持大学的各项活动。然而，基于明确使命的精确的投资目标，是设定投资策略的基础。任何组织都需要明确的成功指标，因此 HMC 制定了以下使命和具体投资目标，已由哈佛校长和研究人员批准。

HMC 使命：确保哈佛大学有充足的财政资源，有信心为各代师生保持并扩大其在教学、学习和研究中的卓越。

哈佛的使命反映了两个重要的观念。首先，目前的捐赠基金提供了哈佛大学 35% 的经营预算，因此，HMC 责任重大，确保大学有足够的财政资源。其次，帮助大学保持和扩大其优势。这自然意味着一个概念，即与其他同类捐赠基金的财务表现进行比较。因此 HMC 进一步提出如下三个具体目标：

目标1：经过高等教育价格指数衡量的通胀率（HEPI[①]）调整后，HMC将实现5%（10年移动平均）以上的真实回报率。

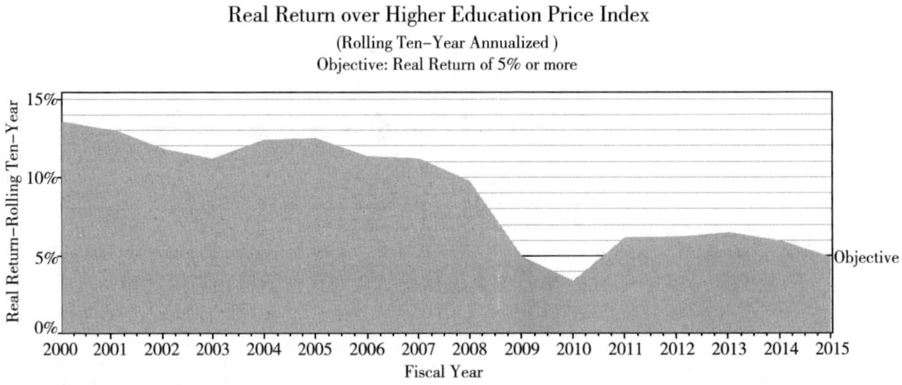

数据来源：HMC Endowment Report. http://www.hmc.harvard.edu/docs/Final_Annual_Report_2015.pdf。

图30 哈佛大学经HEPI调整后的真实回报

由图30可以看出，2000—2015年，除金融危机后的2009年和2010年没有实现上述目标外，其余年份经调整的10年移动平均收益率均在5%以上。

目标2：HMC将实现超越适当的市场和行业基准的1%（5年移动平均）或更好的总的表现。

FY2000	FY2001	FY2002	FY2003	FY2004	FY2005	FY2006	FY2007	FY2008	FY2009	FY2010	FY2011	FY2012	FY2013	FY2014	FY2015
23.15%	16.94%	11.58%	10.07%	11.76%	9.46%	13.52%	18.44%	17.61%	6.19%	4.69%	5.51%	1.22%	1.72%	11.58%	10.51%
19.38%	12.33%	7.31%	5.66%	5.21%	4.42%	9.22%	13.78%	13.47%	3.87%	2.99%	4.26%	0.80%	1.22%	10.22%	9.07%
3.78%	4.81%	4.27%	4.41%	6.55%	5.04%	4.30%	4.66%	4.14%	2.32%	1.70%	1.25%	0.42%	0.50%	1.36%	1.44%

Achieved　Did Not Achieve

数据来源：HMC Endowment Report. http://www.hmc.harvard.edu/docs/Final_Annual_Report_2015.pdf。

图31 2000—2015年哈佛大学投资收益的平均超基准表现

① HEPI设计的专门用于高等教育机构，衡量平均的相对价格水平，用高校购买固定的货物和服务作为市场一揽子价格。

图 31 表示 2000—2015 年 HMC 投资表现均在市场基准值上，只有两年没有超越市场基准 1%，最高曾在市场基准 6.55% 以上，取得了较好的投资效果。2008 年之后，超越市场幅度有所下降，在调整之中。

目标 3：HMC 实现与同类其他十名最大的捐赠基金中，投资业绩达到前四分之一（5 年移动平均）。

未来几年投资目标从实际收益率，基准收益率比较以及同行比较三个方面进行了阐述。2020 年其他十个最大的捐赠基金包括：得克萨斯大学、耶鲁大学、斯坦福大学、普林斯顿大学、麻省理工学院、宾夕法尼亚大学、得克萨斯农机大学（及相关基金会）、密歇根大学、加州大学。哈佛大学的目的是保持对其同伴大学的卓越，还会考虑其竞争对手的学生、教师和工作人员。比较发现，哈佛在同类大学基金中的表现自金融危机之后有所下滑。

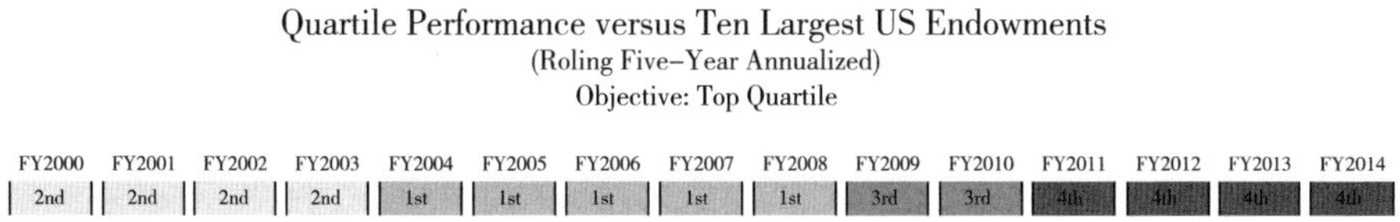

数据来源：HMC Endowment Report. http://www.hmc.harvard.edu/docs/Final_Annual_Report_2015.pdf.

图 32　2000—2014 年哈佛大学捐赠基金在十家最大的大学中的投资表现

2. 多元化的资产配置

哈佛大学仅公布了每年的政策资产配置比例，由于实际资产配置是按照政策资产配置来执行，因此政策资产配置可以代表 HMC 资产配置的情况。

表 55　2018—2020 年哈佛大学资产配置表

项目	资产配置 2020 年	资产配置 2019 年	资产配置 2018 年
上市股票	14%	18.9%	26%
私募股权	34%	23.0%	20%
对冲基金	33%	36.4%	33%
房地产	5%	7.1%	8%
自然资源	1%	2.6%	4%
债券	4%	5.1%	6%
其他实物资产	1%	1.3%	2%
现金及其他	8%	5.6%	2%
合计	100%	100%	100%

注：由于四舍五入，存在误差。

表 56　2018—2020 年哈佛大学资产回报表

项目	资产回报 2020 年	资产回报 2019 年	资产回报 2018 年
上市股票	50%	12.2%	5.9%
私募股权	77%	11.6%	16%
对冲基金	16%	7.9%	5.5%
房地产	13%	–0.5%	9.3%
自然资源	1%	–6.2%	–12.4%
债券	3%	8.2%	5.7%
其他实物资产	1%	–17.5%	–8.3%
现金及其他	—	—	—
合计	34%	7.3%	6.5%

数据来源：HMC Endowment Report. 2018，2019，2020。

2018—2020 年，哈佛大学管理公司在上市股票上的投资降低幅度最大，从 2018 年的 26% 下降至 2020 年的 14%，而在私募股权上的投资得到大幅提升，从 2018 年的 20% 提升至 2020 年的 34%，使得私募股权成为 2020 年配置比例最高的投资方式。对冲基金的占比保持稳定，而房地产、自然资源、债券和其他实物资产的投资比例在逐步降低。此外现金及其他的投资比例也得到显著提升，从 2% 提升至 8%。

哈佛大学管理公司在另类资产（包括私募股权，绝对收益和实物资产）上的配置一直保持 50% 以上的比例，倾向于另类资产主要有两方面原因：首先，由于捐赠基金的原始投资和部分后续捐赠为保本资金，投资久期可以无限延长。其次，哈佛捐赠基金每年要保持 4%—5% 的支出比例，这就要求捐赠基金以较高的投资收益来支持大学发展，因此以降低流动性来获得投资的超额回报。另类资产的风险主要体现为流动性风险，但通过多元化投资组合在一定程度上可以补偿流动性下降的风险。

三、哈佛大学捐赠基金的风险管理

2008—2009 年金融危机后，哈佛大学已经在管理工作和关键资产管理方面做出了很大的改善，经过几年的努力，扭转投资亏损的局面，2015 年哈佛捐赠基金的市值已经超越 2008 年的高峰。

1. 建立风险参数，设置风险容忍度

大学的风险承受能力是投资组合建设中的一个重要组成部分。HMC 与哈佛大学共同了解相应的风险参数和配合大学风险 / 回报特征，使其与大学的目标和需求保持一致。实现投资目标的同时，要保持一个投资组合的风险分布符合大学的风险承受能力。因此，除了这些投资目标，哈佛大学已经为一个长期的捐赠基金投资组合，建立了一套适当的风险指引，提供适当的灵活性，在投资组合中，保持一个审慎的风险参数。[①]

此外，HMC 保持投资组合的流动性，使至少 5% 的捐赠基金（即一年内

① 一个独特的投资模型：A Unique Investment Model: Deep Internal Expertise, Broad External Reach. http://hmc.harvard.edu/about-hmc/index.html，2015 年 11 月 1 日。

分配到大学的基金）可以在 30 天内得到变现。哈佛大学已经对现金资产的比例已经有很大提升，2008 年现金比例为 -5%，2009 年调整至 -3%，2014 年和 2015 年保持为 0，2021 年为 8%，改变了以前负债运营的做法，降低了财务风险。

2. 调整资产配置，加强流动性管理

HMC 在考虑大学财务需求、投资收益要求和风险容忍度的基础上，加强资产流动性管理，减少低流动性的资产比例，使资产配置更为稳健。

表 57　2009 财年哈佛大学资产配置的投资表现（%）

资产类别	哈佛捐赠基金表现	基准表现	相对收益率
公开市场股票	–28.3	–28.5	0.2
私募股权	–31.6	–23.9	–7.7
绝对收益	–18.6	–13.2	–5.4
实物资产	–37.7	–38.5	0.8
固定收益证券	–4.1	–3.4	–0.7
总体表现	–27.3	–25.2	–2.1

数据来源：HMC Endowment Report. http://www.hmc.harvard.edu/docs/Final_Annual_Report_2009.pdf。

2009 年哈佛大学在私募投资、绝对收益和实物资产等流动性较差的资产配置了 54% 的比例，这部分资产不但难以变现，而且风险较高。2008—2009 年，哈佛捐赠基金持有的私募股权亏损 31.6%，绝对收益亏损 18.6%，实物资产更是亏损 37.7%，哈佛大学基金整体亏损 27.3%。

从政策投资组合来看，哈佛捐赠基金近几年的投资组合旨在减少自然资源、房地产和公开市场股票的资产持有量，增加私募股权和对冲基金的投资。尽管其中比如减少上市公司股票的做法是痛苦的，但为了将风险控制在预算之内，他们不得不这样做。总的来说这种做法是有效的，使得 2021 财年的

投资组合回报率比 2017 财年增加了约 5 个百分点。在其所倡导的私募股权领域，尽管 2008 年损失惨重，资产配置中仍保持增长的趋势，但其投资策略与之前相比明显趋于保守。2009 年 7 月，哈佛和耶鲁大学捐赠基金作为私募基金 Nordwind Capital 的股东，拒绝了其拟进行的一笔收购交易，这是金融危机之后，现金匮乏的大学捐赠基金首次出手阻挠所投资产的收购交易。

3. 改变部分投资，缓解债务压力

2008—2009 财年，哈佛捐赠基金在私募股权、绝对收益的配置比例达到 30%，同年其签订的后续投资承诺高达 119 亿美元。金融危机发生后，哈佛大学面临巨额亏损和流动性方面的压力，期望以投资分红追加后续投资难以实现，转让或放弃净投资收益未超过 5% 的私募基金投资，并与私募基金和对冲基金管理人协商，减少后续承诺投资，将承诺投资总额从 110 亿美元降至 80 亿美元。[①]

通过借款或出售旗下业绩较好的证券或基金缓解债务压力。2009 年，哈佛发行了 15 亿美元债券。哈佛大学校长德鲁 · 福斯特表示，为了降低投资风险和保持大学资金的流动性，哈佛大学发行金额可观的新可征税固定利率债（New taxable fixed-rate debt），同时把一些高风险投资组合转换成期限较长、风险较低的债券。[②]

4. 完善内外混合的投资管理模式

在 HMC，风险管理是投资过程中一个至关重要的和不断发展的组成部分，管理策略之中融合了多元和动态的风险管理视角。HMC 采用混合投资模

---

① 陈超:《哈佛大学捐赠基金资产配置的经验与教训》,《搜狐基金》，2009 年 12 月 3 日，http://fund.sohu.com/20091203/n268651629.shtml。

② 郝治军:《美国大学捐赠基金的大考与调整》,《新财富》，2009 年 12 月 7 日。

型，通过内部投资管理与外部第三方投资管理结合，建立统一的内部交易平台。高水平的内部管理人才和来自世界各地投资前沿的专业团队的组合，加强了市场投资视角的深度和广度。

首先，内部公共市场团队，负责投资大约三分之一的投资组合，在市场上发挥监测器的作用，内部团队主要负责公共市场领域的投资管理。协调和适应不断变化的环境，识别低效率市场，发现投资机会。公开市场团队在面对不断变化的市场条件下，控制投资成本，提高投资效率，增强投资的透明度。

其次，外部专业投资团队，来自世界各地的金融投资前沿领域投资管理专家，提供超越 HMC 所在波士顿范围的多元化的投资见解和投资视角。专业领域投资，如私募股权和对冲基金等，交由外部团队管理。

最后，从成本考虑。金融危机后，哈佛捐赠基金将更多的资金赋予内部投资团队。内部投资团队的投资成本远远低于外部团队，由于外部团队是以管理费加提成的方式收取费用，比如对冲基金一般收取 2% 的管理费和 20% 的绩效费[①]，因此内部团队只是雇佣外部团队成本的一小部分。

5. 调整投资管理领导机制

金融危机后，HMC 对组织管理结构进行了调整。首先，设立首席运营官，将公司内外部投资有效融通，提高投资运作效率。其次，新设首席危机处理官，解决金融危机所带来的一系列风险。这项工作由 HMC 总裁亲自出面，目的在于从惨痛的失败中总结经验，严格谨慎地评估风险，建立新的投资策略。最后，在哈佛大学内部成立财务管理委员会，由哈佛校长亲自掌管，该委员会主要协调哈佛大学与 HMC 之间的关系，包括财务管理与投资风险

---

① ［美］梅班·T. 费伯、［美］埃里克·W. 理查森：《常青藤投资组合》，周瑜译，上海财经大学出版社，2011 年，第 109 页。

管理。[①]

与此同时，HMC 还设立了内部投资和外部投资的双总监制度，通过内部团队密切跟踪市场波动情况，根据市场变化及时评估风险；通过外部投资团队，重点关注私募、对冲等专业投资工具，并对海外投资项目加以重视。建立内外融通的投资平台，有利于投资部门之间的联系沟通，有效控制投资风险。

6. 严格监测复杂的投资风险

风险管理是成功的投资组合管理的重要组成部分。HMC 将风险管理纳入投资策略的组合来保护哈佛大学的资产。管理团队和董事会投入大量的人员、时间和精力，来管理投资组合中各种复杂的内在风险。风险以多种形式存在于任何投资策略，包括市场风险、对冲风险、流动性风险和交易对手风险等。HMC 不断审查和修改用来衡量和控制投资组合中风险的分析功能，在不稳定的环境中风险管理的持续改进甚为关键。[②]

哈佛大学在一个高度多样化的投资组合中，识别、评估和控制风险具有重要价值，哈佛的风险管理是十分充分的。通过金融危机期间的风险管理，哈佛大学并未因所投资领域的剧烈波动而遭受难以承受的损失，也没有参与到第三方骗子公司的欺骗之中，即便是雷曼兄弟公司破产以及其他一些信用危机事件给哈佛造成的损失也微乎其微。哈佛保持在正确的方向上运作，将风险控制在极端的理论压力测试的范围中[③]。

---

① 哈佛大学2014财年年度财务报告，http://finance.harvard.edu/files/fad/files/2014fullreport.pdf。

② Monitoring complex investment risk: a critical component to portfolio management. http://www.hmc.harvard.edu/investment-management/risk_management.html.

③ HMC Endowment Report. http://www.hmc.harvard.edu/docs/Final_Annual_Report_2015.pdf.

第三节　我国一流大学捐赠基金投资与风险管理——以清华和北大为例

我国的一流大学选择稳居国内大学排名前两位的清华大学和北京大学作为案例。一方面，这两所大学作为我国一流大学的代表毋庸置疑；另一方面，这两所大学的捐赠基金规模也是遥遥领先，占据了全国大学捐赠基金总量的近 1/3，在投资方面属于最早开展投资运作，也是为数不多成立投资运作部门的大学基金会。

一、积极开展投资运作

1. 清华大学投资情况

清华大学教育基金会成立于 1994 年，是中华人民共和国成立后最早正式注册的大学教育基金会。原始基金数额 2000 万元，经过 20 年的发展，2020 年基金会净资产达到 157 亿元，增长了 200 多倍，成为我国规模最大的大学基金会。

投资收益方面，从 2013 年的 1.84 亿元增长到 2020 年的 9.95 亿元，平均投资收益率为 6.87%，2014 与 2015 年的投资收益率最高，分别为 7.77% 和 10.54%，2014 年经济发展态势良好，繁荣的市场环境对大学捐赠基金筹资与投资都提供了良好的外部条件。

表 58　2013—2020 清华大学投资运作基本情况

年份	净资产(元)	投资收益(元)	投资资产比例	短期投资比例	长期投资比例	投资收益率
2013	3220455191	183905467	80.50%	30.40%	69.60%	7.09%
2014	4389173920	292214642	85.73%	35.71%	64.29%	7.77%
2015	5172727296	357090916	65.49%	34.77%	65.23%	10.54%

续表

年份	净资产(元)	投资收益(元)	投资资产比例	短期投资比例	长期投资比例	投资收益率
2016	6301049685	248944102	61.63%	27.66%	72.34%	6.41%
2017	7279884542	314659099	96.95%	39.45%	60.55%	4.46%
2018	8341632083	421651876	91.03%	35.06%	64.94%	5.55%
2019	9329865425	558703545	93.46%	34.99%	65.01%	6.41%
2020	15765476920	995220008	94.15%	44.39%	55.61%	6.71%

数据来源：根据清华大学教育基金会 2013—2020 年年报整理。

2. 北京大学投资情况

北京大学教育基金会成立于 1995 年，原始基金 2000 万元，经过 20 年发展，到 2020 年，净资产总量达到 70.11 亿元，是我国成立最早、运行最完善、发展最迅速的大学基金会之一。近十年，北京大学捐赠基金净资产保持平稳增长，2018 年增长幅度最大，大学基金在募款和投资方面都取得了不错的收益。

北京大学的投资收益也自 2013 年的 0.92 亿元，发展到 2020 年的 4.34 亿元，投资收益率平均为 4.68%，其中 2014 年收益率最高为 6.89，2016 年收益率最低为 2.48%，这与当年的经济形势紧密相关，2014 年经历经济繁荣，各项投资都取得了良好的收益，2015 年、2016 年我国股市连续下挫 50%，致使投资收益大幅下降。

表 59　2013—2020 北京大学投资运作基本情况

年份	净资产(元)	投资收益(元)	投资资产比例	短期投资比例	长期投资比例	投资收益率
2013	2990371519	91980598	93.32%	97.61%	2.39%	3.30%
2014	3467529684	215262817	90.17%	95.76%	4.24%	6.89%
2015	4024782258	182158585	93.45%	94.26%	5.74%	4.84%
2016	4442669312	105353076	95.78%	89.29%	10.71%	2.48%
2017	4801498523	179259255	95.19%	82.79%	17.21%	3.92%

续表

年份	净资产(元)	投资收益(元)	投资资产比例	短期投资比例	长期投资比例	投资收益率
2018	5702382864	183006962	96.31%	65.19%	34.81%	3.33%
2019	6455548886	386921928	95.22%	48.02%	51.98%	6.29%
2020	7011329397	433843906	96.41%	38.86%	61.14%	6.42%

数据来源：根据北京大学教育基金会 2013—2020 年年报整理。

我国各大学基金会的收入包括捐赠收入，投资收入，政府补助收入，服务收入和其他收入，以捐赠收入为主要收入来源，投资收入逐渐成为一流大学基金会的第二大收入来源。2020 年清华大学教育基金会收入 69.87 亿元，投资收入占比 14%。北京大学教育基金会收入 7.74 亿元，投资收入占比 56%。

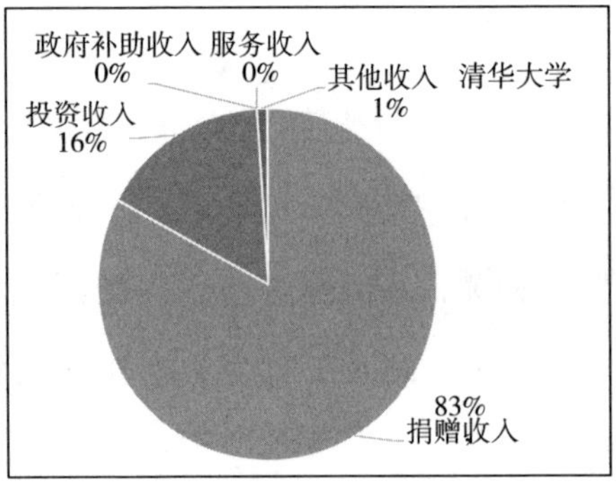

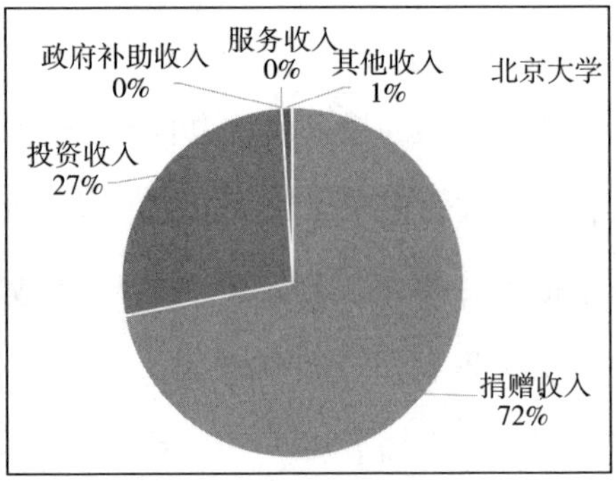

图 33　清华大学与北京大学教育基金会收入对比图

二、收益与风险有差异

2013—2020 年，清华大学教育基金会的平均投资收益率为 6.87%，北京大学为 4.68%。比较来看，清华大学的平均投资收益高于北京大学，衡量收益率波动情况的差异系数却低于北京大学（即单位收益率对应的波动率低），说明清华大学的投资效果优于北京大学。选用风险指数夏普比率进行衡量（即单位风险上对应的超额收益），清华大学为 0.9175，北京大学为 0.5547，而哈佛与耶鲁大学 1985—2008 年投资收益平均夏普比率为 1.12[①]，整体来看，清华大学投资经风险调整后的收益要优于北京大学，但比美国的一流大学哈佛大学和耶鲁大学基金要略逊一筹。

表 60　2013—2020 年北京大学与清华大学投资收益与风险比较

项目	北京大学	清华大学
均值	4.68%	6.87%
标准差	7.60%	9.00%
差异系数[②]	116.29%	85.08%
夏普比率[③]	0.5547%	0.9175%

① ［美］梅班·T. 费伯、［美］埃里克·W. 理查森：《常青藤投资组合》，周瑜译，上海财经大学出版社，2011 年，第 61 页 .

② 差异系数：$CV=\sigma/\bar{x}$ 统计术语：单位均值对应的标准差大小，用来比较不同收益率对应的波动性，该系数越小，说明单位均值对应的波动越小。

③ 夏普比率：$SharpRatio=\frac{E(Rp)-Rf}{\sigma p}$，其中 $E(Rp)$：投资组合预期报酬率，Rf：无风险利率，σp：投资组合的标准差

夏普比率计算投资组合每承受一单位总风险，会产生多少超额报酬。本书参照一年期国债 010601 的利率为无风险收益率，2016 年 2 月最新利率为 2.32%。

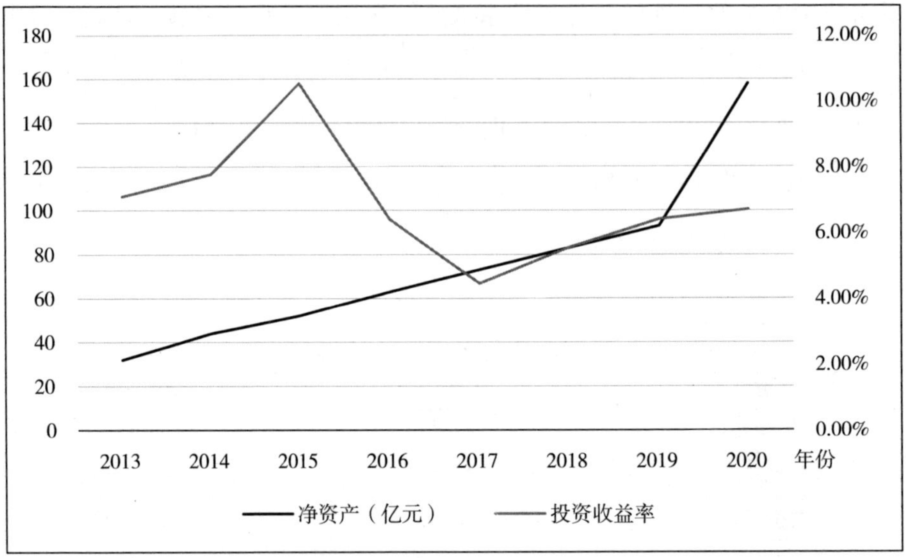

图 34　2013—2020 年清华大学教育基金会净资产与投资收益率

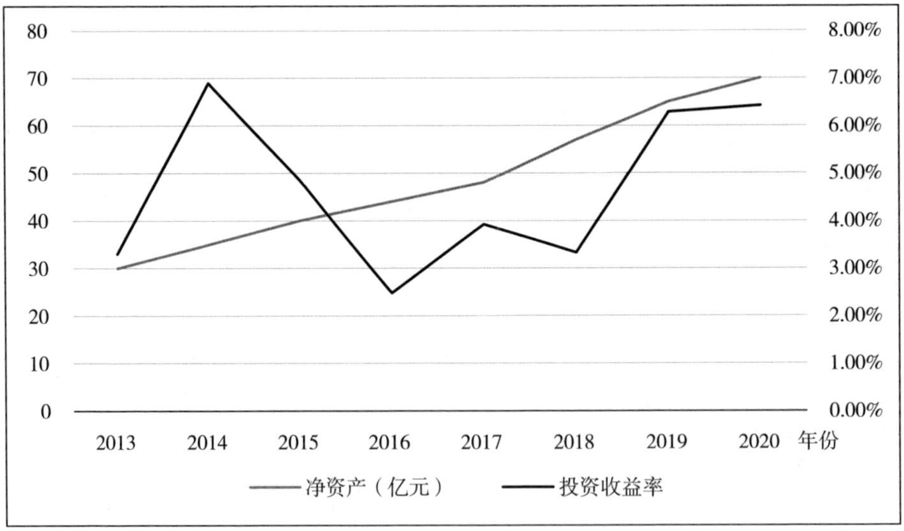

图 35　2013—2020 年北京大学教育基金会净资产与投资收益率

三、投资周期各有侧重

1. 投资比例稳中有升

清华大学用于投资运作的资金 2005 年已达到 88.38%，之后平稳波动，最低的 2008 年为 75%，最高的 2010 年达到 99%，最近几年在 80% 与 90% 之间徘徊。

北京大学用于投资运作的资金占净资产的比例 2005 年只有 27.27%，2006 年骤升至 89.42%，经过 3 年的波动，到 2010 年之后稳定在 90% 左右的水平。

2. 投资周期差异明显

从投资周期来看，清华大学更为注重长期投资，2005 年将全部资金用于长期投资，到 2007 年突发调整，将大部分资金用于短期投资，长期投资的比例降至 17.88%。经过几年的波动，近 3 年长期投资保持在 60% 左右的水平。

北京大学以短期运作为主，短期投资比例一直保持在 90% 以上，最高比例达到 99.33%。北京大学的投资金额中长期投资的比例一直很低，除了 2005 年，其余年份都在 5% 以下，与清华大学形成了鲜明对比；在收益率方面，北京大学近 10 年平均收益率为 6.54%，清华大学为 10.58%。表明资产配置的不同风格，投资收益也会有一定的差异。

3. 长期投资青睐股权

2005—2010 年，北京大学长期股权与长期债权投资保持稳定，数额也相当；2011 年，长期债权增加 50% 以上，而长期股权陡然降低一半；2012 年后长期股权投资再次由 235 万元增加至 5985 万元，此后，长期股权投资占据了绝对优势。

清华大学的长期投资中，2005 年，长期债权投资达 4.58 亿元，长期股权投资只有 1700 万元；此后，长期债权投资不断下降，股权投资比重不断增加，2010 年后，长期债权投资降为 0，2014 年长期股权投资达到 24.19 亿元，占总投资金额的 64.29%。

表 61　清华大学与北京大学教育基金会长期投资对比

年份	北京大学			清华大学	
	长期股权	长期债权	其他长期投资	长期股权	长期债权
2015	113281800.00	2648000.00	100000000.00	2209707032.81	0
2016	113281800.00	2648000.00	270000000.00	2809409080.02	0
2017	254746965.36	2648000.00	529240000.00	4273149932.76	0
2018	254746965.36	2648000.00	1654433196.18	4930817835.53	0
2019	245741018.04	2648000.00	2946831704.53	5668827850.33	0
2020	167864966.10	2648000.00	3962140871.51	8253445114.36	0

数据来源：根据清华和北大教育基金会 2015—2020 年年报整理。

基金投资中，如果将全部投资资金用来做长期投资，会导致资金分配不合理，急需资金难以赎回变现，面临一定的流动性风险；另外，如果短期投资比例过高，虽然有利于资金流动性的管理，但是投资收益率会降低，造成大学基金保值方面的风险，有悖于大学基金长期价值投资的理念。因此，做好投资周期与投资资产的配置，在收益与风险之间达成平衡甚为关键。

四、支出比例趋于稳定

大学捐赠基金需要保持适当的流动性以满足日常公益支出与管理费用的支付。从支出比例来看，清华教育基金会和北大教育基金会近 5 年的平均支出率为 15.08% 和 8.71%，支出率较高。整体来看，都呈现出上升的趋势，清华教育基金会支出比例最高在 2018 年，达到 18.03%；北大教育基金会则在 2020 年达到 9.96%。之后清华大学较为稳定，保持在 15% 左右的比例；而北京大学始终保持在 9% 略高的水平。

大学基金支出呈现一定的波动性，与我国基金会的历史较短有着直接联系，捐赠收入和投资收益的不稳定，以及支出管理经验的欠缺，支出预算与风险评估没有形成一定的体系，导致了支出比例的较大波动。从全国大学基金会来看，近几年清华大学和北京大学的支出比例达到了相对平稳的状态，支出既能满足自身发展需要，也符合《基金会管理条例》8% 的最低支出要求。如果支出比例过低，不利于体现基金公益性价值，在美国，大学基金会的支出比例一般在 4%—5%；反之，支出比例过高，不利于基金的保值和增值，难以实现长期代际公平的发展目标。

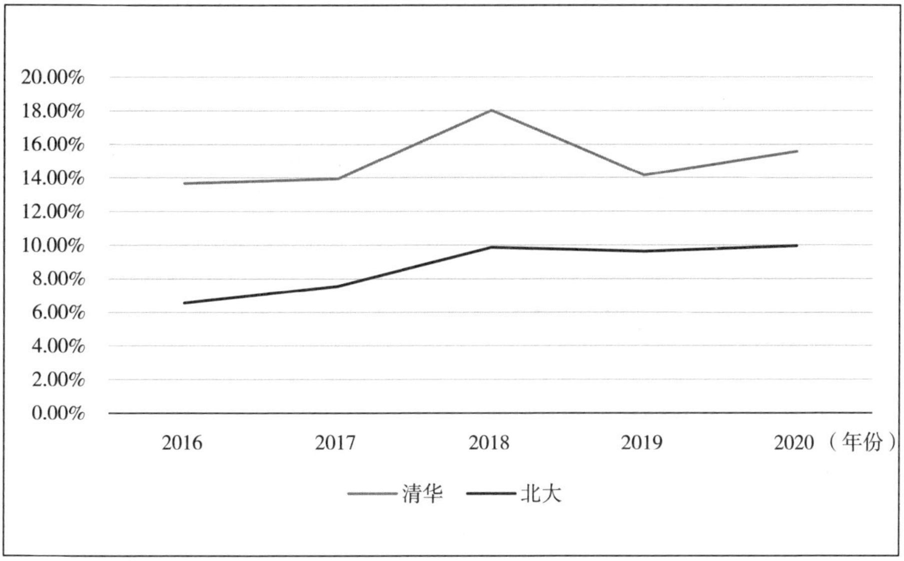

数据来源：根据清华、北大教育基金会 2016—2020 年年报整理。

图 36　2016—2020 年清华和北大教育基金会支出比例

五、资产配置风格迥异

1. 清华大学资产配置分析

清华大学侧重长期投资，投资比例在 60% 以上。在资产配置方面，以股权投资为主，近 3 年股权投资收益占总收益的比重平均保持在 70% 左右。从公布年报来看，该基金会未开展委托理财，没有通过银行、信托公司、证券公司等金融机构进行投资，基金会成立了投资运作部和投资小组开展投资。

截至 2014 年 12 月 31 日，基金会主要指标均创历史新高（各项数据以审计报告为准调整）：2020 年基金会捐赠收入 69.87 亿元；设立各类基金项目 1005 个，项目资助金额 5.72 亿元；实现运作收益 2.92 亿元。

表 62　2018—2020 年清华大学教育基金会投资收益来源

序号	产生投资收益的来源	2020 年发生额（元）	2019 年发生额（元）	2018 年发生额（元）
1	股权投资收益	336350480.81	131659018.77	99414792.27
2	委托投资收益	327396976.06	232963612.15	79098934.41
3	银行理财收益	136379385.97	101698151.57	96065544.43
4	其他投资收益	195093164.94	92382762.37	147072605.23
	总收益	995220007.78	558703544.86	421651876.34

资料来源：清华大学教育基金会年报 2018—2020。

2. 北京大学资产配置分析

北京大学教育基金会秉承“规范、透明、效益、安全、服务”的方针，在捐赠基金管理的过程中认真严谨，确保资金投资稳定安全和合理收益。相对清华大学以股权投资为主，北京大学侧重短期投资，投资比例高达 90%。资产配置上相对保守，以理财投资为主，尤其在 2014 年理财收益占总收益的比重为 94.25%，股权投资收益仅占 0.23%。

表 63　2018—2020 北京大学教育基金会投资收益来源

序号	产生投资收益的来源	2020 年发生额(元)	2019 年发生额(元)	2018 年发生额(元)
1	理财收益	65794456.56	59050533.99	90681911.89
2	基金、股票投资收益	330205100.97	327157093.95	92325050.48
3	长期投资投资收益	37844348.50	714300.00	—
	合计	433843906.03	386921927.94	183006962.37

资料来源：北京大学教育基金会年报 2018—2020。

2014 年，北京大学教育基金会投资运作中，除了方正集团和长江证券属于 5 年以上的长期投资外，其余委托理财均为 1—2 年的投资项目。委托的金融机构主要为信托公司和投资管理公司。其中方正东亚信托委托投资金额 11.6 亿元，中信信托委托金额 12 亿元，两家公司占总投资额的 89.17%。

表 64　2020 年北京大学教育基金会开展的委托投资情况

序号	委托机构	委托金额(元)	委托期限	实际收益金额(元)
1	招商基金管理有限公司	200000000	长期	29500000.00
2	汇添富基金管理股份有限公司	300000000	长期	9000000.00
3	兴证全球基金管理有限公司	300000000	长期	30189824.80
4	上海新方程股权投资管理有限公司	300000000	长期	15949847.12
5	中欧基金管理有限公司	200000000	长期	20000000.00
6	长城基金管理有限公司	100000000	长期,提前终止	2535316.52
7	易方达基金管理有限公司	330000000	长期	30000000.00
8	工银瑞信投资管理有限公司	300000000	长期	20000000.00
9	鹏华基金管理有限公司	150000000	长期,提前终止	23055126.28
10	富国基金管理有限公司	100000000	长期	10000000.00
11	招商证券资产管理有限公司	300000000	长期	10599303.01
12	中信证券股份有限公司	300000000	长期	25000000.00

续表

序号	委托机构	委托金额（元）	委托期限	实际收益金额（元）
13	平安信托有限责任公司	300000000	长期	15000000.00
14	光大金控(上海)投资管理有限公司	50000000	长期	0.00
15	泰康资产管理有限责任公司	200000000	长期	20000863.08
16	易方达资产管理有限公司	300000000	长期	5000000.00
17	方正中期期货有限公司	200000000	长期	5000000.00
18	中信信托有限责任公司	200000000	长期	9500000.00
19	华能贵诚信托有限公司	200000000	长期	16808219.18
20	五矿国际信托有限公司	200000000	长期	15496561.66
21	银华资本管理(珠海横琴)有限公司	100000000	长期	0.00
22	广发基金管理有限公司	200000000	长期	0.00
23	鹏扬基金管理有限公司	200000000	长期	0.00

资料来源：北京大学教育基金会工作年报 2020。

北京大学教育基金会已经将加强投资工作，确保投资收益纳入发展目标。要真正实现基金会和北京大学的长远可持续发展，就必须提高对捐赠基金的投资运作能力，实现捐赠基金的保值，更重要的是要不断增值。近年来北京大学积极开展投资运作，2011 年，基金会调整了投资委员会，新的委员会由 9 名委员组成，2/3 来自校外的资本运作专家，很大程度上提高了队伍的专业化水平，有利于探索更为有效的投资策略和决策机制，争取实现更多的投资收益。

3. 持股风格各具特色

清华大学持有过的股票包括：中国农业银行、凌云股份、新能泰山、太阳纸业、江南红箭、和邦股份、天宝股份、潜能恒信、世纪瑞尔、穗恒运 A、上海新阳、宏发股份、新大洲 A、上海石化、中房地产、东凌粮油、西王食品、众合机电、诚志股份、时代科技、超声电子、上海普天等。

北京大学持有过的股票包括：北大医药、锐奇股份、紫江企业、上海能源、东方市场、人人乐、利君股份、上海能源、广汽集团、新都化工、*st 新材等。

整体来看，清华和北大教育基金会拥有强大的校友资源，不仅体现在捐赠领域，在投资方面也有得天独厚的优势。据 iFinD 数据统计，上市公司已披露的实控人毕业学校包含清华大学或在清华大学总裁班等进修过的共有 110 位。截至 2021 年 4 月 27 日，由清华大学校友控股的 110 家上市公司，总市值已超过 2.3 万亿元。其中，大部分上市公司的总市值不到 100 亿元，总市值在 100 亿—999 亿元间的上市公司共有 30 家，占比约 27%。很多校友通过顾问咨询、信息共享等形式，直接或间接地帮助母校基金会实现保值增值。

清华和北大在股票选择上都比较激进，以中小板、创业板股票为主，持有的股票均一半以上为中小板；同时，创业板都有所涉猎，如清华持有的潜能恒信、世纪瑞尔、上海新阳，北大持有的锐奇股份等均为创业板股票。

二者的持股风格又各具特色：（1）从持股数量来看，清华投资的股票更加丰富，多元化；（2）从股票市值来看，清华持有的股票市值略低，市值中位数为 65.18 亿元，而北大为 75.16 亿元；（3）从赢利能力、成长性来看，通过对主要指标 ROE、净利润率、营业收入增速、归属于母公司所有者净利润增速等进行分析，清华持有股票赢利能力和成长性相对北大持有的股票整体表现更为优异[①]。

① 数据来源：wind 咨询，此处为了避免极端值对均值的影响，选择中位数进行分析。

六、风险管理各有所长

1. 北京大学投资风格谨慎保守

北京大学教育基金会近些年也取得了尚佳的投资业绩，但也面临着一定的挑战。首先，北京大学以短期运作为主，短期投资比例一直保持在 90% 以上，最高比例达到 99.33%，2014 年为 95.76% ；而长期投资的比例一直很低，除了 2005 年，其余年份都在 5% 以下。相比之下，清华大学更为注重长期投资，2005 年曾将全部资金用于长期投资，2014 年长期投资比例为 64.29%。北京大学的短期投资，增强了资产的变现能力，减少了流动性风险。其次，北京大学的资产配置以理财产品为主，90% 以上的投资收益来自短期理财。虽然理财投资工具风险较低，但收益率也相对有限；与清华大学股权投资风格差异极大。

北京大学控制风险的主要方式，是在投资周期和投资产品上的保守选择。但是高流动性，以及理财产品的低风险性，都是以投资收益率为代价的，这也是北京大学近 10 年平均收益率低于清华大学的主要原因。

2. 清华大学内部管理制度严密

基金会在投资决策办法中制定了风险控制机制，在投资决策委员会议事规则中制定了资产管理的审批程序，对于投资资产占总资产的比例在理事会会议上进行决策。

2010 年清华大学理事会委托基金会投资小组对基金会的资产进行投资运作管理。2012 年清华大学教育基金会理事会通过投资决策委员会名单，理事会授权基金会投资决策委员会在 15 亿元人民币的额度内进行投资运作活动。2014 年理事会审议通过苏世民学者项目捐赠款委托黑石集团进行境外投资。

讨论了购买中融—清华教育基金会信托产品、使用证券资管账户进行信托产品和对冲交易及自主开展海外投资业务等议题。

表 65　清华大学教育基金会投资管理相关规定

清华大学基金会进行资产投资时严格遵守以下规定： 1. 基金会进行保值增值应当遵守合法、安全、有效的原则，符合基金会的宗旨，维护基金会的信誉，遵守与捐赠人和受助人的约定，保证公益支出的实现。 2. 基金会可用于保值增值的资产限于非限定性资产、在保值增值期间暂不需要拨付的限定性资产。 3. 基金会进行委托投资，应当委托银行或者其他金融机构进行。 4. 根据投资项目的可行性报告，基金会需集体决策，严格审批程序并加强监督管理。 5. 制定严格的内部风险控制制度，以实现投入资金的保值和增值。

资料来源：清华大学教育基金会投资决策办法。

积极稳健一直是清华大学教育基金会的运作理念。通过积极的管理，对市场上各种投资方式开展研究，有计划、有选择地推行，投资收益不只追求表面数字，同时注重风险管理。整体来看，清华大学教育基金会多元化资产配置正在逐步形成，另类资产纳入投资组合，国内国外投资并举，在提高投资收益的同时积极稳健地进行风险管理。

综上所述，本章先对大学捐赠基金及其投资收益与一流大学之间的关系进行了实证分析，通过对捐赠基金投资运作成熟的美国的数据检验，发现捐赠基金及其投资收益是一流大学建设的重要助推器，进一步证实大学捐赠基金投资运作的重要意义。接下来以案例的形式，对美国哈佛大学与我国清华大学和北京大学的捐赠基金进行研究，发现中美大学在投资运作与风险管理方面存在明显的差异。

哈佛大学在投资方面，具有清晰精准的投资目标以及以另类资产为主导的充分多元化的资产配置策略。风险管理方面，通过建立风险参数，设置风险容忍度；调整资产配置，加强流动性管理；内外混合的投资管理模式；严谨的投资管理机制以及严格的风险监测制度等对大学基金进行全方位的风险管理。另外，清华大学和北京大学近10年来积极开展投资运作，清华投资表现整体优于北大，平均投资收益率领先于北大，夏普比率也略高；投资周期上清华侧重长期投资，而北大以短期为主；支出比例都在不断调整，逐渐趋于稳定；资产配置方面，清华以股权为主，而北大以短期理财为主；风险管理方面，北大资产组合谨慎保守，而清华逐步发展多元投资组合，以严密的内部管理制度来控制风险。

我国大学基金的投资运作与风险管理尚处于发展阶段，比较而言，在投资工具的选择、投资组合的运用、风险管理的手段上都有很大的提升空间。捐赠基金的规模及其投资收益，对于建设一流大学具有重要的推动作用，我国大学应重视捐赠基金这个社会成本分担的有效途径，为“双一流”建设发挥其相应的效用和价值。

第七章　我国大学捐赠基金投资风险管理体系的构建

长期投资的至理名言：“如果你损失了50%，只有再获得100%的收益才能抹平。”“如果投资者可以避免重大的损失，高收益就是水到渠成的事情了。”资深投资者都有过这样的经历，对收益最重要的不是成功的大小，而是不要犯大的错误。只要避免出现大的灾难，一切就没有问题①。

大学捐赠基金投资的首要原则即风险性原则。大学基金会需要通过投资来实现公益资产保值增值的目标，基金会的财产来自捐赠收入及其投资收益，应当全部用于公益事业。由于基金会没有股东，资金不归任何个人或组织所有，因此没有公司一样的自我监督力量，需要有很强的外部监管力量作为弥补。实现对大学捐赠基金的风险管理，应当构建一个全方位的风险控制体系。我国大学基金处于快速发展期，基金会数量与资产规模增长迅速，以清华大学教育基金会为引领，其可投资资产规模已经达到43亿元，与此同时，资本市场波动性强，新的投资品种层出不穷，风险管理的紧迫性不断提升。

---

① ［美］大卫·史文森：《机构投资与基金管理的创新》，张磊等译，中国人民大学出版社，2010年，第12页。

第一节　健全大学捐赠基金投资的法律监管

一、国外大学捐赠基金投资监管的法律制度

大学捐赠基金开展投资运作是现代大学管理捐赠资产的核心工作，由于通货膨胀以及经济周期的影响，捐赠基金要实现代际的稳定购买力必须通过投资运作来实现保值增值。由于捐赠基金具有公益性质，其公益的本质与市场化投资运作的逐利性之间存在天然矛盾，社会公众对于投资过程的专业性和伦理性等具有强烈的警惕和戒备。这些问题也是捐赠基金投资运作的困扰之处。各国对于慈善基金投资运作具有不同的监管方式，选择法制监管成熟的美国和社会组织力量强大的英国加以借鉴。

1. 美国的《统一机构基金谨慎管理法案》(UPMIFA)

2006年，美国统一州法律全国委员会（National Conference of Commissioners on Uniform State Laws）通过统一机构基金谨慎管理法案（Uniform Prudent Management of Institutional Funds Act，UPMIFA），其前身是1972年的统一机构基金管理法案（Uniform Management of Institutional Funds Act，UMIFA）。在美国大部分州都采用了UPMIFA，为慈善机构与捐赠基金执行现代投资和支出实践。

UPMIFA规定慈善机构和捐赠基金开展投资的具体职责，包括：

（1）尊重捐赠人意愿，将捐赠协议中捐赠人的目的放在首位；

（2）谨慎人规则，像一般的谨慎人一样谨慎行事；

（3）支出谨慎，捐赠基金的投资及管理过程只列支必要的支出；

（4）公正透明，公正核实基金管理的相关事实；

（5）多元化投资，多元化投资组合可以分散投资风险，除非特殊情况下能够证明捐赠基金不进行多元化投资的效益会更好；

（6）日常监督检查，对不合理的资产及时进行处理；

（7）制定合适的投资战略，对投资组合中每类资产进行决策时，都要考虑符合捐赠基金整体投资战略的规划。[①]

此外，机构在管理和投资基金时还需考虑以下因素：整体经济状况、通货膨胀（紧缩）的影响、任何投资决策的税收影响、机构支出和保留资本的需要以及资产与机构慈善目的的关联等。单个资产类别的管理和投资决策不是孤立的，应基于整体投资组合战略的背景下考虑。统一谨慎管理机构基金法案，明确建议各州在制定相关法律时，考虑机构基金购买力保值问题，截至 2012 年，已有 49 个州以及哥伦比亚特区和美属维尔京群岛根据它制定了相关法律。

2. 英国《慈善基金投资原则》（CC14）

2004 年，英国慈善委员会颁布《慈善基金投资原则》，对慈善受托人以慈善基金来投资时的权力和责任做出阐述，旨在为没有或缺乏经验的受托人或普通公众提供一个指导。基金会在除去其日常的慈善事业支出外，受托人会将剩余资金的一部分或全部用来投资取得收益，以保证其慈善事业的可持续发展。

（1）投资受托人最基本的原则是谨慎原则

为使受托人进行慈善基金投资时切实采取谨慎的原则，受托人应：① 清楚自己的投资权力；② 投资决策时，正确履行自己的责任；③ 代表慈善机构管理投资时，有合理的安排；④ 委托他人管理慈善基金投资时，遵守相应

---

① Uniform Prudent Management of Institutional Funds Act. http://www.law.upenn.edu/bll/archives/ulc/umoifa/2006final_act.pdf，2015 年 10 月 1 日。

的法律法规；⑤ 慈善投资管理要符合道德规范。

（2）做好短期资金来源与长期资金支持的平衡

进行慈善基金的投资时（尤其是对于具有长期捐赠的慈善机构），受托人必须在以下两方面中为慈善目的寻求平衡：

为其慈善支出提供有效的短期资金来源；

寻求资金的保值或增值，为其慈善事业提供有效的长期资金支持。

（3）加强风险管理

慈善机构受托人须处理机构面临的风险，平衡源于特定投资产生收益的潜在风险，避免对慈善基金产生不当的风险。建议受托人采用如下三种方式：① 投资于金融服务规范，并有适当补偿措施的市场。② 有适当多元化投资组合，并且须特别谨慎投机性的投资。③ 慈善机构的年报须包括受托人选择投资的政策；作为遵守会计要求的部分，大型的慈善机构须报告具体的投资行为。

（4）明确投资责任

投资原则中规定，仅仅因为投资人做出失败的投资，受托人没有义务赔偿慈善机构的损失。然而，如果超范围地行使权力，或者不能履行上述责任而进行或持续失败投资的受托人应承担责任。

（5）注重投资伦理

受托人应采取道德投资政策涉及：

避免投资的项目在实践中与慈善机构的目标冲突，比如一个旨在保护环境和野生动物的慈善机构不会投资于对其带来污染的项目。

避免投资阻碍慈善机构工作的项目，可能由于慈善机构的资金来源导致潜在的受益人不愿受助；也可能由于不友好的资助者。受托人尽力在可能失去支持的投资资本与不适当执行的财务风险之间保持平衡。

（6）通过税收引导投资方向

对于一些不能被称为“投资”的行为只能享受有限的免税优惠：土地的购买和出让，这类行为更趋向于被定义为贸易而不是投资；购买艺术品或奢侈品，如黄金、年份酒，待其升值后卖出以获得收益，此类交易中的收益仅是期望性的，因而通常也被视为贸易。

可见在英美等发达国家，对于慈善基金投资的监管以谨慎投资管理为主。通常来说投资模式包括两种：谨慎人原则（PPR），即资产管理人以委托人利益为重，采取谨慎投资的原则；数量控制原则（DRR），即对投资管理过程进行严格限制，对投资工具的类型和比例做出严格规定。在资本市场发展较为成熟的发达国家，一般采用谨慎人原则，对投资组合不做过多限制。在新兴市场的发展中国家，一般采用数量控制原则，由于资本市场发育不完善，基金管理人经验不足或缺乏合适的风险评估模型，通过严格的投资限制，避免捐赠基金承担“超额”风险。

二、我国应逐步建立适合基金会发展的监管规则

《基金会管理条例》（2004）第二十八条规定“基金会应当按照合法、安全、有效的原则实现基金的保值、增值”。条例中对基金会如何保值增值没有做具体的规定，而只是确定了合法、安全、有效的原则。第四十三条规定“基金会理事会违反本条例和章程规定决策不当，致使基金会遭受财产损失的，参与决策的理事应当承担相应的赔偿责任”。条例中将投资权力下放到理事会，由理事会决策，目的是鼓励科学谨慎的投资，控制投资风险。条例颁布实施 10 余年的时间内，由于规定缺乏可操作性，基金会感觉无所适从，大多数大学捐赠基金不敢轻易投资；同时把基金会的损失和理事的责任联系在一起，导致很多基金会为了控制风险干脆不做投资。条例规定“在基金会

领取报酬的理事不得超过理事总人数的 1/3”，也就是说 2/3 以上的理事相当于志愿者的身份，如果决策不当要承担无限责任，理事压力很大。与前述相反，还有少数基金会投资范围过广，投资于高风险领域而不自知。有的以基金的保值、增值为名直接或间接从事借贷等活动，而忽视了公益建设；有的基金会没有按照捐赠人的意愿使用资金，违背了基金会的公益性原则；有的提供担保、抵押或质押等业务，置公益基金以高度风险状态。

由于目前我国金融市场尚不成熟，大学基金会运作经验十分有限，投资能力薄弱，政府部门通过法律规定对基金投资行为加以指引，通过政府的导向调控基金会的投资行为，使我国大学基金会本着合法、安全、有效原则实现基金的保值增值。

1. 明确大学捐赠基金的可投资资金。理论上大学基金可用于投资的资产限于非限定性资产，以及限定性资产中暂时不需要拨付的部分。另外，基金会在投资时不得违背与捐赠人和受助人的约定，即不能违背捐赠协议和已经签订的资助协议，保证及时、足额的支出。

2. 对捐赠基金的投资品种做出一定限制。由于大学捐赠基金既是公益事业又关乎大学的发展，对于其资金安全性要求较高。控制风险的主要做法是比例调控，通过对资产配置中不同风险类别品种的比例进行限制来达到控制整体投资风险的目的。比如社保基金投资规定了银行存款与国债的下限，不得低于 50%；同时规定了企业债和金融债的上限，不超过 10%；以及股票和证券投资基金的上限，比例设定为 40%。

比例限制既可以规定安全品种的投资下限，也可以规定风险品种的投资上限，这样一方面对于大学捐赠基金，可以根据自身投资目标与风险管理规定来设置资产配置的具体比例，控制自身投资风险；另一方面对于政府监管机构，通过限制高风险投资品种的比例，达到了控制教育基金行业整体的投资风险。

3. 禁止一些高风险的投资品种。以下几项高风险投资基金会不应涉足：（1）提供担保。《担保法》中有相关规定，公益组织不能提供担保。（2）借款给非金融机构，从资金安全性的角度出发应予以控制。（3）从事可能使基金会承担无限责任的投资。（4）从事违背基金会使命可能损害公益性的投资。

4. 建立风险补偿机制。（1）风险准备金制度。参照对安全性同样要求较高的社保基金，社保基金投资有双重准备金的保障制度。即社保基金投资管理人按当年收取的社保基金委托资产管理手续费的 20% 提取风险准备金，专项用于弥补社保基金投资的亏损，社保基金理事会再按社保基金净收益的 20% 提取作为一般风险准备金，专项用于弥补社保基金投资发生重大亏损时社保基金投资管理人所提管理风险准备金不足以弥补的亏损。（2）建立止损机制。止损是控制风险的重要手段，按照操作方法分为定额止损、技术止损和无条件止损。比如保监会对保险公司检查时要求其提供投资止损相应的制度。中国青少年发展基金会在每年的投资收益、每单投资协议中都会严格规定风险底线，“一旦有超出底线 1% 的波动，就会要求停止”。各大学基金会应根据自身特征和风险承受力建立自己的止损机制，在不同情况下具有一定的差异性。

5. 利用税收杠杆进行调控。《关于非营利组织企业所得税免税收入问题的通知》（财税〔2009〕122 号）规定，非营利组织的免税收入仅仅包括“捐赠收入、财政拨款以外的其他政府补助收入（政府购买服务取得的收入除外）、按照省级以上民政部门、财政部门规定收入的会费、不征税收入和免税收入孳生的银行利息收入”。这一规定缩小了“符合条件的非营利组织”依法应该享受的所有非营利性收入免税的权利，使得导致基金会增值保值所获得的收入部分也成为企业所有税的纳税范围。

基金规模排名百名左右的 C 大学基金会副秘书长表示：“基金会虽然现在没有投资计划，但以后肯定要做。主要考虑定期存款，因为存款利息可以免税。但面临理事会换届，资金开支不明确，暂时放在那里。”基金会的税收政策、权责机制对基金会参与投资的影响比较明显。美国和英国对于基金会的投资收益采取免税政策，我国的税收规定不利于基金会的保值增值。

由于我国现阶段基金会管理制度缺乏可操作性，政策导向不明确，因此，有必要对基金会的投资管理制定相应规则，现阶段可以采取数量监控与谨慎管理相结合的方式。随着资本市场的发展，基金管理人能力的提升，逐渐由数量原则控制趋向谨慎人原则。由于法律法规应该具有一定的稳定性,《条例》有关投资的规定可以暂时不做修改，具体细则可以出台办法等规范性文件，根据阶段性的发展及时进行调整。我国新的《慈善法》即将出台，通过法律、行政法规和管理办法三个立法层次，对我国大学捐赠基金投资运作与风险管理形成有效的监管。

第二节　优化大学捐赠基金资产配置过程

一、资产配置是投资过程的核心环节

常用的投资组合管理工具主要有三种，即资产配置、择时和证券选择。资产配置是投资过程的核心环节，是投资者进行投资决策的基础，通过资产配置实现长期政策目标。资产配置中选择资产类别甚为关键，决定了投资的回报情况。投资者需要熟悉各种资产类别的基本特征以及各种资产的收益驱动因素，明确其预期收益、风险以及不同资产类别的相关性。在资产配置中，稳健的长期投资者要坚持股权偏好和分散化投资的基本原则。

1. 资产配置策略决定基金的投资表现

耶鲁大学 2020 年收益率为 6.8%，过去 10 年平均收益率为 10.9%，20 年

平均收益率为9.9%，堪称业界奇迹。耶鲁大学投资委员会主席、高盛银行的投资专家查尔斯·埃利斯（Charles D. Ellis）总结耶鲁大学捐赠基金投资的成功经验为：耶鲁捐赠基金长期投资回报业绩突出，保持稳定的高水平；耶鲁基金永恒的主旋律是创新、积极、稳健和主动的风险防御；耶鲁基金具有强大的逆境生存能力，面对艰难的环境和激烈的竞争，表现反而更好。

由耶鲁大学的资产配置演变可以发现，耶鲁大学捐赠基金在资产配置方面对各类资产特点足够了解，形成了自身的风格，可以概括为：（1）积极的管理创造投资价值，追求积极、稳健、主动防御风险。（2）注重长期投资，坚持多元化投资组合。（3）高比例配置另类资产，以降低部分资产流动性获得高收益；由于另类资产的市场定价机制相对薄弱，可以取得不同于传统资产类别的超额收益。（4）私募股权是投资组合的核心，进行重仓配置，现金比例配置极低。（5）配置房地产和油气林矿等，抵御通货膨胀风险。

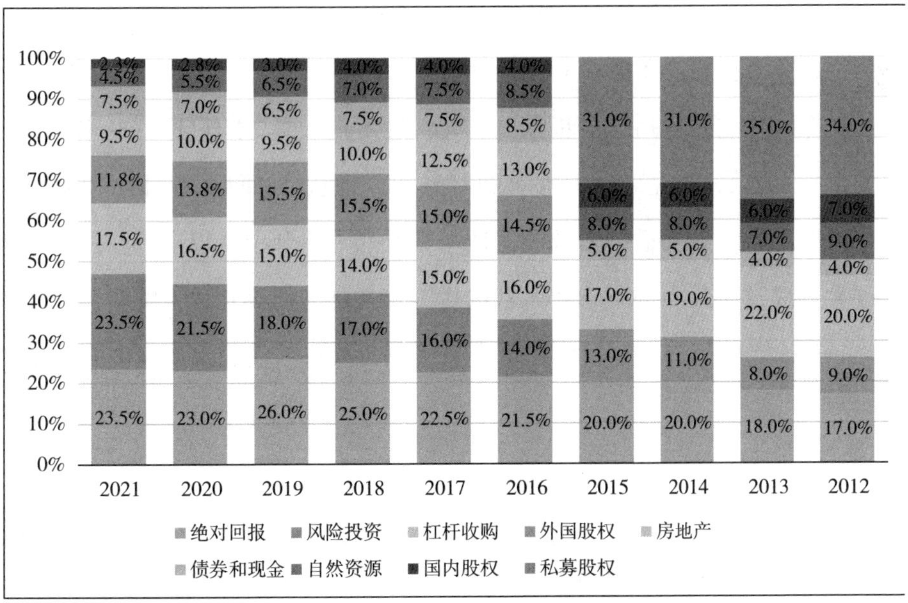

资料来源：耶鲁大学基金会2021年11月。

图37　2012—2021年耶鲁大学捐赠基金资产配置情况（%）

耶鲁大学基金成功的投资模式为大学捐赠基金树立了榜样，构建了完整的投资流程和严谨的投资原则，包括设定投资目标、确定资产负债比率、配置资产类别、选择投资品种、风险管理、确定基金经理等。

2. 资产配置需考虑的主要因素

随着我国资本市场的发展，可供选择的投资工具更加全面，市场的参与者更加多元化，特定的风险管理工具能更加有效地分散捐赠基金的投资风险，大学捐赠基金通过积极投资管理，更好地实现保值增值。

（1）资产配置的主要流程

好的资产分配策略应该满足两个条件。第一个条件是经济方面的：好的资产分配策略应该具有投资意义。也就是说，给定资金来源与合理的资本市场假设，该资产分配策略能够在投资者要求的置信水平上实现投资目标。第二个条件是行为方面的：好的资产分配策略可以使得投资者毫不动摇地坚持策略不放弃，特别是在极端市场时期下。[①]

资产配置主要包括三个步骤：首先，确定捐赠基金的目标收益率与风险承受水平，这是确定投资策略的基础。其次，将基金分配给不同类别的资产，资产类别的数量需要适中，既能保证每类资产在组合中可以发挥作用，又不能过大造成过于集中的影响。通常选择资产类别大约为 6 种，配置比例介于 10%—30% 之间。资产配置应在现金、债权、股权、实物资产以及另类资产之间进行分配[②]。最后，选择具体的投资产品，根据各种产品预期收益、风险

---

① [美]罗杰·C. 吉布森，[美]克里斯托·J. 斯东尼：《资产分配》（原书第五版），机械工业出版社，2014 年，第 279 页。

② 张敏：《美国谨慎投资者规则与现代投资组合理论探析》，《证券市场导报》，2007 年 7 月，第 28—31 页。

以及相关性进行选择，同时考虑交易成本、流动性等因素。

（2）实施长期投资的价值理念

耶鲁大学基金首席执行官史文森坚信价值投资，强调追求风险调整后的长期投资回报，优异的投资回报取决于合理资产配置、严格的再平衡策略以及避免择时操作。在瞬息万变的投资市场中，恪守这些投资准则能够获得优异的回报。

对于流动性较差的资产进行投资需要坚持长期的投资理念。非流动性资产的投资者需要签署长期协议，不能依靠流动市场交易放弃错误的投资，有时甚至需要购买部分企业所有权。投资流动性较差的资产要想获得成功，投资者要更加谨慎，考虑更为周密，更加恪守投资纪律。

由于大学捐赠基金具有永存性，在资产配置时通过长期投资的价值理念，可以配置低流动性的资产，进而获得更高的投资收益。建立与投资信条基本一致的投资组合，需要严谨的投资流程作为保障，这样才能保证投资政策的执行力度，避免择时操作，通过积极管理投资组合，更好地利用各类资产类别以及市场错误定价的投资机会，[①] 取得超额投资回报。

二、通过再平衡策略有效管理投资风险

再平衡策略是在投资过程中，由于市场环境等发生变化，对资产配置比例产生的偏差进行修正，使得投资组合与制定的政策目标保持一致，谨慎投资者应该努力保持二者之间的一致性。从本质上说，再平衡的根本目的是控制风险而不是增加收益。投资者应尽量避免择时操作，为确保投资组合能够反映预期的风险和收益水平，通过再平衡策略保持资产配置比例与投资目标

① ［美］大卫·史文森：《机构投资与基金管理的创新》，张磊等译，中国人民大学出版社，2010 年，第 11 页。

一致。

案例：1987 年 10 月股灾发生后，美国市场大幅波动导致普通捐赠基金调整资产配置，在恐慌中纷纷抛售股票，投资组合中股票的比重降低，债券比重升高。1987 年 6 月—1988 年 6 月，股票的配置比重从 55.3% 下降到 49.1%。由于在股市低谷时，捐赠基金没有及时进行资产再平衡操作，使得市场迅速恢复后，未能从股市上涨中获取收益。一直到 1993 年，捐赠基金中的债券和现金的比重一直高于股灾前的水平，低风险意味着低收益，大学捐赠基金遭受了巨大的机会成本损失。

1. 再平衡策略在美国大学捐赠基金的应用

2014 年美国 NACUBO 的调查显示，平均有 83% 的大学基金采取再平衡策略。通常有两种再平衡策略，以日历为周期和以市场价值为基础的方式。以日历为周期的方式中，大约 25% 的院校采取季度法，9% 采用年度法，另有 9% 采用按月平衡法，3% 采用半年为周期。使用市场价值为基础的院校，88% 使用了基于目标和范围的方式，38% 的院校采用基于主要捐赠或其他现金流的方式。

表 66　2013 和 2014 财年资产组合的再平衡策略

	所有院校		10 亿以上		5 亿—10 亿		1 亿—5 亿		5000 万—1 亿		2500 万—5000 万		2500 万以下	
年份	2013	2014	2013	2014	2013	2014	2013	2014	2013	2014	2013	2014	2013	2014
院校数量	757	752	75	83	66	73	241	245	152	151	111	110	112	90
公历年为基础														
每年	9	9	3	1	9	7	9	9	10	6	12	14	11	14
半年	4	3	4	2	2	1	4	3	3	4	5	6	4	2

续表

	所有院校		10 亿以上		5 亿—10 亿		1 亿—5 亿		5000 万—1 亿		2500 万—5000 万		2500 万以下	
每季度	26	25	9	12	20	15	28	28	29	33	26	24	31	23
每月	8	9	12	12	6	11	7	9	13	11	5	6	5	7
其他	2	3	5	8	5	4	1	2	0	1	2	3	0	1
市场价值为基础														
基于目标和范围	90	88	83	80	91	90	92	89	94	91	88	89	90	86
基于主要的捐赠和现金流	35	38	25	25	33	32	35	39	32	42	36	35	44	47
其他	1	1	3	2	2	0	0	1	1	1	2	1	0	0

注释：多选。

资料来源：根据 NACUBO 年报数据整理，http://www.nacubo.org/.2014。

2. 再平衡的操作方式

由于现实市场环境中，投资活动极其复杂，实际的投资组合与理想目标经常偏离，投资组合的实际收益偏离目标收益的原因包括：投资于流动性较差的工具，追求积极管理策略，以及直接或间接运用杠杆。为了维持资产类别的目标配置比例，严谨的投资者要系统性地进行再平衡操作，卖出表现相对强劲的资产，用所得收益买入相对走弱的资产。在上市有价证券构成的投资组合中，通过使用低成本、被动的投资工具，投资者可以严格执行资产配置的政策目标，确保投资组合符合政策目标，并且确保组合的风险和收益特征符合预期水平。

通常再平衡操作的方式有以下三种：（1）有些投资者按月度、季度或者年度进行再平衡操作。（2）有些投资者为了控制交易成本，规定宽泛的上下限，当组合中的资产配置比例超出这个范围时，才进行再平衡操作。（3）有少数投资者采取持续再平衡策略，较之前两种，第三种策略风险控制能力更强，而且成本更低。[①]

友成基金会的案例：友成基金会全称友成企业家扶贫基金会，是成立于2007年的非公募基金会，其100%持股友成资产管理公司。友成资产管理公司负责管理基金会的资产，以短期投资运作为主。基金会成立了投资管理委员会，负责制订年度投资计划以及投资研究报告。下面设有专业的执行团队，聘请专业的投资人员。风险控制方面，制度中要求当基金发生亏损时，则评估之前的投资决策是否成立，如果不成立就卖出亏损资产，如果成立有可能继续买进。

友成基金会的做法是亏损时的再平衡。实施再平衡需要高度的理性，市场波动时，要维持组合的目标，投资者必须卖出表现相对强劲的品种，买入表现相对较弱的品种。对于投资者来说，需要一定的毅力，才能在震荡中坚守政策目标。

三、稳定支出政策，加强流动性风险管理

大学捐赠基金的资产配置，要以大学的支出政策为依据。大学基金的投资目标可以分为长期目标与中期目标两个维度，长期目标是保持基金的购买力，实现基金的保值增值，适合于高收益、高风险的投资策略；中期目标是支持当前的日常运营，为大学预算提供稳定的流动资金，需要保持资产的流动性，适于低风险低收益的投资策略。这两个看似矛盾的目标，可以通过适当的支出政策在两者之间做出平衡。大学基金在投资政策和支出政策中需

① ［美］大卫·史文森：《机构投资与基金管理的创新》，张磊等译，中国人民大学出版社，2010年，第121页。

要同时权衡这两个目标的相对轻重，通过制定稳定的支出政策，合理安排捐赠基金在多大程度上可以服务于当前学者之用，在多大程度上支持未来学者之需。

在支出领域也有不同的声音，罗森沃尔德基金会的创始人朱利斯·罗森沃尔德在认为“我并不赞同捐赠资源永久有效的做法。我相信，待资金投入理事们所发现的具有建设性意义的工作，将带来比长期地存储大量资金多得多的益处，通过这一方式，可以避免机构的官僚化倾向。同时，也能避免那些历史较长的机构常有的工作模式僵化和工作态度敷衍的状态。当下一代人崛起时，他们可以依靠自己来满足自身需求”。[①]

这种观点只考虑基金会的当前支出，未考虑长远之用，若无远虑，必有近忧。以1896年成立的诺贝尔基金会为例，原始资产为诺贝尔捐赠的980万美元，目的是支付奖金。在基金会运作的初期，诺贝尔基金会未充分考虑未来所需，基金只投资于固定收益类的银行存款和国债。以安全为首要因素的投资方式，导致基金不断缩水，1953年诺贝尔基金会的资产只有300多万美元。此后基金会修改章程，扩大投资范围，开展积极运作，1993年基金资产增加至2亿多美元，尽管在2008年金融风暴中大幅缩水，2012年资产仍有3亿多美元。可见，捐赠基金在当前之用与未来之需之间需要做出平衡，保持投资政策与支出政策的平衡在其中发挥着关键作用。

投资者在选择投资政策时，需要同时运用投资组合工具和支出政策工具，以实现捐赠基金管理的核心目标，同时又能根据不同基金的需要有所侧重。

有效的支出政策可以使机构进行风险较高的投资，并同时避免投资收益波动对机构预算支持的影响。捐赠基金投资与支出政策的成功与否，最终体现在它是否能够提供大量稳定、可靠、可持续的资金来支持机构的运营。有

---

① Edwin R. Embree and Julia Waxman, *Investment in people: the story of the Julius Rosenwald Fund*, Harper & Bros, 1949, p.31.

时市场环境波动会影响目标，但是投资者推行明智的投资与支出政策，将有利于最大限度实现两个目标之间的平衡。

第三节　加强内部治理机制的风险管理

加强大学基金会内部治理机制的风险管理具有重要意义，通过建立投资委员会、完善投资决策机制，打造内外结合的专业化投资团队，以及构建内部运行机制的全面风险管理系统，减少操作风险的发生，将大学基金会可能的风险随时降至最低程度。

一、完善基金会投资决策机制

大学基金会中，理事会是决策机构。理事会决策制定基金会资产管理的规章制度，确定资产组合策略和风险容忍度；由理事会来确定投资管理人的选定标准等。而我国大学基金会缺少专业的投资管理人才，理事也并非都具有专业投资背景，导致很多投资决策难以决断甚至被搁置。大学基金会可通过成立投资委员会，协助理事会进行投资项目审议；按照投资目标的不同性质，加强投资决策管理制度。

1. 成立投资委员会

为了提高投资管理团队的专业性，大学捐赠基金可以通过成立投资委员会的形式，帮助管理团队构建高质量的投资组合。有研究发现，美国捐赠基金排名前 10% 的院校中，投资委员会成员平均有 8.9 人[①]。投资委员会帮助基

① Shanta Acharya and Elroy Dimon. Endowment asset management.Oxford:Oxford University Press，2007,p.59.

金会决定投资的性质和方向，并对投资组合进行适度监督，同时也是投资管理人的支持者。如北京大学教育基金会对投资委员会进行调整，新的委员会由 9 名委员组成，2/3 来自校外的资本运作专家，很大程度上提高了队伍的专业化水平，有利于探索更为有效的投资策略和决策机制，争取实现更多的投资收益。

目前我国只有少数大学建立了投资委员会制度，结合我国政策环境以及基金会发展的阶段，可以从以下几方面考虑筹备投资委员会。

（1）投资委员会的构成：可以是理事会中具有专业投资经验的理事，选聘外部在金融系统有一定影响力的投资专家，也可以利用高校校友资源建立专家库的形式随机安排。通常安排 5—8 人，人数过少不利于发挥集体决策优势，人数过多会增加妥协和“共识”思维的成本，如北京理工大学投资委员会为 6 人。

（2）投资委员会成员资格：① 具有金融及相关企业管理专业知识和技能，对金融市场理解深刻；② 具有投资行业从业经验，业内有一定知名度；③ 品行端正，无不良从业记录。

（3）投资委员会的职责：① 接受理事会委托，对重大投资活动进行决策或审议，对基金投资政策、支出策略和不同资产类别的投资方式进行指导，并将高级投资经验融入投资政策的制定中。② 为理事会的决策提供信息支持，对基金会投资理财工作进行战略性分析，对基金会投资方向及战略调整做出合理建议。③ 对于基金会秘书处制订年度投资理财计划、资产配置策略、基金业绩表现等问题提供相应的意见和建议。④ 协助基金会完成投资理财方案设计，包括投资理财方式、投资理财规模、投资理财结构及相关成本和风险的预测等。⑤ 协助基金会对投资项目进行监控，及时发现投资项目运行中的问题并预警，提出处理意见。

（4）投资决策：所有投资活动经投资委员会决策，进行事前评估和事后管理，投资决策需 2/3 以上委员同意视为提议通过。

2. 建立科学合理的投资决策机制

基金会的投资决策包含 3 个层面：政策层面、战略层面和战术层面，在开展投资决策时应注意把握这三个层面之间的关系[①]。

首先，基金会要十分重视政策决策，通常在年度会议上进行，重点制定资产配置的方案，这也是投资决策的核心环节。会议前，投资管理人应充分做好准备，提前将方案议题向投资委员会说明。会议中，应就资产配置方案充分讨论，理事会 / 投资委员会应提出适当的建议，为制定谨慎的投资方案奠定基础。

其次，战略决策注重改进组合管理。战略决策通常在理事会会议中制定，针对投资组合的表现以及不同资产类别的深入分析，对组合管理进行评估，并与基准进行比较，发现投资机会。通过分析投资组合的战略决策，一方面可以改进组合管理，另一方面可以为未来制订计划。

最后，战术决策应注重调整。战术决策会议通常关注一些热点主题，深入分析某一特定资产类别，全方位分析不同行业、不同规模、不同特征的资产对投资组合的影响。可以邀请外部经理参与，与内部管理人共同探讨，通过面对面交流，更加深入市场，提高决策的有效性，发现隐蔽的风险并提前做好防御准备。

大学基金会投资决策实行集中决策制度，流程如下：(1) 研究部门和法务部门对相关法律法规，宏观经济环境，市场环境如利率、通货膨胀预期等进行分析，提供市场、行业及企业研究报告，为投资决策提供依据。(2) 投资委员会根据投资部门提供的投资组合建议书，结合捐赠基金的使用要求，

---

① [美] 大卫·史文森：《机构投资与基金管理的创新》，张磊等译，中国人民大学出版社，2010 年，第 290—292 页。

制定资产配置策略，确定风险管理方式。（3）投资委员会定期召开会议，对资产配置策略、基金投资业绩进行讨论，听取投资部门的工作汇报，做出改进投资策略以及再平衡策略的操作指令。（4）规范决策表决制度，按照决策程序进行，决策需经 2/3 以上票数通过方为有效。

总之，大学基金会决策制定者应以政策决策为核心，将资产配置视为年度重要议程，资产配置策略不能轻易变动。同时，通过投资委员会的决策机制，对投资过程进行全面评估，深入了解市场动态，抓住投资机会，做好风险管理。

二、打造内外结合的专业化投资团队

大学基金会进入金融市场开展投资运作，必须聘请专业的投资人才。1987 年时任高盛公司高管的汉克·鲍尔森（Hank Paulson）在耶鲁管理学院演讲时提出：优秀的投资管理团队有许多共同的特征，最为重要的因素是——人才。对于大学捐赠基金，打造专业投资团队通常有三种模式：第一种，委托外部投资型；第二，独立运作型；第三，混合型，介于前两者之间，将部分资产委托外部打理，其余由内部团队管理。

1. 建立专业化的内部投资团队

能够吸引优秀人才的机构需要具备：经营理念超前，全球化的视角，新老员工之间体现良师益友的关系，敢于赋予新人责任。对于大学基金会等非营利组织，最大的挑战就是招聘专业的投资人才，与金融投资机构相比，大学基金会的薪酬水平要低得多。非营利投资机构提供的薪酬是解决人才问题的巨大压力。因此，对于大学基金会，物质激励不足的部分，需要用精神激励来弥补。一方面，需要选择热爱教育事业，志同道合的专业人才；另一方面，通过良好的团队氛围和教育公益事业的愿景来保留人才。耶鲁大学捐赠基金的主要特点就是：热爱大学捐赠基金事业，不受外界诱惑，热爱服务的大学，将大学捐赠基金的长期投资理念与自身的长期工作融合在一起，在物质回报外更注重精神回报，具有强烈的责任感和使命感。

我国大学捐赠基金已有 20 余年的历史，但是发展的步伐难以跟上外界的变化。很多基金会对资产管理不够重视，人力资源投入严重不足，基金会几千万甚至上亿元的资产趴在银行账户上，或者由财务人员购买一些银行理财产品。部分大学基金会，没有专业管理人员，人员支出成本为零，认为基金会成本越低越好。其实这是一种错误的理念，任何机构运作都需要成本，机构需要实现的不是零成本零收益，而是适当成本下收益的最大化。

基金会管理条例规定，基金会人员工资福利和行政办公支出不超过总支出比例的 10%，我国很多大学人员行政支出成本其实远远低于此项标准，2014 年清华大学教育基金会人员行政支出比例为 2.33%，北京大学教育基金会为 1.98%，浙江大学教育基金会为 0.73%，天津大学教育基金会为 1.65%。数据表明，在条例允许的范围内，大学基金会可以用部分管理费用建立专业的投资团队，为基金会带来更高的投资回报。对于 1 亿元的资产，每年增加 1% 的投资收益，就是 100 万元的增值；很多基金会没有意识到专业投资团队的重要性，高素质的投资团队所带来的收益远大于管理成本的增加。

2. 借助外部顾问提高管理效率

基金会通常把熟悉的传统投资种类交给内部团队打理，而对于一些专业性特别强的私募股权、金融衍生品、房地产等另类资产交给外部专业的投资团队打理。自 1975 年耶鲁大学投资委员会成立以来，一直聘请外部顾问协助治理。外部专家在投资决策过程中提供了很多宝贵的意见，也带来很多外部金融市场的经验，对大学的投资管理的业绩做出了很大的贡献。

通过外部委托投资的形式开展投资，运作模式专业、高效，但是需要严格的监管机制，对投资过程进行全程监督，减少委托代理风险，避免不必要的损失。选择外部投资经理，需要进行尽职调查，良好的从业记录和正直的品质是选择投资人的关键。需要经过严谨的考察，对投资经理进行全面的评估。

投资管理人是投资组合的驱动力量，在资产配置、支出政策以及投资组合管理中都发挥着重要作用。投资过程需要建立严谨的流程，通过书面形式提交投资方案是有效的沟通方式。书面文件可以使论点清晰、论据充分、论证严谨，形成完善的逻辑框架。

■ 国内知名的非公募基金会 L 秘书长表示：基金会投资的比例目前仍然较低，大部分基金会没有进行投资理财，主要有两方面原因。第一，投资意识不足，或者说善心不足，如果是自己家的钱不会这样放着；第二，缺乏人才，缺乏主动学习的精神，这点可以去寻找合适的人才或者进行外部委托，我们也没有专业的投资人员，全部委托外部投资。

■ 同样，G 基金会投资管理人员表示：目前，我们的投资比较谨慎，主要有两个原因。其一，章程中规定：投资失败时理事承担责任，对于一些创新的投资项目理事们就不同意。其二，我们没有足够的资金进行投资。其中每年 5 亿元的募集资金，现金不到 2 个亿。对外投资主要是靠资产管理公司，这样基金会可以相对地规避风险。

一些基金会没有专业投资人才，期望通过外部委托投资来规避自身投资风险。从外部监管来说，一定要建立专门的监管体制，把合适的资金交给合适的管理人运作。外部委托投资管理人操作一些大规模或者高风险的投资，需要明确哪些机构能够担任专业的投资管理人。与此同时，基金会要把握形势，紧贴业务，不断研究操作风险新的控制点，完善内部管理制度，及时有效地评估并控制可能出现的损失，采取有效措施降低投资风险。

三、建立基金会全面风险管理系统

全面风险管理指围绕基金会的总体目标，全员共同参与，通过对各个部门各个环节的风险进行监控，对每种投资工具做好风险的识别，对每种风险类型做好评估与控制，将风险可能带来的影响和损失降到最低水平。完善健全的内部风险管理系统，是防控金融风险和有效控制金融体系危机最重要的基石[①]。大学基金会作为非营利组织，风险管理是投资的首要原则，基金会内部要健全风险管理流程，打造全面风险管理体系。

1. 打造全面风险管理系统结构

基金会内部风险管理系统，需要打造一套统一的、多层次的、相互交叉的风险管理组织结构。组织内部以理事会为最高管理层，通过风险管理部门与基金会各部门交叉联系，包括财务管理部门、操作部门、交易部门等，形成一套完整的、全方位的监控体系。[②]

■ 保监会 Z 专家在访谈中表示明确投资责任很有必要。随着基金会投资范围不断扩大，投资风险也在不断增大。因此，风险管理方面主要是：第一，体制、机制的建设，基金会内部作为一个主体运作

---

① 韦琳：《社保基金投资效益与风险监控》，中国金融出版社，2014 年，第 198 页。

② ［法］米歇尔·科罗赫、［以］丹·加莱、［美］罗伯特·马克：《风险管理精要》，路蒙佳译，中国财政经济出版社，2010 年，第 83 页。

投资，要明确责任。投资是有责任的，谁来承担风险要明确。第二，规范工作流程。虽然基金会不像保险等商业机构，但实际上理事会也承担着管理基金的责任，所以对投资方面的职责一定要明确。如果没有明确责任，投资是很危险的行为。

内部监控是基金会对内部控制建立与实施情况进行监督检查，评价内部控制的有效性，发现内部控制缺陷，及时加以改进。在内部控制过程中，通过适当的监督，对内部控制运行质量进行客观公正的评价。内部监督包括持续性监督和独立性评估，通常需要将二者结合。持续性监督包括日常管理、例行监督和定期的事后监督等。独立性评估通常根据投资风险测评或者持续性监督结果来确定，其范围和频率根据评估情况进行调整。基金会内部控制存在的问题需要直接向理事会进行汇报。

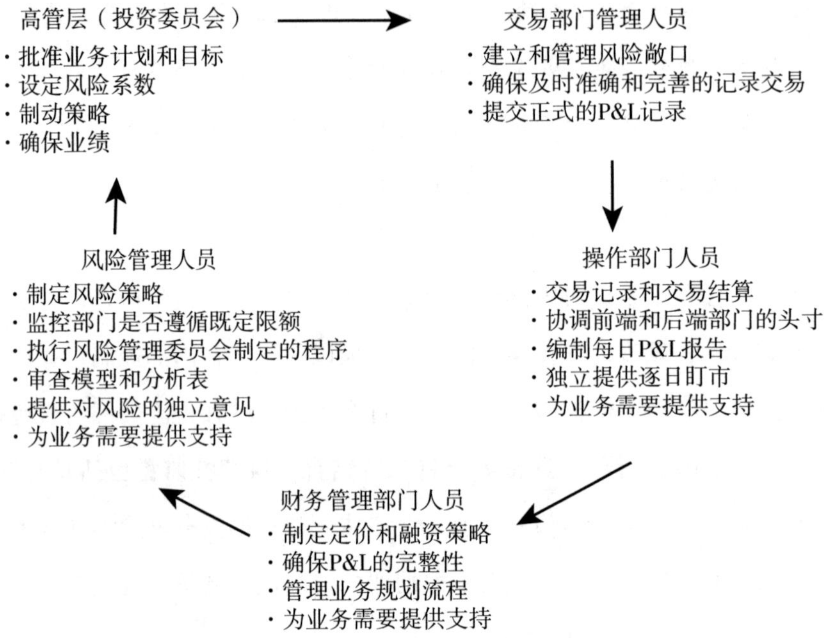

图 38　全面风险管理中的依存关系

全面风险管理组织结构的核心是直接隶属于理事会的风险管理委员会。风险管理委员会的主要职责有：制定基金会风险管理章程制度；建立基金会风险运行管理流程体系；确定内部各部门的权限，包括风险限额，审批限额等；对投资过程中的风险进行评估，使风险类型和风险程度与基金会风险政策相一致；根据市场情况修订完善风险管理目标。

风险管理委员会下设两个专门的风险管理部门：风险管理部和审计部，风险管理部监督公司整体的日常风险情况，审计部通过定期监察基金会的投资业务活动，评估其经营与财务风险。这两个部门与公司其他业务部门应保持独立，定期召集其他部门如财务部、操作部、技术部及各业务部门的风险经理开展例会，进行信息交流与经验沟通，对投资风险进行识别、评估与控制，及时调整投资与风险管理政策，以达到预期目标。

风险管理委员会与投资决策委员会是平行机构，应对投资决策的内容进行风险评估与反馈。全面风险管理坚持两项原则，第一是全面性原则，风险管理贯穿基金会的各个部门、各个环节和各项投资业务活动之间；第二是独立性原则，风险管理委员会与其他部门保持独立，直接向理事会负责。全面风险管理体系是以风险管理委员会为内部中枢，纵向通过自上而下的风险控制和自下而上的风险反馈双向通道，横向通过平行机构的风险评估，构成一个完整的封闭式的信息系统。组织系统内的各种资源为风险管理提供信息支持，各部门的风险信息反馈为风险管理提供全局和各部分的风险动态，构建了全方位的全面风险管理体系。

2. 优化风险管理流程体系

大学捐赠基金的风险管理流程体系是全面风险管理系统在不同阶段的表现，代表风险管理部门工作的逻辑顺序，体现全面风险管理的整体性，搭建了风险管理制度与组织体系之间的桥梁。[①]

基金会内部的风险管理流程包括三个步骤：① 风险分析（识别与评估）；② 风险控制（控制体系）；③ 风险的处理措施（转移或补偿）。其中第一步是基础，第二步是核心，第三步是善后处理，它们在风险管理过程中同时存在。纵向体系里的风险决策和风险监督并非单独存在，而是贯穿于风险管理的全部活动之中。如图 39 所示[②]。

---

① ［美］彼得·L.伯恩斯坦、［美］阿斯瓦斯·达摩达兰：《投资管理》，机械工业出版社，2000 年，第 29 页。

② 王庆林：《开放式证券投资基金投资风险控制研究》，西安理工大学，2002 年。

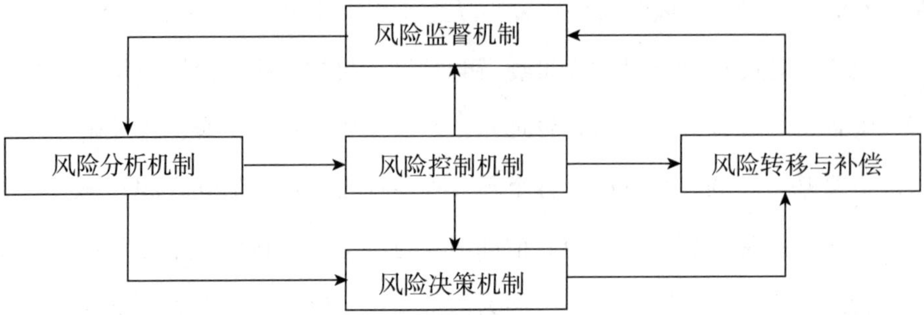

图 39　风险管理系统基本流程

（1）风险分析机制

风险分析是全面风险管理的基础，包括风险识别与风险评估两个阶段。大学基金在投资过程中，面对复杂的市场环境，首先要识别可能出现的风险，进一步通过风险评估了解各种风险的类型、发生的可能性以及损失的程度。

（2）风险控制机制

风险控制是全面风险管理的核心环节，通过有效的风险控制可以将风险的损害降至最低程度，风险管理的目标通过有效的控制机制得以贯彻实现。风险控制主要通过建立职责分离体系，明确授权机制，关键岗位特殊管理，信息技术安全保障以及应急预案程序等环节，确保投资活动的持续开展。[①]

（3）风险转移与补偿机制

风险转移与补偿是对已发生的风险采取的补救措施，通过各种方式将风险的损失降低、转移或者弥补、还原。风险的转移与补偿是风险管理的最后一道防线，但是其过程不仅限于事后行为，在制定风险决策时就应预留一定的风险补偿空间，如保险途径、风险准备金等机制。

---

① ［英］保罗 · 霍普金:《风险管理》（第二版），蔡荣右译，中国铁道出版社，2014年，第 88—95 页。

（4）风险决策机制

风险决策是全面风险管理的首要环节，但同时贯穿于风险管理活动的全程，对各个环节的信息反馈进行综合，为以后的投资活动提供参考。风险决策可以采取决策树法，将所有投资方案通过决策模型进行比较，根据目标函数与决策原则，选择最优方案。

（5）风险监督机制

风险监督机制是通过基金会内部的制度体系以及信息渠道，对风险因素进行每一步骤和每个环节的监督，包括决策风险、操作风险、市场风险和流动性风险等不同的风险类型。

大学基金会投资部门健全内部控制制度，使得风险管理与投资业务的开展相一致。投资流程应采取分级授权、相互制约的方式。第一步，根据基金会理事会提出投资原则，经投资委员会决策通过，投资部门制定资产组合的执行方案。第二步，风险管理部门根据经济环境和投资计划提出风险防范的具体措施，包括投资止损点，重大事项终止制度等。第三步，投资部门根据投资组合与风险防范方案，对内部和外部投资人员下达指令，完成投资操作。监察人员对计划执行情况做好监督记录。第四步，投资项目结束，投资部门负责人向理事会提交项目总结报告。最后，学校或审计机构依据相关法律法规，对基金会投资情况进行审计，对于出现的问题，及时进行整改。[①] 年度结束后，将基金会投资情况完整计入基金会年度报告，接受年度审计监察。

第四节　发展行业共助，成立“共同基金”

我国的大学捐赠基金，目前发展仍是各自为政，缺乏统一的组织管理。

① 戴志敏：《大学教育基金会管理研究》，浙江大学出版社，2010 年，第 121 页。

有的基金会成立时间较长，投资运作有一定的经验；但信息在基金会之间缺乏有效的流通渠道，一些小型基金会尝试投资，却又力不从心。通过基金会民间或民政部官方发起基金会的自律组织，牵头开展具有公信力的培训非常有必要，一方面提高基金会投资的参与度，另一方面有利于加强行业的投资规范性。

一、共同基金搭建中小型基金会投资的平台

Commonfund 源自美国，在中国称为“共同基金”，是为中小型基金会服务的公益性质的投资平台。1971 年福特基金会发起成立 Commonfund ，属于非营利组织，专门为基金会提供理财服务。其本身是 NPO，在联邦税法调整后，投资收益享受免税待遇。

Commonfund 有独特的投资理念，为基金客户量身定做投资方案，为客户资产负责。管理资产超过 280 亿美元，40 年的平均收益高达 17%。

1.Commonfund 的资产管理与投资运作

（1）收费合理，管理高效

Commonfund 收费方面强调合理，在金融投资行业基本是最低标准，专门为中小型的基金会搭建投资理财的平台。同时具有高效的管理体系，Commonfund 成员由理财师和金融专家构成，包括花旗银行董事总经理，Lewlett 基金会副总裁兼首席投资官等；由于没有股东，成员只领取工资，不参与分红。

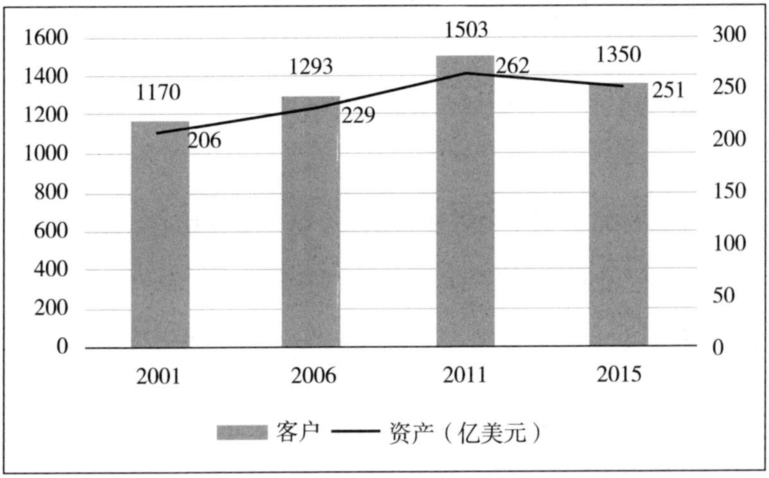

数据来源：根据 Commonfund 官方网站整理，http://www.commonfund.org/。

图 40　2001—2015 年 Commonfund 的发展

（2）客户主要为捐赠基金，注重扶植行业发展

2021 年，Commonfund 有 1351 位客户，客户以美国为主，也有来自全球其他地方的。客户构成主要是捐赠基金，占 45% 以上，其余为基金会、卫生保健组织、高净值客户和养老基金。Commonfund 非常注重客户的反馈意见，并定期进行满意度调查，90% 的客户愿意向其他机构推荐 Commonfund。[①]

表 67　Commonfund 的客户构成（2021 年）

客户类型	客户数
捐赠基金	641
基金会	418
卫生保健组织	102
高净值客户、家族客户等	174
养老基金及其他	16

① [美]道格拉斯·麦克尼利:《共同基金是如何为基金会理财的》，基金会中心网一周年报告，2011 年 7 月，第 38—39 页。

续表

客户类型	客户数
总计	1351

资料来源：Douglas McNeely. Commonfund是如何为基金会理财的［R］，基金会中心网一周年报告，2011。

Commonfund注重透明度的管理，并且十分重视扶植行业发展。包括对捐赠基金管理者进行培训，每年安排两天到耶鲁大学讲授有效投资的专业知识；举办Commonfund论坛年会，将1500名业务客户吸引到佛罗里达；以及组织电话会议，邀请行业专家提供信息，在全球开展投资等。

2.Commonfund投资方式

（1）资产配置

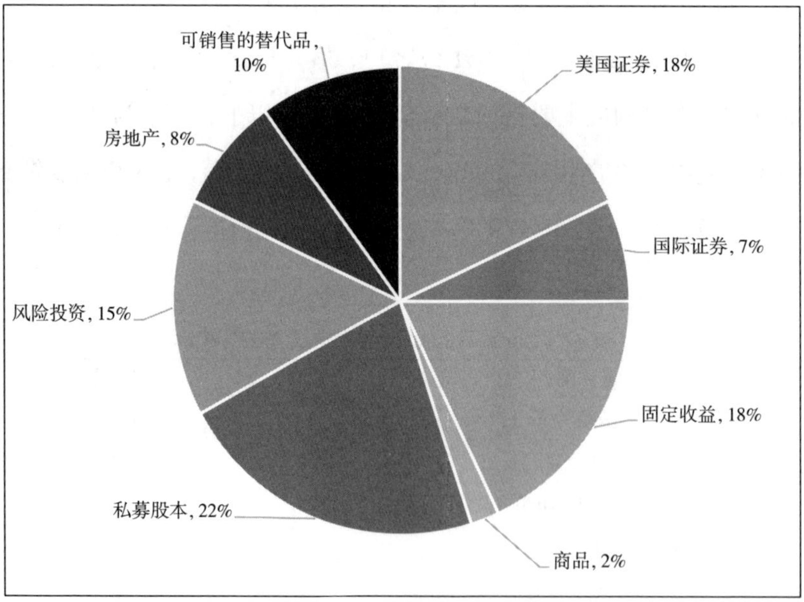

资料来源：Douglas McNeely. Commonfund是如何为基金会理财的［R］，基金会中心网一周年报告，2011。

图41　Commonfund资产配置的方式

Commonfund 提供三项主要业务：外部解决方案，另类资产投资策略，私募股本。在各种资产种类上进行投资，私募基金、风险投资、大宗商品、房地产等另类资产领域，是 Commonfund 的专长领域，取得了丰厚的回报。

（2）风险管理——投资过程的关键要素

投资组合构建——传统基准要求无约束的结构，允许“最佳思维”投资组合经理的实现。

尽职经理选择——高度结构化的流程组合构建、经理选拔、估值和执行，从而消除“情绪化”的反应。

投资组合再平衡——原则寻求减少“左尾”风险，管理α和β无约束的α。

提供积极的投资管理，积极的投资组合。基于投资者的目标，建立在投资的期望收益与风险相匹配的原则之上，有利于超越被动的投资管理。

风险管理——通过尽职调查的纪律方式、风险管理和资金运作，对每个基金、经理和持有者一致的使用这些准则[①]。

在这个前提下，资本市场的所有部门都是动态的。积极的管理战略包括减持预期资金量充足、价格被高估、收益与风险不匹配的资产和行业，增持被低估的资产以及预期风险相对收益偏低的资产类别。当然，这样的决定必须在投资者的长期政策组合的背景下进行。

二、我国大学基金会需要行业平台的指引

任何一种投资的风险与收益都是正相关的，即风险越大，收益也越多；风险越小，收益就越少。而不同基金规模的大学对风险的承受程度也是不一样的。从 NACUBO 对 842 所大学的调查中发现：大学基金规模越大，相应抗

① 共同基金策略解决方案，http://www.commonfund.org/investments/total-portfolio-management/，2015 年 12 月 1 日。

风险能力越强，更偏好风险较高的资产组合。而中小基金会受管理成本限制，投资运作与风险抵御能力较弱。Commonfund 通过打造公益性质的投资平台，为中小基金或特别是捐赠基金提供服务的方式值得我国学习，通过专业化的投资管理，打通较为安全的渠道，达到捐赠基金保值增值的最终目的。

1. 我国大学捐赠基金的特性需要共同基金

首先，大学资金有很大的相似性，甚至有些捐赠也要求几家高校合作完成项目；其次，大学基金规模偏小，打造专业的投资团队不具备规模优势。我国 80% 以上的大学基金规模在 1 亿元以下，缺乏专业管理人才。因此，大学之间可以考虑在资金运作层面合作，通过我国“共同基金”的形式，发挥大学基金的集合优势和高端平台优势，使中小型的大学基金会更有效地实现保值增值。大学基金会自身的观念需要与时俱进，行业组织在其中也要发挥引领的作用，建立和完善基金运作管理机制，为大学发展提供更有力的经费支持。

2. 金融机构嗅到大学基金会这一新兴机构投资领域

对于大学捐赠基金，目前可选择的投资工具有限，风险管理手段单一。随着基金会的不断发展，投资运作将趋于专业化发展，以清华和北大为代表的中国大学捐赠基金将成为资本市场重要的机构投资者。

我国的资产管理市场，以个人客户为主导，机构投资者只占 30%—40%；而发达国家则以机构投资者为主，占 60%—70% 以上，主要包括捐赠基金、养老基金和主权财富基金。将来，我国捐赠基金具有广阔的理财市场。国内一些金融机构看好基金会的投资潜力，并针对捐赠基金投资保本、固定收益以及低风险承受力的特点，开发了相应的理财产品。目前，清华大学、浙江大学、北京航空航天大学、北京师范大学等大学基金会都是中国工商银行的理财客户。

基金会委托专门的投资机构，大型基金会从组织形式等方面具有优势，但是对于中小基金会就有一定难度。目前金融市场也开发了一些公募产品，中小基金会可以根据自身风险承受能力进行选择，如50%存款、30%债券、20%股票的投资组合产品，可以直接以组合的形式购买。对于基金公司，则应根据需要设计符合小型基金会要求的产品，向社会及基金机构发行。投资基金活动应该遵循自愿、公平、诚实、信用的原则，同时需要一系列的风险保证，为中小型基金会提供安全有效的投资平台。

3. 打造适合我国基金会发展的“共同基金”

Commonfund在美国成立40多年来发展稳健，年化收益率达到17%，为中小基金会提供了投资运作与风险管理的高效服务。基金会中心网理事长徐永光是我国共同基金的倡导者，他曾先后联系中国工商银行和中国建设银行牵头组织，但是由于多方面原因，两次尝试都未能成功。

■ 在访谈中，大型非公募基金会D秘书长建议：“民政部门与工行、建行等金融机构进行沟通，为基金会提供一些理财产品，降低基金会投资风险；或者出现一些较好的投资机会，优先提供给基金会。”建议没有得到民政部门相关领导的认可。

投资是一种市场行为，如果出现亏损，政府很难承担相应的责任。具有国有背景的大型银行也面临同样的考验，难以担当共同基金的领头人。我国的一些资产管理公司如长安财富等也尝试开发适合基金会的投资产品，但由于基金会投资决策过程较长，一些好的项目投资具有时效性，显然成了困扰基金管理者的一道门槛。有专家建议采用契约型基金方式打造中国的共同基金，通过搭建行业平台，发挥行业共助和自律作用：

（1）通过行业组织建立共同基金，共同基金的性质应该为非营利组织，享有相应的税收优惠等待遇。（2）联合金融领域最优秀的投资顾问，为缺乏专业投资能力的中小型基金会提供投资咨询、服务，帮助他们进行资产管理。（3）建立第三方评估，发挥外部监督作用。完善基金会信息披露平台，在强制性规定中更加严格要求，同时在行业自律中更加完善。（4）加强行业组织指引，可以通过全国基金会管理委员会等形式，对基金会行业发展发挥更多作用，管理委员会可以制定专门的投资指引，发挥引领行业发展方向的功能。

大学捐赠基金的投资风险虽然不能完全消除，但是通过健全的法律制度、多元化的资产配置、稳定的投资政策与支出政策、严格的内部治理机制、全面的风险管理体系以及行业共助等形式，可在可承受的风险范围内实现投资收益的最大化，达成收益与风险的平衡。

结语

大学捐赠基金投资风险管理是基金会开展投资运作的基础，也是捐赠基金取得目标收益的重要保障。实际上，捐赠基金的投资风险管理不仅与大学基金会有着密切关系，更与大学领导人、大学的发展，乃至相关政府部门有着不可分割的联系。对于投资风险的研究也不能只局限于大学捐赠基金本身，应从更多维、更深入的层次进行探讨，书稿完结之际从以下几方面做出相应的反思与展望。

展望一：投资风险管理与大学基金会

收益与风险是投资界永恒的主题，收益与风险并存，马柯维茨（Markowitz）的风险管理理论强调通过投资组合来达到分散风险的目的，实现最优的投资策略。

美国大学捐赠基金在投资管理中取得了丰硕的回报，非营利性私立大学的捐赠收入通常占学校总收入的30%，其中投资收益的贡献率达到2/3。耶鲁、哈佛等通过另类资产为主导的投资模式为大学基金创造了超额收益，通过多元化的资产配置、专业的风险管理机构以及量化的风险控制模型对投资风险进行全面的管理。

我国大学基金会在投资运作方面处于起步阶段。一方面，由于政策和管理体制困扰，多数大学基金会担心风险不敢投资和不知如何投资；另一方面，一些基金会过于激进，置身于高风险领域而不自知，甚至违背了公益性的基本原则。大学捐赠基金在保值增值和风险管理上面临着两难的抉择。

实际上，大学捐赠基金开展投资运作不仅是基金会的责任，更是其义务，只有通过投资才能使基金保值，而消极管理只能导致基金随时间贬值；也只有通过投资，才能使基金增值，为大学发展及代际公平做出应有的贡献。然而大学基金的公益性特征，决定了风险管理是其投资的首要原则。投资风险虽然不能消除，但可以严谨科学的风险管理予以分散、减弱或转移，在大学捐赠基金可承受的风险下追求最大化的投资收益。

展望二：投资风险管理与大学领导人

大学基金会的理事长通常由大学党委书记或副校长担任（校长作为学校法人不能同时任基金会法人），受制于我国大学的行政管理体制，校领导认为基金会隶属于学校应该由学校来决策的理念，许多大学把基金会作为其下属单位，按照机关处室的机制实施管理。《基金会管理条例》第二十一条明确指出，理事会是基金会的决策机构。第四十三条指出，基金会理事会违反本条例和章程规定决策不当，致使基金会遭受财产损失的，参与决策的理事应当承担相应的赔偿责任。条例将基金会的损失与理事的责任直接联系在一起，而大部分理事成员为学校管理人员，不懂投资的专业知识又忙于学校事务，导致理事会在投资决策时采取了回避的态度。

在美国，大学校长的一项主要工作便是“筹资”，利用自己的职位优势、专业优势为捐赠基金管理决策提供建议和指导。美国大学年度报告的首项内容便是学校的财务报告，大学捐赠基金的投资管理情况会在报告中做出独立的说明。哈佛管理公司的最高权力机构为执行委员会，由哈佛大学的校长、司库、主管财务的副校长和哈佛管理公司总裁等四人担任常务委员，捐赠基金投资运作等重大决策，大学的校长、副校长都参与其中，可见大学领导对于大学捐赠基金的重视程度。

我国的大学基金会整体规模相对较小，一方面对大学的贡献程度有限，大学领导人尚未认识到其发展潜力；同时大学自身风险抵御能力弱，缺少政策保证，领导人担心承担投资风险的责任。另一方面，由于我国高等教育经费管理体制，一直以政府财政拨款为主导，大学自身的“财务”意识较弱，依赖于伸手向政府要钱，缺乏自身造血功能。大学领导人需要扭转理念，只有拥有了财务自主权，才能谈得上大学的独立性，才能实现现代大学管理制度。而大学捐赠基金正是中间的一条纽带，大学基金需要解决的不是是否投资，而是如何投资的问题，对投资过程的风险类型做好识别与评估，在取得投资收益的同时控制投资风险。

展望三：大学捐赠基金投资管理发展模式

大学基金会投资运作通常有三种管理模式。第一，委托投资型。一些规模较小的基金会，由于缺乏专业的投资团队，可以采取外部委托专业投资机构进行管理。第二，独立运作型。目前，我国一些基金会通过银行存款等形式进行理财，看似独立管理，但是没有专业的投资人员和投资团队，是对独立运作的一种误解。独立运作是指一些大型基金会由于具备了相应的规模与管理能力，建立专门的投资部门来开展投资运作，如清华、北大等。第三，混合型，介于前两者之间，将部分资产委托外部打理，其余由内部团队管理。在我国现有的管理体制下，结合基金会发展阶段与自身特征，我国中小规模的基金会应摆脱银行存款理财的现状，逐步采取外部委托的形式来实现资产的保值增值；具有一定规模或发展到一定阶段的基金会，应成立专业的投资部门，聘请职业经理人，可采取混合投资模式，内部建立投资队伍负责一些传统投资工具的投资，而将专业投资工具，如金融衍生品、私募股权等交给外部团队打理，内部团队与外部团队各有所长，相互促进。

我国的大学基金会通常作为大学的二级处室进行管理。从本质上讲，大学基金会与大学同为独立的法人机构；但从关系来看，大学是国家事业单位，大学基金会是公益组织，基金会在我国大学的管理体制之下很难得到独立发展。事业单位复杂的体制结构，制约着大学基金会进入资本市场。我国大学基金会作为社会组织，应逐步实现自身的独立性，置身于市场环境中，积极开展投资实现保值增值。

展望四：大学捐赠基金与大学发展

“双一流”建设的提出，将成本分担机制推向了新的高度，在我国高等教育财政经费紧张，学费上涨空间有限的情况下，大学捐赠基金将成为社会成本分担的重要突破口。

2014 年美国的大学捐赠基金市场价值达到 5000 多亿美元，与世界 GDP 总量排名第 25 位的比利时不相上下，可谓“富可敌国”。在 QS 世界大学前百排名中，美国大学占据了 1/3，对于美国强大的捐赠基金，连英国大学也望而生畏，甚至有人感叹英国主宰世界高等教育的时代将一去不复返。而这，恰恰是我国大学追赶世界一流大学的一个重要契机。

我国的大学基金会近 10 年来经历了爆发性的增长，社会捐赠的意愿和数量都有了显著提升，对捐赠基金进行有效的投资管理至关重要，将有助于捐赠基金以投资—增值—再投资的方式，实现指数级快速滚动发展。

目前我国捐赠收入占大学总收入的比重在 2% 以内，而美国私立大学捐赠基金及投资收益占大学收入的比重平均为 30%，公立大学也保持在 10% 左右。参照美国公立大学，未来我国捐赠基金在大学收入中的比重可以达到

5%—10% 的水平。以此发展趋势，未来 10 年我国大学基金规模总量将超过 1000 亿元，未来有望成为继财政性经费、学费之后大学的第三大经费来源，大学捐赠基金正是追赶世界一流大学的最佳发力点，大学捐赠基金投资风险管理既是大学基金会的责任，也是大学筹资与发展的伟大使命。

附录　访谈提纲

您好，本次访谈是“大学捐赠基金投资风险管理”课题研究的部分内容。目的是了解我国大学基金会的投资运作及风险管理情况，以期为大学捐赠基金实现保值增值，更好地服务于大学发展提供依据。对于您所提供的信息，我们将遵守《统计法》规定，按照保密原则仅用于学术研究和分析，绝不会透露给任何人，请放心。

一、基金会的基本情况

1. 人员：基金会人数，专职人数；

2. 机构：机构设置情况如何；是否是单独的投资部门，是否有风险控制部门；是否配置专业的投资人才。

二、投资运作情况

1. 基金会在投资上采取哪种运作方式？（内部直接投资；外部委托投资；混合型）

2. 参与投资资金的金额或比例是多少？如何确定？

3. 投资的资产类别有哪些？选择时最注重考虑哪些因素？

4. 投资周期一般为多久？

5. 在投资过程中如何进行风险控制？

6. 对于投资效果是否有相应的激励政策？

7. 每年度是否有支出预算，支出比例如何确定？

三、如果没有投资

1. 是否有过投资的想法？为什么没有落实？

2. 未来是否有投资计划？

3. 目前没有投资的主要原因是什么？

四、建议和展望

1. 在投资运作中最大的困难是什么？

2. 投资理财方面最希望得到哪方面的支持？

3. 是否愿意尝试美国共同基金的投资模式？

参考文献

中文参考文献

1. 书籍

[1][法]米歇尔·科罗赫，[以]丹·加莱，[美]罗伯特·马克：《风险管理精要》，路蒙佳译，中国财政经济出版社，2010年。

[2][美]John M. Mulvey，Willian.Tziemba：《长期投资者的资产和负债管理建模》，顾娟译，经济科学出版社，2003年。

[3][美]爱蒂丝·布朗·魏伊丝：《公平地对待未来人类》，国际法、共同遗产与世代间公平，汪劲等译，法律出版社，2000年。

[4][美]安娜·彻诺拜，[美]法兰克·法伯兹，[德]斯维特洛扎·T.维特夫：《操作风险》，龙海明译，东北财经大学出版社，2010年。

[5][美]贝奇·布查特·阿德勒：《美国慈善法指南》，中国社会科学出版社，2002年。

[6][美]彼得·德鲁克：《非营利组织的管理》，吴振阳译，机械工业出版社，2007年。

[7][美]保罗·霍普金：《风险管理》(第二版)，蔡荣石译，中国铁道出版社，2014年。

[8][美]大卫·史文森:《机构投资与基金管理的创新》，张磊译，中国人民大学出版社，2010年。

[9][美]戴维·M.达特斯:《资产配置的艺术》，段娟、史文韬译，中国人民大学出版社，2009年。

[10][美]弗兰克·H.奈特（Knight F.H.）:《风险、不确定性与利润》，安佳译，商务印书馆，2010年。

[11][美]弗兰克·H.奥利弗（Frank H.Oliver）:《象牙塔里的乞丐——美国高等教育筹款史》，许东黎、陈锋译校，广西师范大学出版社，2011年。

[12][美]弗兰克·J.法博齐，弗兰科·莫迪利亚尼，弗兰克·J.琼斯:《金融市场与金融机构基础（原书第4版）》，机械工业出版社，2011年。

[13][美]弗兰克·J.法博齐:《金融市场与金融机构基础（第4版）》，孔爱国，胡畏，张渭等译，机械工业出版社，2010年。

[14][美]弗兰克·J.法博齐:《债券组合管理》，骆玉鼎、高玉泽等译，上海财经大学出版社，2004年。

[15][美]弗兰克·梯利:《伦理学导论》，何意译，广西师范大学出版社，2002年。

[16][美]弗雷德里克·S.米什金:《货币金融学》（第2版），机械工业出版社，2011年。

[17][美]哈尔·R.范里安:《微观经济学，现代观点》，费方域等译，上海人民出版社，2006年。

[18][美]罗杰·C.吉布森，[美]克里斯托·J.斯东尼:《资产分配》（原书第五版），赵玉洁译，机械工业出版社，2014年。

[19][美]莱伯维茨，[美]波瓦，[美]哈蒙德:《追求长期回报，捐赠基金资产配置及投资模式》，束宇、陈卫炜译，北京大学出版社，2012年。

[20][美]鲁思·本尼迪克特:《菊与刀》，何晴译，商务印书馆，1991年。

[21][美]马克·赫斯切，约翰·诺夫辛格:《投资学分析与行为》，北京大学出版社，2011年。

[22][美]梅班·T.费伯，[美]埃里克·W.理查森:《常青藤投资组合》，周瑜译，上海财经大学出版社，2011年。

[23][美]曼昆:《经济学基础》，梁小民译，生活·读书·新知三联书店，2003年。

[24][美]弗雷德里克·S.米什金:《货币金融学(原书第9版)》，郑艳文、荆国勇译，中国人民大学出版社，2011年。

[25][美]乔尔·L.弗雷施曼:《基金会——美国的秘密》，北京师范大学社会发展与公共政策学院社会公益研究中心译，上海财经大学出版社，2013年。

[26][美]山姆·斯托瓦尔:《投资7定律》，吴海燕译，中国人民大学出版社，2010年。

[27][美]斯蒂芬·P.罗宾斯、玛丽·库尔特:《管理学》，孙健敏等译，中国人民大学出版社，2010年。

[28][美]托克维尔:《论美国的民主》上卷，董果良译，商务印书馆，1996年。

[29][美]约翰·Y.坎贝尔，[美]路易斯·M.万斯勒:《战略资产配置——长期投资者的资产组合选择》，陈学彬等译，上海财经大学出版社，2004年。

[30][美]约翰·罗尔斯:《正义论》，何怀宏、何包钢、廖申白译，中国社会科学出版社，2009年。

[31][美]约翰·雷，沃尔特·哈克，卡尔·坎道里:《学校经营管理——一种规划的趋向》，张新平译，重庆大学出版社，2003年。

[32][美]约翰·赫尔:《风险管理与金融机构》(第三版)，王勇、黄方

鹏译，机械工业出版社，2013 年。

[33] [美] 约翰斯通 :《高等教育财政问题与出路》，沈红、李红桃译，人民教育出版社，2003 年。

[34] [美] 滋维 · 博迪 :《投资学（原书第 7 版）》，陈收、杨艳译，机械工业出版社，2009 年。

[35] [美] 詹姆斯 · P. 盖拉特 :《21 世纪非营利组织管理》，邓国胜等译，中国人民大学出版社，2003 年。

[36] [美] 詹姆斯 · 杜德斯达 :《21 世纪的大学》，刘彤、屈书杰、刘向荣译，北京大学出版社，2005 年。

[37] [美] 詹姆斯 · 林 :《企业全面风险管理：从激励到控制》，黄长全译，中国金融出版社，2006 年。

[38] [美] 詹姆斯 · 帕多（James Pardoe）:《巴菲特投资圣经：价值投资的 24 条黄金法则》，王尔笙译，中国人民大学出版社，2015 年。

[39] [印] 阿玛蒂亚 · 森 :《伦理学与经济学》，王宇等译，商务印书馆，2000 年。

[40] [英] 保罗 · 霍普金 :《风险管理》，蔡荣右译，中国铁道出版社，2013 年。

[41] [英] 罗吉 · 弗兰根，[英] 乔治 · 诺曼 :《工程建设风险管理》，弗兰根译，中国建筑工业出版社，2000 年。

[42] [英] 马尔科姆 · 泰特 :《高等教育研究进展与方法》，侯定凯译，北京大学出版社，2007 年。

[43] [英] 马克 · 洛尔，[英] 列夫 · 博罗多夫斯基 :《金融风险管理手册》，陈斌等译，机械工业出版社，2003 年。

[44] 陈忠阳 :《金融机构现代风险管理基本框架》，中国金融出版社，2006 年。

[45] 陈秉正:《整体化公司风险管理》，清华大学出版社，2003 年。

[46]《辞海》，上海辞书出版社，1979 年。

[47] 邓国胜:《非营利组织评估》，社会科学文献出版社，2001 年。

[48] 戴志敏:《大学教育基金会管理研究》，浙江大学出版社，2010 年。

[49] 巩云华:《中国私募证券投资基金行为与监管》，首都经济贸易大学出版社，2012 年。

[50] 谷贤林:《美国研究性大学管理——国家、市场和学术权力的平衡与制约》，教育科学出版社，2008 年。

[51] 葛道顺，商玉生，杨团等:《中国基金会发展解析》，社会科学文献出版社，2009 年。

[52] 金耀基:《大学之理念》，生活 · 读书 · 新知三联书店，2001 年。

[53] 厉以宁:《经济学的伦理问题》，生活·读书·新知三联书店，1995 年。

[54] 马宁，陈立文:《高等教育投融资风险预警管理理论与实证研究》，河北大学出版社，2008 年。

[55] 寿伟光:《论基金监管政策》，复旦大学出版社，2007 年。

[56] 宋明哲:《现代风险管理》，中国纺织出版社，2003 年。

[57] 苏益:《投资风险管理》，清华大学出版社，2008 年。

[58] 万解秋，贝政新，黄晓:《社会保障基金投资运营研究》，中国金融出版社，2003 年。

[59] 韦琳:《社保基金投资效益与风险监控》，中国金融出版社，2014 年。

[60] 吴东民，董西明:《非营利组织管理》，中国人民大学出版社，2003 年。

[61] 叶文虎:《可持续发展引论》，高等教育出版社，2002 年。

[62] 赵昌文，俞乔:《投资学》，清华大学出版社，2007 年。

[63] 资中筠:《财富的归宿——美国现代公益基金会述评》，上海人民出版社，2006 年。

[64] 卓志:《风险管理理论研究》，中国金融出版社，2006 年。

[65] 中国证券业协会:《证券市场基础知识》，中国金融出版社，2013 年。

2. 硕博论文

[1] 崔惠芳:《开放式基金投资者的资产配置实证研究》，复旦大学，2007 年。

[2] 程术希:《一流大学建设中的捐赠及其对策研究》，浙江大学，2005 年。

[3] 程通:《农业上市公司投资效率及影响因素的实证研究》，中国海洋大学，2012 年。

[4] 陈秀峰:《当代中国大学教育基金会运行机制研究》，华中师范大学，2007 年。

[5] 曹霞:《资产配置理论研究及在中国的实证分析》，对外经济贸易大学，2006 年。

[6] 程艳彬:《社会资本视角下大学教育基金会筹资机制研究》，山东大学，2013 年。

[7] 曹源芳:《高新技术项目投资的风险评估与风险控制》，南京理工大学，2003 年。

[8] 邓留保:《我国社保基金投资的风险预算与控制方法研究》，电子科技大学，2004 年。

[9] 邓亮:《证券投资基金契约结构论——兼议我国证券投资基金投资人权利保护问题》，西南政法大学，2005 年。

[10] 戴琦:《我国证券公司风险管理与价值创造研究》，湘潭大学，2013 年。

[11] 戴志辉:《证券公司股票投资风险的计量、预测和控制》，西北大学，2007 年。

[12] 丰大双:《改革开放以来我国普通高等教育经费来源结构研究》，大连理工大学，2010 年。

[13] 付玉秀:《创业投资的风险管理机制研究》，浙江大学，2003 年。

[14] 国晖:《中国上市公司投资效率研究——基于经济转轨的制度背景视角》，湖南大学，2011 年。

[15] 郭晓亭:《证券投资基金风险分析与实证研究》，重庆大学，2004 年。

[16] 辜毅:《企业年金治理及其风险控制研究》，西南财经大学，2011 年。

[17] 陈李宏:《种业企业风险管理研究》，武汉理工大学，2008 年。

[18] 亢洁:《我国交易型开放式指数基金跟踪误差的实证研究》，西北农林科技大学，2010 年。

[19] 郝杰:《创业投资风险评估体系与模型》，重庆工商大学，2007 年。

[20] 黄孔雀:《英国高校风险管理的理论与实践研究》，福建师范大学，2010 年。

[21] 纪强:《现代大学制度视角下完善我国大学教育基金管理的对策研究》，中南大学，2013 年。

[22] 姜荣:《企业年金基金投资运作及风险监管》，天津财经大学，2008 年。

[23] 刘聪:《基金投资风格、基金业绩与基金经理个人特征研究》，东北财经大学，2009 年。

[24] 刘广:《基于 PCM 方法的我国开放式基金投资能力及资产配置研究》，华南理工大学，2013 年。

[25] 李昊:《我国保险投资风险控制研究》，吉林财经大学，2010 年。

[26] 李洁:《大学捐赠基金运作问题研究》，华中科技大学，2010 年。

[27] 李慧:《我国企业年金基金投资风险管理研究》，西南财经大学，

2007 年。

[28] 李建华:《我国高校社会捐赠管理中存在的问题及对策研究》，东北大学，2012 年。

[29] 李诗瑶:《全国社会保障基金股票市场投资风险研究》，江西财经大学，2014 年。

[30] 李霞:《企业年金市场化运作风险管理研究》，武汉大学，2005 年。

[31] 罗立和:《康奈尔大学社会捐赠研究》，湖南师范大学，2012 年。

[32] 廖凌:《我国开放式基金投资风格漂移及其对基金绩效的影响研究》，华东师范大学，2012 年。

[33] 刘树堂:《影响中国大学教育基金会发展的若干因素研究》，山东大学，2009 年。

[34] 吕旭峰:《我国教育捐赠问题研究》，河南大学，2011 年。

[35] 吕宪锐:《金融风险模型的计算机实践》，华东师范大学，2006 年。

[36] 刘轩:《我国养老保险基金投资风险控制机制研究》，西南财经大学，2013 年。

[37] 罗永丽:《带投资组合的双 Cox 风险模型》，兰州理工大学，2012 年。

[38] 林源:《风险价值（VaR）模型在我国养老基金投资风险控制中的应用》，西南财经大学，2003 年。

[39] 刘子静:《中美高校捐赠基金会资产配置管理模式比较研究》，苏州大学，2013 年。

[40] 吕志勇:《我国社保养老基金投资风险管理研究》，天津大学，2010 年。

[41] 马春梅:《美国一流大学捐赠基金运行研究》，上海交通大学，2011 年。

[42] 莫嘉玲:《我国社会保险基金投资风险分析及防范对策》，四川大学，2005 年。

[43] 潘涛:《投资基金的风险管理》，武汉，武汉大学，2005 年。

[44] 盛菁华:《我国养老保险基金风险管理研究》，江西财经大学，2013年。

[45] 孙克金:《企业年金的风险识别与管理》，浙江大学，2002年。

[46] 师丽娜:《美国私人基金会捐赠高等教育的运作与监管机制》，西北师范大学，2011年。

[47] 唐娟莉:《基于农户满意视角的农村公共服务投资效率研究》，西北农林科技大学，2012年。

[48] 王丹:《证券投资基金投资行为对股票市场波动的影响：基于中国的数据》，浙江工商大学，2010年。

[49] 汪茧:《美国私立大学校友捐赠研究》，西南大学，2010年。

[50] 王庆林:《开放式证券投资基金投资风险控制研究》，西安理工大学，2002年。

[51] 王硕平:《我国金融风险的系统分析》，西南财经大学，2000年。

[52] 吴晓冰:《高等学校全面风险管理研究》，厦门大学，2006年。

[53] 邢博:《美国一流大学社会募捐策略研究》，上海交通大学，2009年。

[54] 许方敏:《社保基金投资风险管理及对策》，宁波大学，2014年。

[55] 郗利选:《美国高等教育捐赠研究》，南京师范大学，2008年。

[56] 许林:《基于分形市场理论的基金投资风格漂移及其风险测度研究》，华南理工大学，2011年。

[57] 谢永超:《大学捐赠基金管理策略研究》，天津大学，2008年。

[58] 许杨:《慈善捐赠税收优惠制度对大学教育基金会发展的影响研究》，上海交通大学，2012年。

[59] 肖宇:《中国涉外股权投资基金法律问题研究》，西南政法大学，2010年。

[60] 余佳子:《全国社会保障基金股票投资风险管理与绩效测度研究》，东北财经大学，2012年。

[61] 杨静:《我国社保基金的投资风险管理研究》，山西财经大学，2014年。

[62] 尹琳:《中国公立高校社会捐赠的经济学分析》，山东大学，2008年。

[63] 杨小琴:《我国企业年金基金投资运营中的管理风险》，山西财经大学，2008年。

[64] 杨远:《封闭式基金与开放式基金投资风格及绩效差异实证研究》，西南财经大学，2009年。

[65] 杨怡:《中国企业年金投资运作模式研究》，复旦大学，2010年。

[66] 杨桢:《美国研究型大学社会捐赠研究》，东北师范大学，2011年。

[67] 曾超:《养老保险基金投资风险与防范对策研究》，江西财经大学，2010年。

[68] 赵飞:《我国社会保障基金投资及其风险研究》，吉林大学，2008年。

[69] 郑静宜:《社保基金投资效率研究》，厦门大学，2009年。

[70] 赵鲁豫:《基于绩效管理理论的高等教育拨款模式改革研究》，山东师范大学，2011年。

[71] 张雷:《大学教育基金会发展及运作研究》，北京交通大学，2008年。

[72] 张路:《国有资本境外投资的风险控制及评价研究》，财政部财政科学研究所，2012年。

[73] 赵娜:《社会保障基金投资风险预警系统研究》，华北电力大学，2014年。

[74] 张佩:《中国企业年金全面风险管理研究》，西南财经大学，2010年。

[75] 朱荣:《企业财务风险的评价与控制研究》，东北财经大学，2007年。

[76] 张帅琪:《几类风险模型随机控制问题的研究》，中南大学，2012年。

[77] 张妍:《美国大学教育基金组织运作机制研究》，华北电力大学，2014年。

[78] 周文娟:《我国封闭式证券投资基金投资效率实证研究》，哈尔滨工

业大学，2007 年。

[79] 章伟：《我国企业年金基金投资运作研究》，厦门大学，2006 年。

[80] 周寻：《中国基金制养老基金投资运营研究》，辽宁大学，2010 年。

[81] 翟一春：《我国养老保险基金投资问题研究》，复旦大学，2008 年。

[82] 邹哲慧：《中美高校教育基金会比较研究》，广西大学，2012 年。

3. 期刊

[1] 陈浩，范文亮：《基于微观视角的大学捐赠基金管理与风险防范研究》，《高等农业教育》2009 年第 1 期。

[2] 陈明生：《基金投资的风险控制研究》，《甘肃社会科学》2005 年第 1 期。

[3] 程淑珍：《大学生学习积极性现状及存在的问题》，《企业研究》2013 年第 7 期。

[4] 陈蔚，孔令玉：《对外直接投资风险的识别及控制》，《经济师》2005 年第 6 期。

[5] 陈秀峰，郑杭生：《公益与效益的平衡：透视大学教育基金会的资金运作机制》，《教育与经济》2008 年第 1 期。

[6] 陈秀峰：《调查与透视：大学教育基金会的资金分配现状与效能》，《教育基金》2008 年第 3 期。

[7] 陈忠阳：《金融机构风险管理机制有效性研究——对风险管理长效机制问题的思考》，《国际金融研究》2006 年第 5 期。

[8] 丁安华，赵勇：《美国大学捐赠基金投资运作研究》，《武汉金融》2011 年第 1 期。

[9] 董玲俐：《大学捐赠基金管理研究》，《高教投资研究》1995 年第 5 期。

[10] 邓娅：《建立大学筹款的激励机制——论配比基金的作用与意义》，

《北京大学教育评论》2010年第1期。

［11］冯璐:《论我国养老保险基金投资风险及其规避》,《东方企业文化》2013年第5期。

［12］范萌:《我国基金投资风险的实证分析》,《重庆大学学报》(社会科学版)2002年第5期。

［13］范跃进，孙国茂:《大学教育基金与现代大学制度》,《东岳论丛》2013年第1期。

［14］郭存芝，凌亢，刘容华:《证券投资风险评估的AHP结构模型研究》,《数量经济技术经济研究》2000年第8期。

［15］郭洁，郭宁:《美国加州大学风险管理初探》,《高教发展与评估》2012年第28期。

［16］葛琳琳，钟俊生:《美国高校学生事务管理构架、特征及启示》,《现代教育管理》，2016年第1期。

［17］耿同劲:《我国大学经费来源格局及其未来演进——基于西方大学经费来源格局变迁的视角》,《黑龙江高教研究》2010年第3期。

［18］郭席四，陈伟诚:《分账制下基本养老保险个人账户基金投资研究》,《中国软科学》2005年第10期。

［19］高岩，高欣:《美国密歇根大学校友捐赠运作及启示》,《宁夏师范学院学报(社会科学)》2013年第10期。

［20］陈诚，韩晓峰:《我国企业年金基金投资风险及控制策略研究——基于均值-VAR模型》,《保险职业学院学报》2011年第25期。

［21］黄建华，游睿山，井建军等:《清华大学教育基金会接受捐赠情况分析及思考》,《清华大学教育研究》2006年第1期。

［22］黄静，高飞:《基金投资行为与投资绩效实证研究》,《证券市场导报》2005年第2期。

[23] 黄书孟，张美凤，俞锋华:《高校基金会的研究和探索》,《中国高教研究》2001 年第 3 期。

[24] 胡仁华，曾霞:《开放式基金投资风险的计量研究》,《西南民族大学学报》(自然科学版) 2004 年第 30 期。

[25] 何玉蓉:《我国高等教育捐赠制度研究文献综述》,《中国电力教育》2011 年第 28 期。

[26] 韩永江:《论企业年金投资风险的控制》,《管理现代化》2006 第 6 期。

[27] 纪强:《公民社会视野下中国高校教育基金发展研究》,《长安大学学报》(社会科学版) 2013 年第 3 期。

[28] 李秉祥:《证券投资风险计量理论与方法的评析》,《陕西科技大学学报》2005 年第 23 期。

[29] 李冬梅:《普林斯顿大学捐赠体系的特点及启示》,《现代教育科学》2007 年第 3 期。

[30] 陆根书，陈丽:《高校校友捐赠及其影响因素的分析》,《陕西师范大学学报》2006 年第 7 期。

[31] 罗公利，刘惠明:《我国高校社会捐赠影响捐赠者决策的因素研究》,《哈尔滨工业大学学报》(社会科学版) 2005 年第 5 期。

[32] 罗公利:《高校社会捐赠研究文献述评》,《山东社会科学》2005 年第 5 期。

[33] 罗公利:《高校社会捐赠研究的回顾与展望》,《西南交通大学学报》(社会科学版) 2005 年第 11 期。

[34] 李洁:《大学社会捐赠研究述评》,《煤炭高等教育》2010 年第 5 期。

[35] 李洁:《大学捐赠基金投资的困境和优化路径》,《高教管理》2010 年第 5 期。

[36] 李名梁:《全面风险管理：现代大学管理的必然取向》,《西南交通大学学报》(社会科学版) 2009 年第 10 期。

[37] 刘伟兵:《基于 DEA 分析的养老保险基金投资绩效评价》,《社会保障研究》2013 年第 2 期。

[38] 李文，李滨纷:《中西方教育融资政策比较研究》,《河南商业高等专科学校学报》，2007 年第 20 期。

[39] 李文龙，俞自由:《论养老基金投资风险的凸现及控制》,《财经研究》2003 年第 29 期。

[40] 李晓新，刘晔，张宏莲:《规范化与专业化：大学基金会资金管理的法律问题研究》,《复旦学报》(社会科学版) 2008 年第 6 期。

[41] 雷旭东:《关于高校捐赠基金科学管理的若干思考》,《福建农林大学学报》2010 年第 13 期。

[42] 林艳，谈儒勇:《风险投资基金的融投资效率分析》,《财经研究》2001 年第 27 期。

[43] 林源:《VaR 模型在我国养老基金投资风险控制中的应用》,《怀化学院学报》2006 年第 25 期。

[44] 吕志勇，张良，孙元元:《一种社保基金投资风险管理的优化模型》,《山东财政学院学报》2009 年第 5 期。

[45] 刘子兰，严明:《全国社会保障基金投资风险管理研究》,《当代经济研究》2006 年第 8 期。

[46] 林志刚，陈诚:《可持续发展视野下的代际公平研究述评》,《湖北经济学院学报》2010 年第 8 期。

[47] 孟东军，张美凤，俞锋华:《社会捐赠在我国高教成本分担中的现状分析》,《高等教育研究》2002 年第 11 期。

[48] 孟婧:《中美大学教育捐赠基金运作的比较与启示》,《教育财会研

究》2011 年第 10 期。

[49] 苗旺春:《解密世界最赚钱耶鲁基金》,《河南中金财富》2014 年第 8 期。

[50] 牛春明:《从美国大学校友基金建设而引发的思考》,《宁波工程学院学报》2012 年第 6 期。

[51] 齐雅莎:《国内大学捐赠基金发展与运作模式研究》,《文化视野》2014 年第 10 期。

[52] 冉萍:《社保基金投资的国际比较及对我国运营的借鉴》,《经济问题探索》2008 年第 1 期。

[53] 任艳青:《英国高等教育基金委员会的演变历程及特色》,《黑龙江教育》2010 年第 8 期。

[54] 孙冬:《美国高校教育基金的投资运行分析与启示》,《科学管理》2012 年第 5 期。

[55] 孙国茂,陈国文:《大学教育基金投资管理研究》,《济南大学学报》(社会科学版)2014 年第 6 期。

[56] 孙慧玲,李永宁:《提升我国高校捐赠基金运作能力的几点思考》,《教育财会研究》2014 年第 4 期。

[57] 孙祁祥,周奕:《保险投资风险理论研究》,《财贸经济》2003 年第 12 期。

[58] 孙旭东,应飚:《社会捐赠与大学发展的关系及影响因素分析》,《中国高教研究》2007 年第 5 期。

[59] 唐国储,李选举:《新巴塞尔协议的风险新理念与我国国有商业银行全面风险管理体系的构建》,《金融研究》2003 年第 1 期。

[60] 滕航:《大学基金投资与风险控制》,《管理观察》2008 年第 14 期。

[61] 万冬梅,洪岩:《基于保险投资风险模型的破产分析》,《黄河水利

职业技术学院学报》2010 年第 22 期。

［62］王东:《国外风险管理理论研究综述》,《金融发展研究》2011 年第 2 期。

［63］王福友，段君莉:《大学的捐赠基金研究》,《大学教育科学》2005 年第 3 期。

［64］王洪才:《金融危机对美国高等教育的影响及思考》,《复旦教育论坛》2009 年第 7 期。

［65］王坚强，阳建军:《基于 DEA 模型的企业投资效率评价》,《科研管理》2010 年第 31 期。

［66］吴琼:《金融危机背景下全国社保基金投资风险管理策略》,《唐山师范学院学报》，2010 年第 32 期。

［67］王树涛，张德美:《金融危机后哈佛大学的捐赠基金运作改革研究》,《复旦教育论坛》2014 年第 12 期。

［68］王云儿:《美国私立大学基金会最新发展及管理特色研究》,《教育与经济》2012 年第 3 期。

［69］王珏:《高校基金会的投资策略》,《中山大学学报论丛》2007 年第 27 期。

［70］王洋:《金融投资风险评估技术与应用研究》,《生产力研究》2010 年第 10 期。

［71］王佩军，阎光才，唐安国:《关于我国教育基金会发展运作的建议》,《复旦教育论坛》2003 年第 3 期。

［72］吴忠，王宇熹:《基于 CDaR 理论的社保基金投资风险管理模型的构建》,《统计与决策》2009 年第 2 期。

［73］汪忠，黄瑞华:《国外风险管理研究的理论、方法及其进展》,《外国经济与管理》2005 年第 27 期。

[74] 许海英:《全国社会保障基金投资风险的分析与防控》,《福州党校学报》2010 年第 4 期。

[75] 佟婧, 燕凌, 洪成文:《耶鲁大学捐赠基金成功运作之道》,《高教探索》2012 年第 3 期。

[76] 谢胜强, 邹辉文, 陈德棉:《风险投资项目的风险分布与风险控制的最优化管理研究》,《安徽大学学报》(自然科学版) 2003 年第 27 期。

[77] 信玉红, 董保起, 曹勇, 韩诚:《证券投资风险计量理论比较》,《商业研究》2005 年第 6 期。

[78] 徐镱菲, 张明喜:《社会保障基金投资风险的测度及其防范》,《海南金融》2012 年第 5 期。

[79] 谢永超, 杨忠直:《基于永续型的基金管理决策过程分析及启示——以大学捐赠基金为例》,《社会科学家》2009 年第 6 期。

[80] 谢永超, 杨忠直:《大学捐赠基金支出的策略》,《财经论坛》2009 年第 15 期。

[81] 严复海, 党星, 颜文虎:《风险管理发展历程和趋势综述》,《管理现代化》2007 年第 2 期。

[82] 于红:《高校基金会投资现状、问题及对策》,《煤炭高等教育》2012 年第 1 期。

[83] 余蓝:《美国大学捐赠基金法律制度研究: 从募捐到基金投资》,《中国高教研究》2015 年第 3 期。

[84] 燕凌, 佟婧, 洪成文:《美国一流大学捐赠基金管理的特征》,《比较教育研究》2012 年第 1 期。

[85] 鄢萍, 金津:《全国社会保障基金投资风险与监管刍议》,《福建省社会主义学院学报》2010 年第 5 期。

[86] 余天佐:《英格兰高等教育基金委员会的职能及其启示》,《现代教

育科学》2008 年第 4 期。

[87] 杨艳萍:《风险投资的风险识别、评估与控制分析》,《经济师》2003 年第 7 期。

[88] 赵广示:《我国大学捐赠基金保值增值的资本路径》,《毕节学院学报》2014 年第 1 期。

[89] 赵红梅:《耶鲁大学捐赠基金发展与运作模式研究》,《华北金融》2014 年第 12 期。

[90] 赵宏斌:《大学介入基金市场的现象透视》,《高教经济》2006 年第 2 期。

[91] 张辉,洪成文:《"双一流"建设的社会成本分担机制研究——基于美国大学与捐赠基金关系的数据分析》,《中国高教研究》2016 年第 3 期。

[92] 张辉:《中美捐赠基金管理与大学发展关系实证研究》,《中国高教研究》2015 年第 3 期。

[93] 张琳,王慧萍:《论我国养老保险基金的投资与监管》,《财经理论与实践》2005 年第 3 期。

[94] 张琳:《社会保障基金投资模式的风险与收益比较研究》,《福州大学学报》(哲学社会科学版)2002 年第 2 期。

[95] 张敏,张陶然:《美国大学捐赠基金的谨慎投资者规则及其启示》,《广西政法管理干部学院学报》2007 年第 7 期。

[96] 张楠,孙韡华:《浅谈养老基金投资风险及其防范措施》,《经营管理者》2009 年第 5 期。

[97] 张琴,陈柳钦:《风险管理理论沿袭和最新研究趋势综述》,《金融理论与实践》2008 年第 10 期。

[98] 张伟:《美国大学投资理财的经验及其启示》,《博奇·博记文学选刊》2009 年第 12 期。

[99] 曾维涛，张国清:《养老基金投资的谨慎人规则及其在我国社保基金投资管理中的适用》,《当代财经》2005 年第 8 期。

[100] 朱卫国:《中美基金会管理规则比较》,《社团管理研究》2007 年第 2 期。

[101] 张向阳:《耶鲁大学的捐赠基金》,《世界教育信息》2003 年第 10 期。

[102] 周贤日，马聪:《美国高校捐赠制度的特点与启示——〈美国高校捐赠报告〉解读》,《高教探索》2012 年第 6 期。

[103] 张雪莹:《资产配置对基金收益影响程度的定量分析》,《证券市场导报》2005 年第 3 期。

[104] 张云:《美国加州大学系统捐赠基金运作实践及启示》,《比较教育研究》2004 年第 6 期。

[105] 张英明:《我国企业年金基金投资风险控制探析》,《学术交流》2011 年第 9 期。

4. 报纸、电子期刊及其他

[1] 陈宜飚，徐炯:《QFII 新军：耶鲁、斯坦福大学基金解密》,《21 世纪经济报道》2006 年 8 月 14 日。

[2] 郝治军:《美国大学捐赠基金的大考与调整》,《新财富》2009 年 12 月 7 日。

[3] 洪成文:《大学须增强财政自主能力》,《中国教育报》2011 年 10 月 10 日。

[4] 洪成文:《大学基金的三大效应》,《中国教育报》2011 年 12 月 19 日。

[5] 洪成文:《大学基金是发展的“利器”》,《中国教育报》2011 年 9 月 12 日。

［6］洪成文:《用智慧落实教学的中心地位》,《中国教育报》2011 年 10 月 17 日。

［7］洪成文:《培养校友忠诚度的智慧》,《中国教育报》2011 年 11 月 21 日。

［8］霍宇力：中大创投舒元:《国内大学基金如何复制耶鲁模式》,《上海证券报》2011 年 7 月 12 日。

［9］王翔，杨飖:《顶尖大学的发动机：欧美大学基金会如何运作》,《新财富》2014 年 4 月 22 日。

［10］张磊，王宏欣:《美国投资机构设置与耶鲁大学投资战略》,《中国经营报》2002 年 5 月 16 日。

［11］陈超:《哈佛大学捐赠基金资产配置的经验与教训》，2009 年 12 月 3 日，见 http://fund.sohu.com/20091203/n268651629.shtml。

［12］桂洁英:《耶鲁基金 PE 投资 20 年平均 36% 收益》，清科研究中心，2015 年 5 月 26 日，见 https://research.pedaily.cn/201505/20150526383249.shtml。

［13］国立波:《揭美国顶级大学捐赠基金如何获取高收益：两大制胜法宝》，2015 年 11 月 1 日，见 http://news.chinaventure.com.cn/11/172/1446432817б.shtml。

［14］朱卫国:《基金会管理条例评析》，见 http://www.chinalaw.gov.cn/jsp/contentpub/browser/contentpro.jsp? contentid=co1628852381，2007 年 4 月 27 日。

［15］张慎峰:《中国金融衍生产品市场创新前途无限》,《清华五道口全球金融论坛》，2015 年 5 月 24 日，见 http://news.163.com/15/0524/16/AQD4RTHK000146BE.html。

［16］DouglasMcNeely:《Commonfund 是如何为基金会理财的》,《基金会中心网一周年报告》，2011 年 7 月。

［17］邢博，张伟:《高校教育基金会发展研究综述》,《中国高等教育学会教育基金工作研究分会首届学术年会论文集》，2007 年。

[18] 李克强:《政府工作报告》，2015 年 3 月 5 日，第十二届全国人民代表大会第三次会议。

[19]《中华人民共和国国务院令第 400 号 . 基金会管理条例》，2004 年。

[20]《中华人民共和国主席令第 19 号》,《中华人民共和国公益事业捐赠法》，1999 年。

[21] 民政部:《关于规范基金会行为的若干规定（试行）》，2012 年。

[22]《财税［2004］39 号》,《财政部国家税务总局关于教育税收政策的通知》，2004 年。

[23]《财教［2009］275 号》,《中央级普通高校捐赠收入财政配比资金管理暂行办法》，2009 年。

[24]《国发［2014］61 号》,《国务院关于促进慈善事业健康发展的指导意见》，2014 年。

[25]《教财［2014］3 号》,《关于加强中央部门所属高校教育基金会财务管理的若干意见》，2014 年。

[26]《粤民［2011］135 号》,《广东省民政厅关于基金会运营的行为指引》，2011 年。

英文参考文献

1. 书籍

[1] Diana S. Newman: *Endowemnt Building*, Hoboken: John Wiley & Sons, Inc., 2005.

[2] Doherty N. A.: *Integrated Risk Management*, International edition. New York: The McGraw – Hill. Companies Inc., 2003.

[3] David W. Breneman, Chester E. Finn: *Public Policy and Private Higher Education*, Washington, D.C.: the Brookings Institution, 1978.

[4] Edwin R. Embree and Julia Waxman. *Investment in people:the story of the Julius Rosenwald Fund*, New York: Harper & Bros., 1949.

[5] Eugene F. Fama: *Foundations of Finance*, New York: Basic Books Inc., 1976.

[6] Jeremy J. Siegel: *The Definitive Guide to Financial Market Returns and Long-Term Investment Strategies*, New York: McGraw–Hill, 2002.

[7] Joel Spring. *Private Foundation: The Visible Power in Education*, American Education（tenth edition）, New York: McGraw–Hill, 2002.

[8] John Baschab, Jon Piot: *Outperform Inside the Investment Strategy of Billion Dollar Endowments*, Hoboken: John Wiley & Sons, Inc., 2010.

[9] Jorion, Philippe: *Value at Risk*, 2nd. New York: McGraw Hill. 2000.

[10] Lawrence E. Kochard: *Philosophies and Strategies of Top Investors and Institutions*, Hoboken: John Wiley & Sons, Inc., 2007.

[11] Markowitz M. H.: *Portfolio selection: efficient diversification of*

investment, New Haven: Yale University Press, 1959.

[12] Mebane T. Faber, Eric W. Richardson: *The Ivy Portfolio: How to Invest Like the Top Endowments and Avoid Bear Markets*, Hoboken: John Wiley & Sons, Inc., 2009.

[13] Merton, Robert C.: *Continuous-Time Finance*, Cambridge, MA.: Basil Blackwell, 1990.

[14] Ruth Benedict: *Patterns of Culture*, New York: Mariner Books, 1934.

[15] Shanta Acharya, Elroy Dimson: *Endowment Asset Management: Investment Strategies in Oxford and Cambridge*, Oxford: Oxford University Press, 2007.

[16] Shimpi P. A.: *Integrating Corporate Risk Management*, New York: Texere LLc, 2001.

[17] Silberg C. S.: *Factors Associated with the Philanthropic Behaviors of Major Donors*, Baltimore Count: University of Maryland, 1990.

2. 硕博论文

[1] Albin H.Grohar: An Assessment of effective Fund Raising Policies used at Private Church Related Under graduate Colleges, Andrews: Andrews University. 1989.

[2] Dimmock, Stephen G.: Background Risk and Portfolio Choice: Empirical Evidence from University Endowment Funds, Lansing: Michigan State University, 2006.

[3] Heather Lynn Flabiano: Through The Lens of Maslow's Hierarchy: Understanding Endowment Accumulation At Private Colleges And Universities, Minneapolis: University of Texas, 2013.

[4] Hsiu–Ling Lee: The Growth and Stratification of College Endowments in

the United States, Twin Cities: University of Minnesota, 2007.

[5] Hung–Ju Chien: The Effects of Income, Endowment, And Risk Preference On Behavioral Anomalies, Stillwater: Oklahoma State University, 2012.

[6] Kurtay N. Ogunc: Essays on Endowment Fund Management. Baton Rouge, Baton Rouge: Louisiana State University, 2002.

[7] McElhaney, Robert Louie Stanton: The effects of higher education endowment management practices on endowment, New Orleans: The University of Southern Mississippi, 2010.

[8] Mosser J. W.: Predicting Alumni/ae Gift Giving Behavior: A structural Equation Model Approach, AnnArbor: University of Michigan, 1993.

[9] Oglesby R. A.: Age, Student Involvement and Other Characteristics of Alumni Donors and Alumni Nondonors of Southwest Baptist University, Columbia: University of Missouri, 1991.

[10] Rosalie M. Simari: Philanthropy and Higher Education: Women as Donors, Hempstead: Hofstra University, 1995.

[11] Tim Huber: What iduenee College Baseball Alunmi to Donate to their Alma Mater, Marshall: Southwest Minnesota State University, 2004.

3. 期刊

[1] Ann C. Logue: *Endowment 2010: Risk Management, Liquidity, Stewardship*, University Business, 2010,13.

[2] Barid I. S. ,Thomas J.: Toward a contingency model of strategic risk taking, *Acadecy of Management Review*, 1985,10.

[3] Black, Keith H.: Risk Management for Endowment and Foundation Portfolios, *The Journal of Alternative Investments*, 2013,(15).

[4] Black, Fischer, and Myron S. Scholes: The Pricing of Options and Corporate

Liabilities, *Journal of Political Economy*, 1973,81(3).

[5] Broekett P. L., ChamesA., CooPer W, KwonK and Ruefii T.: Chance constrained preprogramming Models for empirical analyses of mutual fund investment strategies, *Decision Sciences* , 1992,3/4.

[6] Bromiley P.: Testing a causal model of corporate risk taking and performance, *Acadecy of Management Journal*, 1991,34(1).

[7] Campbell, Melissa: Report Looks at High–Risk Endowment Investing in Higher Ed, *The Hispanic Outlook in Higher Education 21.1*, 2010 (10) .

[8] Cardozo R. N., Smith D.K.: Applying financial Portfolio theory to Product Portfolio decisions: An empirical study, *Journal of Marketing*, 1983,47.

[9] Ennis, Richard, J.Peter Williamson: Spending Policy for educational endowments, *Research and Publication Project*, 1976.1.

[10] Fama E.: Efficient capital markets: a review of theory and empirical work, *Journal of Financial*, May, 1970, 25.

[11] Fama E.: The behavior of stock market prices, *Journal of Business,* 1965, 38.

[12] Fishbum P. C.: Foundations of risk measurement, Risk as a Probable Loss, *Management Science,*1984,30.

[13] Grant J. M., Lindauer D. L.: The economics of life–cycle patterns of alumni contributions, *Eastern Economic Journal*, 1986,(6).

[14] Grossman S, Stiglitz J.: On the impossibility of informationally efficient markets, *American Economic Review,* 1980, 70(3).

[15] Hansmann.Henry: Why do universities have endowment?, *Journal of Legal Studies* 19, 1990,1.

[16] Harrison W. B., Mitchell S.K., Peterson S.P.: Alumni donations and colleges development expenditures: does spending matter?, *American Journal of*

Economics and Sociology, 1995,(10).

[17] Hoskisson R. E., Hitt M.A. and Hill C.W.: Managerial risk taking in diversified firms:An Evolutionary Perspective, *Organization Science,* 1991,2.

[18] Hung S., Liang T.: Integrating arbitrage pricing theory and artificial neural networks to support portfolio management, *Decision Support System*, 1996, 18.

[19] Hunter, C. S., Jones, E.B., Boger, C.A.: study of the relationship between alumni giving and selected characteristics of alumni donors of livingstone college, NC. *Journal of Black Studies*, 1999, 29.

[20] Isabelle Bajeux–Besnainou: Kurtay Ogunc, Spending rules for endowment funds–A dynamic model with subsistence levels, *Review of Quantitative Finance and Accounting,* Vol. 27, Num. 1, 2006,8.

[21] James Monks: Patterns of giving to one's alma mater among young graduates from seletive institutions, *Economics of Education Review*, 2003,(22).

[22] James Tobin: What is Permanent Endowment Income?, *American Economic Review*, 1974,64.

[23] Jossey–Bass: Investment Policies for College and University Endowments, *New Directions For Higher Education*, no. 107, Fall 1999.

[24] Karmin, Craig: Harvard Endowment Regroups, *The Private Equity Analyst*, 2009(8).

[25] Lintner, J: The Valuation of Risk Assets and the Selection of Risky Investments in Stock Portfolios and Capital Budgets, *The Review of Economics and Statistics,* 1965,47.

[26] Lord,Mimi: Smaller university endowments: team characteristics, portfolio composition and performance, *Qualitative Research in Financial Markets*, 2014,(6).

[27] Lucie Lapovsky: Critical Endowment Policy Issues, *New Directions for Higher Education*, 2007,(140).

[28] M.Linda Wastyn: Why alumni don't give: A qualitative study of what motivates non-donors to higher education, *International Journal of Educational Advancement*, 2009, 9.

[29] March J. G., Shapira. Z.: Managerial Perspectives on risk and risk taking, *Management Science,* 1987,33.

[30] Markowitz, Harry: Portfolio Selection, *The Journal of Finance*, 1952,7.

[31] Mladina, Peter, Jeffery Coyle: Yale's Endowment Returns: Manager Skill or Risk Exposure?, *The Journal of Wealth Management,* 2010,13.

[32] Modigliani F., Miller M.: The cost of capital, corporation finance and the theory of investment, *American Economic Review,* 1956,48.

[33] Mossin, J.: Equilibrium in a capital asset market: *Econometrica,* 1966, 34.

[34] Narissa GIPP, Stavros P. Kalafatis, Lesley Laden: Perceived value of corporate donations:an empirical investigation, *International Journal of Nonprofit and Voluntary Sector Marketing*, 2008(13).

[35] Olsen K., Smith A. L., Wunnava P. V.: An empirical study of the life-cycle hypothesis with respect to alumni donations, *American Economist*, 1989,33.

[36] Peter Mladina, Jeffery Coyle: Yale's Endowment Returns: Manager Skill or Risk Exposure?, *Journal of Wealth Management*, 2010,13.

[37] Phanindra V. Wunnava, Miehael A. Lauze. Alumni: giving at a small liberal arts college: Evidence from consistent and occasional donors, *Economies of education Review*, 2001,(20).

[38] Pulley, John L.: Betting the Endowment on Risky Investments, *The Chronicle of Higher Education,* 2002,1.

[39] Reece W. S.: Charitable contributions: new evidence on household behavior, *The American Economic: Review*, 1979,(3).

[40] Robert A. Baade, Jeffrey O. Sundberg: What Determines Alumni Generosity?, *Economies of Education Review,* 1996,15.

[41] Ross, S. A: The Arbitrage Theory of Capital Asset Pricing, *Journal of Economic Theory,* 1976,13.

[42] Ruefli T. W., Collins M. and Lacugna R.: Risk as a probable loss, *Management Science,* 1982,30.

[43] Smith V. H., Michael K. & Cremer M. E.: The private provision of public goods altruism and voluntary giving , *Journal of Public Economics,* 1995,(58).

[44] Scott, Robert A.: Commentary: Use university endowments correctly. *Long Island Business News*, 2010,1.

[45] Sharpe, W. F.: Capital Asset Prices: A Theory of Market Equilibrium under Conditions of Risk, *The Journal of Finance,* 1964,19.

[46] Smith V. H., Michael K., Cremer M. E.: The private provision of public goods altruism and voluntary giving, *Journal of Public Economics*, 1995,(58).

[47] Stephen G. Dimmock: Background Risk And University Endowment Funds, *The Review of Economics and Statistics*, August 2012, 94.

[48] William L. Cary, Craig B. Bright: The "Income" of Endowment Funds, *Columbia Law Review,* 1969,(3) Vol. 69.

[49] William O. Brown: University Endowments:Investment Strategies and Performance, *Financial Practice & Education*, 1999,9.

[50] William T. Spitz: Investment Policies for College and University Endowment, *New Directions for Higher Education,* 1999,(107).